毎朝の1秒が
人生を好転させる!

魔法のハイタッチ

The High 5 Habit

Mel Robbins
メル・ロビンズ
野口孝行 翻訳

KADOKAWA

contents

毎朝の1秒が人生を好転させる！　魔法のハイタッチ

チャプター1

あなたにこそふさわしい「ハイタッチな人生」

少し前のある日のこと、私はとあるシンプルな発見をしました。まずは、それについて話をしていきます。

このとき発見したものに、私は「ハイタッチの習慣」という名前を付けました。この習慣は、人生の中で最も重要な人間関係、そう、自分自身との付き合い方を見事に改善してくれるものです。

私はこれから、このハイタッチの習慣にまつわる物語、科学的な裏付け、そして自らの人生を変えるためにこの習慣をどのように使ったらいいのかについてお伝えしていこうと思っています。

すべてが起きたのは、ある朝のことでした。バスルームで歯を磨きながら鏡の中に映る自分の姿に視線を移した瞬間、心の中で「うわぁー!!」と叫んでしまったのです。そしてそのすぐあとから、私は自分の容姿についてのあら探しを始めました。目の下のくすみ、尖ったあご、左よりも右の乳房が小さめだという事実、たるんだお腹の皮膚……。それらをまじまじと見つめたとき、私の心は声を上げていたのです。

「本当にひどい見た目……。もっと運動しなきゃ。首回りの感じも嫌だわ」

自分の体に関する一つひとつの事実が、私をどこまでも自虐的な気持ちにさせました。時計を見ると、ズーム会議の時間が15分後に迫っています。もっと早く起きるつもりだったのに……。そう思うと同時に、成立させようとしている契約の締結期限が迫ってきていることが頭の片隅をよぎります。まだ返事をしていないメールやメッセージがいっぱいあるし、犬を散歩に連れていかなくてはいけません。それと……父の生体検査の結果もチェックしなくては。子どもたちのためにやることも山積しています。

私は、ブラジャーを着ける間もなく、これらすべての物事に完全に打ちのめされていました。これではもちろん、朝のコーヒータイムを楽しむなんて望むべくもありません。

そして再び心の中で「うわぁー!!」と叫んでいたのです。

あの朝、私がしたかったのは、コーヒーをカップに注ぎ、テレビの前に倒れ込み、自分を悩ませるすべてのものを忘れたかっただけ。しかし、それをするのは間違いだと、私はちゃんと気づいていました。誰かが突如舞い降りてきて、問題を解決したり、抱えているプロジェクトを完結させてくれたりするわけではないからです。私の代わりに運動をし、厄介な仕事の打ち合わせを済ませてくれる人なんて、この世界のどこにもいません。

日常生活から少しだけ離れて、ちょっとした息抜きがしたかっただけ！

ちょうどあの時期、私はむちゃくちゃに忙しい数カ月間を過ごしていました。そのため、ストレスの量は半端ではありませんでした。色々なことに気配りをしながら、周囲の人や物事すべてに慎重に対応しなくてはならなかったのです。そんな状態なのに、私への気配りをしてくれる人は1人もいません。程度の差はあれ、似たような状況を経験した人はたくさんいるのではないでしょうか。

日常生活での要求が高まれば高まるほど、あなたの気持ちは落ち込んでいく……。こうなると、生じるのは負のスパイラルばかりです。このときに私が必要としていたのは、「今の状況は本当に大変よね。ひど過ぎるし、あんまりだわ。でもね、この状況を解消できる人がいるとしたら、それはあなたしかいないのよ」と言ってくれる誰かでした。自分を安心させてくれる言葉と、支えとなる激励を欲していたのです。私は、世界で最も成功を収めている講演家の1人と言われています。そんな私でさえ、自分自身に送るたった1つの言葉を見つけることができないほど追い込まれていたのです。

どこまでも落ち込んでいく私……。そんな自分に何が起きたのか、そして自分が何をしてしまったのかは覚えていません。下着姿でバスルームに突っ立ったまま、鏡に映る疲れ切った「私」に、あたかも挨拶をするかのように手をかざしたのです。

そして、心の中でこう語り掛けました。

「ちゃんと見てるから」

さらに続けて、「わかる? あなたのこと、ちゃんと見てる。大丈夫、メル。絶対に乗り越えられる」と囁いたのです。

この動作をしながら、私は「これって、自分に送ったエール、〝ハイタッチ〟じゃない?」と確信しました。それほど明白で、握手をするのと同じくらい確かな動きだったのです。

私たちは日常生活の中で、数え切れないくらいのハイタッチを仲間たちと交わします。あまりにも当たり前になっているため、それをすることが時に陳腐に思えてくるほどです。

それでも私は、いまだブラジャーなし、カフェインなしの状態で、バスルームの洗面台に寄りかかりながら鏡の中の自分に向かってハイタッチをしました。それと同時に、どうしても聞きたかった言葉を声を出さずに自分に投げ掛けたのです。

「私なら絶対にできる!」

実際に何ができるのかはわかりません。それでもよかった。呼び掛けることで鏡に映る目の前の女性が顔を上げ、前に向かっていけるように励ましたかったのです。自分の手のひらが鏡の中の私に触れたとき、気分が高まるのを感じました。

(決して1人じゃない。もう1人の自分がそこにいる)

自分自身に向けたちょっとした優しさだったのかもしれません。しかし、私にはそのちょっとした優しさが必要であり、享受すべきものだったのです。

その瞬間、胸のつかえが取れていくのを感じ、背筋がスッと伸びていきました。と同時に、鏡に向かってハイタッチをしている自分自身が何とも滑稽で、思わず笑ってしまったのです。このときから何かが変わりました。疲れ切った私は鏡から消え、1人ではないことを感じ始めたのです。憂鬱の種だった「やることリスト」はもはや重荷ではなくなり、うまくその日を乗り切っていける気がしました。

そして翌朝、再び目覚まし時計のアラームが鳴り響きます。するとまた、前日と同じ問題を抱えている自分に気づき、心が落ち込んでいったのです。

「とにかく起きなくては……」

自らを奮い立たせ、ベッドを整えます。

バスルームに行くと、そこにはまた鏡に映った私がいます。

「メル、元気？」

そんな声が聞こえたような気がして反射的に笑顔になり、前日のように鏡の中の自分にハイタッチをしていました。

そして3日目の朝がやってきます。いざ起き上がり、鏡の中の私にハイタッチする自分の姿を想像すると、それをすることが楽しみに思えてきたのです。風変わりなのはわかっていますす。それでも、そう感じざるを得ませんでした。

その朝、いつもよりも手早くベッドを整えると、私はわくわくする気持ちでバスルームに向かいます。そのわくわく感は、通常なら早朝6時5分には持ちえないくらい強いものでした。それはまさに、大切な友人に会いに行くような感覚だったのです。

どうしてもっとトレーニングしなかったのかしら？

その日、あとになって、私は、これまでの人生でどんなときにハイタッチをしてもらったかについて考えてみました。すぐに思い出したのは、若いころにチームスポーツをしていたときのことです。学生時代に陸上競技をしていて、仲間の女子部員たちと走っていたときの記憶が蘇ってきました。それから、ボストンのフェンウェイパークで地元野球チームのレッドソックスが得点したときに、ファンが一斉にハイタッチをし合い、歓声で球場全体が揺らぐ光景も思い浮かびました。友人が昇進したとき、ダメな彼氏との関係をすっぱりと切ったとき、さらに、カードゲームで見事な手が完成し、勝ったときに交わしたハイタッチもいまだによく覚えています。

それらの思い出の中でも、特別な記憶として残っているのは、世界貿易センタービルが破壊され、２９７７人もの人命が失われた２００１年９月のアメリカ同時多発テロからたった２カ月後に、ニューヨーク・シティ・マラソンに出場したときの光景です。

ニューヨーク市の全５区を通過するように設計されたコースの沿道には、たくさんの観客が集まっていました。当日、42・195キロのコースを実際に走ってみると、視界に入ってくるアパートのビルというビルの窓から星条旗がなびいているのが見えたのです。42・

195キロを走る間、仮に沿道の両サイドに集った人たちからの声援がなく、ハイタッチをしてくれる人がいなかったら、私はゴールにたどり着くことはできなかったでしょう。私は、アメリカ海軍の特殊部隊隊員のようなスタミナを持ち合わせているわけではありません。買い物袋をぶら下げ、踊り場を挟んで2階分の階段を上っただけでも息切れを起こしてしまうくらいだったのです。当時、私は新米ママでした。3歳にもならない2人の幼児を抱え、フルタイムで働いていました。とてもではありませんが、フルマラソンのための十分なトレーニングを積むなんて不可能です。新しく買ったジョギングシューズだって、まだ履き慣れていない状態でした。それでも、ニューヨーク・シティ・マラソンを走ることは私の長年の夢であり、チャンスがあれば、挑戦してみたかったのです。コースの途中では、何度も膝に不調をきたし、さらには尿が漏れるほどでした。

（もうダメ。私にはできない）

私の心はそう哀願するほどだったのです。走りながらよろめくたびに、「どうしてもっとトレーニングしなかったの？」「何で2週間前に新しいジョギングシューズなんて買うのよ」と自分を責め立てていました。20キロ地点では、給水所で働くボランティアスタッフに「私、もうここでやめるべきよね？」と同意を求めるような情けなさでした。ところが彼らは私に同意するどころか、「やめるって、今？　あなた、もうここまで走ってきたのよ！」と言い、弱気になった私の気持ちを鼓舞してくれました。そのおかげで、私はさらに前に進めたのです。

私たちは自分が思うよりもずっと強い

あのマラソンを完走できた唯一の理由は、走行中に絶え間なく受けた励ましと称賛の言葉があったからです。もしも自分の弱気な声に耳を傾けていたら、足にできた水ぶくれが裂け、強烈な痛みを感じた11キロの地点でリタイアしていたでしょう。

周囲から応援されるのはとても気持ちが良く、そのおかげで集中力を維持でき、体を動かすことができました。あのときに受けた数々のハイタッチは、それまでに達成した経験がないことでもやり遂げられると自分に言い聞かせるために不可欠な要素だったのです。

たくさんのランナーが私を追い抜き、そのたびに弱気になっていったとき、沿道に立って声援を送る人たちからハイタッチを受けるたびに元気をもらいました。単なる手の打ち合い以上のものがハイタッチにはあったのです。人から人へとエネルギーと信念が受け渡されていくとでも言えばいいのでしょうか。自分の中の感覚が呼び起こされ、忘れてしまった何かを思い出させる力が潜んでいるかのようでした。ハイタッチを交わすごとに「信じているわよ」と言われている気がして、それが自分の能力に対する確信を強化し、一歩ずつ前に進む原動力を生み出したのです。その力は、スタートから6時間後にゴールラインを越えるまで私の背中を押し続けました。

ハイタッチの驚くべき力について考えていくと、それを軸にして人生とマラソンの類似性が見えてくるような気がします。どちらも長く、チャレンジに満ちていて、時に痛みを伴うものです。例えば、朝起きてからその日を走り抜けていく中で、もしもハイタッチが与えてくれるエネルギーを絶えず受け取れたらと想像してみてください。

立ち止まって、しっかりと考えてみましょう。自らを責め立てることは、何かの助けになりますか？　そうではなく、自らを激励する方法を身に付け、その日、その週、その年を前向きに生きていけたら、どんな人生になることか。

一歩ずつゴールや夢に向かって近づいていく自分を想像してみましょう。それを実現するために、自分自身が自らのチアリーダー、ファン、応援団になるのです。難しいと思いますか？　いや、簡単なはずです。なのに、私たちはそれがなかなかできません。

ところで、次の質問に正直に答えてみてください。

「どれくらいの頻度で、あなたは自分を励ましていますか？」

おそらく、大多数の人が私と同じ答えなのではないでしょうか。

その答えとは、「ほとんどしたことがない……」。

そこで聞きたいのは、「どうして？」ということです。

周囲から愛され、励まされ、褒められるのがそんなに心地いいなら、それらが自分の背中を押し、目標達成の助けになるなら、自分でも同じことをやらない手はないとは思いませんか？

「非常時には先に自分の酸素マスクをつけてから子どもにマスクをつけてください……」

飛行機を利用する際、私はこのアナウンスを何度となく聞いてきました。実際、その考え方はよくわかります。しかし、日常生活にこの考え方を持ち込むなんて、想像したこともありませんでした。鏡の中の自分に対するハイタッチは、そんな私の目を開かせてくれました。自分を第一に考えるには、まずは自らに手を差し伸べる必要があります。そして、それができて初めて、他の人にも手を差し伸べられるのです。

自分が周囲の人を応援したり、褒め称えたりしている場面を想像してみてください。相手は、好きな俳優、ミュージシャン、インフルエンサー、お気に入りのスポーツチームでもかまいません。彼らの活躍を見て、スタンディングオベーションをしたり、おすすめに従ったり、オリジナルブランドの洋服を買ったりする人もいるはずです。アメリカンフットボールの優勝戦であるスーパーボウルにお気に入りのチームが出場すれば、その結果に一喜一憂することもあるでしょう。好きなミュージシャンがグラミー賞にノミネートされたときは、応援する気持ちでその賞レースの行方に気を揉んだりします。

配偶者や子ども、家族、親友、もしくは同僚など、自分の人生に欠かせない相手に対しても、人は常に惜しみない応援やサポートを提供するものです。あなた自身もそうではないですか？　家族の誕生日のパーティーやお祝いの会を計画したり、くじけそうな同僚に寄り添ったり、友人がマッチングアプリ用のプロフィールを見せてくれたりしたら、「素敵じゃない！」と褒め、サプリメント販売の副業を始めたと聞けば、「じゃあ、1年の定期購入に申し込むわ」と言ってサポートする最初の1人になったりするかもしれませんよね。仮に相手が今朝のヨガのクラスで会ったばかりの人だとしても、自分以外の人がゴールを目指して夢を追っているのを知った途端、ついつい応援してしまうのです。例えば、ヨガ教室で次のクラスのインストラクターがインストラクター養成プログラムを教えている人だとわかれば、すかさずクラスメートに「あなた、プログラムに登録したら？　そのほうがいいわよ。だって、さっきの『下向きの犬のポーズ』すごくきれいだったから」と伝え、やる気にさせようとするでしょう。

ところが、自分自身を称賛し、勇気づけるべきときには、それを避けるだけでなく、逆に自らをけなすような態度を取ってしまいます。鏡の中の自分を見ては欠点をあげつらい、あろうことか自己否定を始めるのです。さらには、追い求めているゴールや夢にケチをつけることだってあります。他人には親身になれるのに、どういうわけか自分自身にはそうなれません。なぜでしょう……。

声援を必要としている自分自身に今こそそれを送るべき

自尊心、自己肯定感、自己愛、自信——これらはすべて、あなた自身がすでに備えている特質や性格によって築かれていきます。だからこそ、鏡の中の自分へのハイタッチを毎日行ってほしいのです。その意味を学び、しっかりと理解した上で、来る日も来る日も欠かさずに実践できる習慣にしていきます。ただし、これは単なる出発点に過ぎません。

本書では、自分自身を勇気づけ、称えるための数多くの方法を学んでもらいます。研究や科学的実験、ごく個人的な経験、そして「ハイタッチの習慣」によって世界中の人たちが実生活で得た成功体験を基にしながら、日々の様々な場面でこの習慣がいかに人生のコントロールに役立つかをお伝えし、その実践方法を紹介していこうと思います。「ハイタッチの習慣」は、単なる動作に収まらず、人生に対するより幅広いアプローチの方法の1つであり、根拠に基づいたマインドセットなのです。そしてそれは、潜在的なレベルで脳の働きに影響を与える力を持っています。

本書ではまた、罪悪感、嫉妬、恐怖、心配、不安感を引き起こし、自らに精神的なダメージをもたらす考え方や捉え方への対処の仕方についても学んでいきます。さらに重要なのは、これを学ぶことで、先に挙げた負の感情をひっくり返し、自分自身を元気づけて前向きにする新たな考え方と行動の仕方が身に付くという点です。

それらの方法を説明していくに当たっては、科学的な根拠を明かしつつ、内容を噛み砕きながら話を進めていきます。実際にこの方法を実践できるように、私自身が毎日、あなたをサポートするプログラムも用意します。

毎日、幸せな朝を迎える——。

落ち込んだときに、自分自身を励ます――。

人生で最も重要で刺激的な場面で自らを奮い立たせる――。

これらをすべて可能にする方法も紹介しますが、本書からはそれ以上のものが得られるでしょう。

あなたはこれから、世界で一番大切な人間関係について知り、それに関する知識を深めていくのです。そしてその人間関係とは、あなたとあなた自身との関係に他なりません。ページをめくるたびに、この貴重な関係を円満にする方法と、そのために何が一番必要なのかを学んでいくことでしょう。落ち込んでいるとき、調子のいいとき、どんなときでもうまく過ごすための、科学的に立証されたマインドセットについても語っていきます。これらを知れば、今後は鏡に映った自分から目を背けようとは思わないはずです。

あなたが世間をどう捉えているのかは、自分自身との接し方を見ればわかる

想像できるかと思いますが、この本を書いていく上で、私は何度もハイタッチについて考えました。必要以上に考え過ぎたと言ってもいいかもしれません。実際にハイタッチの習慣を取り入れ、今も実践しています。それによってわかったのは、これまでずっと鏡の中に映る自分を責め立て、あるいは無視してきたという事実です。私の職業を考えると、これは何とも皮肉に満ちた発見でした。

私は、人のやる気を引き出すモチベーショナルスピーカーとして世界で最もスケジュールが詰まっている人物の1人であり、ベストセラー作家としての顔も持ちます。それらの活動を通じて、人生を変えるための方法を伝え、勇気を与えるのが仕事です。まずは私が皆さんを信じ、それによって皆さんが自分自身を信じられるようにすることで、私の仕事は成り立ちます。さらに言うと、人々にハイタッチがもたらす力を実感してもらうことが、私の仕事でもあるのです。ステージの上から、または本を通じて、その他、YouTubeやオンライン講座、SNSなどによって、私は自分の考えをお伝えしています。そして、それらすべての根底にあるのは「私はあなたのことを信じている」というメッセージなのです。あなたの夢はとても重要です。しかも絶対に叶えられます。

私は長年、人々に「ハイタッチ」を送ってきました。それなのに、自分自身のことになると、ハイタッチをまったく送れずに過ごしてきたのです。そればかりか、自分に対して意地の悪い批評家でした。おそらく私のような人は多いのではないでしょうか。

物事がうまくいき始めたのは、そうした姿勢を改め、まずは鏡の中の自分にハイタッチを送る習慣を身に付け、その後、機会があるごとに自らにハイタッチをするようになってからでした。自分を見極める方法、支える方法がわかってくると、精神的に落ち込んでしまいそうな兆候をいち早く察知し、その流れを逆転させることのできる前向きで力強いマインドを身に付けられます。そのポジティブなマインドを原動力として、自分の人生を変えるために自発的に動けるようになるのです。ハイタッチがもたらすプラス効果と、それが与えてくれる前向きな姿勢をうまく活かせれば、いかなる変化も起こせます。

卑下することを止め、その代わりに鏡の中の自分にハイタッチを送るようになってから、私自身は大きく変わりました。ハイタッチには、元気の出ない日に自分にエールを送る動作以上のものが備わっていたのです。まずは、自分を批判したり、嫌悪したりすることがなくなりました。そのおかげで、自分の人生の見方ががらりと変わったのです。

そのときに感じたのは、その後の自分に起こる大変化の始まりであり、後戻りできない一線を越えてしまったということでした。人生で最も大切な存在である自分――。その自分との新たな関係が生まれた瞬間だったのです。自分自身に対する認識が変わり、これまで気が付かなかった可能性に目が向くようになりました。

さらにこうした変化は、人生に対するまったく新しい考え方を私に授けてくれたのです。その考え方を皆さんにもお伝えしたいと思い、私はこの本を書こうと決めました。

次はあなたが自分に声援を送る番です

あなたは、自らの人生をどのような心持ちで過ごしていきたいですか？　胸に手を当てて、自問してみてください。「ハイタッチな人生」をお望みでしょうか？　ハイタッチな結婚、ハイタッチな仕事に従事し、ハイタッチな親や友だちに囲まれながら人生を過ごせたら、きっと最高ですよね？　もしくは、自分自身がハイタッチな人物だと周囲から思われ、実際に力強さと信念を感じながら生きたいと思いませんか?

もちろん、誰もがそれを望むことでしょう。

本書は、そんな人生を手に入れられるように、自己に秘められた力強さと信念についてて書かれています。それさえうまく引き出せれば、何でもできるようになり、最終的に理想の自分に変われるのです。最初の変化が連鎖反応を誘発して次の変化を呼び寄せると、気分は高揚し、自信が深まっていきます。そのときあなたは、大きな喜びに包まれていくのを感じるでしょう。

この世の中で最も大きな力を持つものは、激励と称賛、そして愛だと私は考えています。にもかかわらず、実に多くの人たちが自分自身をそれらから遠ざけているのです。

読者の方たちの中には、自分自身を愛そうとしたり、自分を変えるために努力したりしてきた人もいるでしょう。他者との競争に勝ち、成果を出していながら、それが自分に合わず、虚しさを感じている人もいるはずです。もしくは、他人にひどいことをされた過去に悩まされている人や、逆に他人にひどいことをした経験があり、それを悔いている人もいるかもしれません。

しかし、どんな状況にあろうとも、真実と向き合ってほしいのです。今はまだ見えていないかもしれませんが、あなたの目の前には素晴らしい人生が存在しています。信じられないくらい明るい未来の到来が、この先に待っていて、その未来を作り、自由自在に変えていくのはあなた自身なのです。誰もが自分だけの〝最強の応援団〟と〝秘密の兵器〟を持っていることを忘れてはいけません。それらはいつも鏡の中であなたを見つめています。その存在を無視しないことです。

この本を手に取っている人の中には、人生で活躍したいと思っている人や、今よりも幸せになりたいと考えている人など、様々なタイプの人がいることでしょう。それらの希望を叶えるには、毎朝必ず向き合う鏡の前の自分自身への接し方を大胆に改善することが不可欠です。そこからすべてが始まります。

まずは自分からスタートしよう

称賛、評価、愛、支持、楽観――これらを欲するのなら、まずは自分に与えることから始めてください。もしも自分や自分の夢をあなた自身が後押ししなかったら、誰がしてくれますか？　鏡の中に映る自分から目を背け、愛そうともしないのに、誰が代わりにあなたを愛してくれるのでしょう？　この姿勢を改め、自分を愛し、応援するように変われれば、すべての人との関係も一気に改善されていきます。自分自身のことを褒められる人は、友だちや同僚、家族、近所の人たち、そしてパートナーを褒めるのもとても上手です。自分自身との関係構築が、その他すべての人間関係の基礎となるのですから、それが盤石であれば他者との関係も必然的にうまく回ります。

最初のうちは、鏡に映る自分自身にハイタッチをするなんて、あまりにも単純過ぎるし、バカげていて、奇妙なことだと思うかもしれません。そうだとしても、ちょっと我慢して聞いてください。様々な研究の結果が、ハイタッチがもたらす効果にお墨付きを与えています。

ハイタッチが人の潜在意識と神経経路のレベルにもたらす効果は、かなり奥が深いものです。それが自分自身に与える影響は、バスルームの鏡に付けた自分の手形が消えてからもずっと長い間残り続けます。ハイタッチは、最初のうちは単なる動作の1つに過ぎないでしょう。しかし、時間が経つにつれて、ハイタッチがもたらす評価や自信、称賛、楽観、行動といった要素は、あなたという存在の一部になっていくのです。

ハイタッチの効果を調べていくにつれ、私は色々なことに気づくようになりました。次にそれらを紹介してみます。まずは、忙しく働き詰めの日々を送る中でも、人は自分の心に優しくできるという事実です。また、リスクを取って挑戦し、たとえ失敗しても、そこから学べることは必ずあり、自分を恥じることはないということです。大志や野心を抱きつつ、その一方で、自分や他者に懇切丁寧に向き合うことだってできます。つらくて耐え難い境遇に陥ったとしても、楽観的な姿勢と立ち直る力、信念を倍加して苦境を乗り切ることも可能なのです。こうした思考パターンに自らを導けば、確実に心地の良さを感じられるでしょう。

山あり谷ありの人生の中で、自分を励まし、勇気づけ、背中を押す術を身に付けたとき、人は苦闘から逃れられ、自分に見合った人生の方向へと歩みを進めていくことができるのです。自分に対して酷な態度を取るのをやめたとき、私たちは人生がいかに楽しく、美しいものなのかを知ります。自分の気持ちを常に落ち込ませる癖をやめたとき、調子のいい状態がいかに満足感に溢れたものなのかを、あなたは身をもって体験することになるのです。

あなたは称賛に値します

自分に声援を送るべきタイミングは、今から1年後でもなければ、昇進を果たしたときでもなく、ダイエットに成功したときや、目標を達成した瞬間でもありません。声援が必要なのは、まさに今、この時点においてなのです。あなたはそれを受けるべきですし、求めてもいます。この声援は、自らを周囲の耳目に触れさせたい、認識してもらいたいという人間の最大かつ根本的な感情を満たすものです。ある研究によると、人はこうしたサポートを得たときに成長すると報告されています。人の気持ちを最大限に鼓舞する方法は、勇気づけ、そして信じ、褒めることなのです。

だからこそ、日々の生活の中で自分への称賛と楽観を感じる習慣を身に付けることが大切だと私は考えています。自分を抑え込もうとする物事に直面したとしても、意図的かつ計画的に自らに声援を送る行動から1日をスタートさせる習慣があれば、人生を好転させ、自己実現を図ることができるのです。

実際のところ、私が鏡の中の自分に数週間にわたってハイタッチを送り続けたところ、この習慣は私自身を劇的に変えていきました。まず、これまでずっと気に入らなかった自分の欠点について考えることがなくなったのです。自分の見てくれなんて最小限の関心事であり、より大切で愛すべきは自分の内面であることに気が付きました。

私に起きたことはあなたにも必ず起きる

毎朝のハイタッチを習慣にできたとき、自己愛と自己受容についての秘密に触れることになるでしょう。ハイタッチの習慣には、やはり不思議な側面があるようです。これを続けていくと、自分の姿をかつてのように見なくなり、その代わりに自分の内面をじっくりと見るようになります。そしてその内面は、あなたという人物とあなたの人生を象っていることに気づいていくのです。

あなたは鏡に映る外見上の自分を見ているのではなく、「あなた」という存在に向き合い、ハイタッチをします。それはあたかも、隣りの家の住人がベランダからあなたに向かって手を振っているようなものかもしれません。自分の手を上げて、声を出さずに〝ちょっとあなた、また今日も姿が見えたよ。じゃあ、私からハイタッチを送るわね〟と毎朝欠かさずに行うのです。たったこれだけのことですが、自分の気分、感情、やる気、快活さ、態度に大きなインパクトを与えることができるでしょう。

朝のハイタッチが習慣になる前、私はいつも大きな石を丘の上に担ぎ上げなくてはならない感覚に包まれながら1日をスタートさせていました。ところが、ハイタッチをするようになってからは、背中に追い風を受けながらバスルームを後にするような心持ちなのです。

日々、鏡に映る自分と手を合わせるたびに自分自身とつながっていく感覚が強くなっていきました。そしてある日、あまりにも気分がいいので、世の中のインフルエンサーがよくするようにハイタッチをしている姿をスマホのカメラで撮影し、それをSNSにアップしたのです。その画像には、キャプションも説明も添えず、ハッシュタグさえも付けませんでした。それをインスタグラムのストーリーズに投稿しました。

するとどうなったと思いますか？　その日、この地球上でハイタッチを必要としていたのは、なんと私1人ではなかったのです。

チャプター2

科学的に実証される「ハイタッチ」の効果

ご覧ください。説明する必要もないですよね。私がそこに立っているだけ。下着姿ではないのが、救いと言えば、救いです。でも、リテーナー（歯並びの保定具）はまだ付けたまました、髪の毛はボサボサのまま。自分自身にハイタッチをしている画像を初めてSNSに画像を投稿したあの日、私はこんな状態でした。

その後、投稿してから1時間もし

ないうちに、世界中の人たちが、鏡の中の自分にハイタッチしている画像を私のタグと一緒にアップし出しました。老若男女がそれぞれの生活環境を問わずに、1日をスタートさせる前、仕事や学校が始まる前の束の間の時間を使い、鏡に映る自分自身に声援を送り始めたのです。

何かが動き出した1日目

私が個人的に始めたハイタッチの習慣が、こんな形で広まっていくとは思いもよりませんでした。それだけにとどまらず、多くの人たちが自分自身の見方を改め、人生までも変えてしまうなんて想像もしていなかったのです。

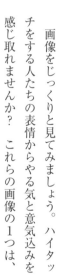

最初の数日間にＳＮＳにアップされた画像を紹介しておきます。

画像をじっくりと見てみましょう。ハイタッチをする人たちの表情からやる気と意気込みを感じ取れませんか？　これらの画像の1つは、

kylejsomerville
High FIVES
headed out to do the grocery shopping for the week... but FIRST!
@MELROBBINS
YOU DESERVE A HIGH FIVE EVEN ON THE HARD DAYS
yourself.
You are alive and doing life!
@MELROBBINS
Hustle.
YOU can do it
rhet_eric
12 likes
gosia_adamczyk_kaemka
85 likes
another bathroom high five

ＤＶシェルターのバスルームで撮られたものです。このことは、とても大切な事実を私たちに示しています。あなたがどこにいて、いかなる状況に直面していようと、あなたの前から「あなた自身」が消えることはないのです。別の言い方をしてもいいでしょう。自分自身をしっかりと受け止められているか、もしくは見失いそうになっているかにかかわらず、あなたは常に存在し続けるのです。

自分へのハイタッチにはお金はかかりません。しかしそれによって得られる自己承認の感覚には千金の価値があります。自分の存在をしっかりと認められるようになれば、今日、何が起きようとも、自分自身を支えて立ち上がり、くじけずに笑みを浮かべられるはずです。

ＳＮＳにアップされた画像を眺めていたら、「自分自身にハイタッチをするなんて安直かな」と思う必要がないとわかりました。そしてまた、「毎朝のハイタッチを必要としているのは私だけじゃない」との考えを強くしたのです。

大勢の人から寄せられた反応を記録しなくては……

その後、何かを理解したいと思ったときにいつもそうするように、私は探求を始めました。このときに知りたかったのは、「ハイタッチの画像の投稿」が、なぜこれほどまでに力を持ち、人々の間に広まったのかということでした。

手始めに、私をタグ付けして自らのハイタッチ画像を投稿した人たちにオンラインでアプローチしました。彼らと話してみてすぐにわかったのは、自身に向けてハイタッチをしているとき、自分についてネガティブな考えを持つことはないという事実でした。しかも素晴らしいことに、誰もが皆、同じ感覚を抱いていたのです。

あなたも一度、試してみてください。きっとこの感覚をわかってもらえるはずです。

鏡の中の自分を見ながら、手を上げて声援を送るとき、「あーあ、私、太ってるわ」「自分は負け犬だ」「オレはひどい人間だ」「自分のお腹が嫌いだ」なんて思える人はいません。絶対に不可能なのです。一度、鏡に映る自分にハイタッチをしながら、「自分の首が嫌い！」と叫ぼうとしましたが、できませんでした。すべての言葉を言い終える前に、おかしくなって噴き出してしまったのです。

では、どうして無理だったのでしょうか。人が誰かにハイタッチをするときは、決まってポジティブなシチュエーションだからです。自分にとってそれが当たり前になっているため、ハイタッチをするときにネガティブな気持ちになるのは不可能なのです。ハイタッチをしようとした瞬間、あなたの潜在意識は反射的にポジティブなモードに入り、頭の中の批判的な考えを追い出します。また、ハイタッチをしている最中は、やることリストや仕事のメール、その日にやらなければならない物事を考えることもできません。なぜなら、ハイタッチは気持ちを高めるための束の間の〝起爆剤〟のようなもので、人の意識はその短い瞬間にだけ向けられるからです。

考えてみればわかるでしょう。ハイタッチをしたり、されたりするとき、その勢いが弱々しかったり、手のひらを合わせるタイミングがずれてしまったりすることほど、残念なものはありません。誰かに完璧なハイタッチをしたいと思ったら、気持ちを込めて動作に集中しますよね。そこまで本気になる必要があるのです。同じことは自分自身にハイタッチをする際にも当てはまります。

どうしたら時間内にプレゼンを終わらせられるだろう……。

時間どおりに母を病院に連れていけるだろうか……。

歯を磨いていたりすると、ついついこうした心配に気持ちを持っていかれてしまいがちですが、ハイタッチをする場合、気持ちはすぐに自分のところに戻ってきます。

「しっかりと見ているからね。絶対に信じてるから。いつも一緒にいるから。わかった?」

こんなメッセージがハイタッチによって発信されると、精神的な落ち込みの悪循環は食い止められ、集中力を取り戻していくのです。

ハイタッチの習慣は単なるジェスチャーではなく、自己認知を高める行為

ボクサーブリーフをはいていようが、みすぼらしいローブを羽織っていようが、トレーニングウェアを着ていようが、はたまた素っ裸だろうが、一切関係ありません。自分の手が鏡に触れたとき、あなたは認知され、尊重されるべき存在となるのです。

ハイタッチがもたらすのは、こうした気持ちの変化だけではありません。物事の捉え方についても変化が生じ、幅広い視点を持てるようになるでしょう。それまでは毎朝鏡の前に立つたびに、無意識のうちにやることリストに気持ちを奪われ、落ち込んでいたかもしれません。必要もないのに、自分とは直接関係のない人や物事に気を取られ、やきもきしていたのです。

ハイタッチの習慣をスタートすれば、こうした癖を止めることができます。ハイタッチの効果によって、自分のためにしたいことだけに集中するようになるのです。

今日1日、どんな自分でいたいですか？

または、どんな自分になりたいですか？

自分自身の成長のために必要な個人的な計画はありませんか？

たとえ束の間の沈思であっても、その潜在力は想像以上にパワフルなのです。ハーバード・ビジネス・スクールの最近の研究によれば、自分の仕事に関して少しの時間でも思案すると、パフォーマンスは上がり、より効率的に働けるようになり、やる気が増してくると言います。これらすべてのメリットは、ちょっとした思考の瞬間を持つことでもたらされるのです。

最初の画像アップから数カ月の間、ハイタッチの習慣がどんどん自分のものになっていく様子を投稿し続けていると、それらはものすごい勢いで世界中に拡散されていきました。私は毎日、ハイタッチの習慣を始めた人たちからメッセージをもらい、それが本人たちにどんなインパクトを与えているかを知ることになります。彼らは自分で実行するだけでは飽き足らず、自分の同僚や子ども、友人や家族にもハイタッチの習慣を教え始めていました。すると今度は、いくつかの企業がその動きに注目し、社内研修をしてほしいと私に依頼してくるようになったのです。

それから約1年にわたり、企業向けの講演会で私は50万近い人たちを対象に、この本に書かれている考え方や研究結果について話をしてきました。それを踏まえて言えるのは、ハイタッチの習慣とその考え方は、あなたの人生を変えてしまう力を持っているということです。なぜなら、これらはまず、あなた自身を変えてしまうのですから。

その効力は研究結果が証明済み

ハイタッチがやる気を引き起こすことに関しては、すでに多くの報告が公表されています。例えば、何かに挑戦している子どもたちにやる気を起こさせるベストな方法を探る実験において、ハイタッチの効果が研究者たちによって確認されているのです。

学齢期の子どもたちを対象にしたある実験では、子どもたちを3つのグループに分け、遂行するのが困難なタスクをそれぞれに課しました。その際、研究者たちは各グループに対し、3つの異なる方法で激励を行ってみたのです。それらは、特質を褒めるもの（例・頭いいね！　才能あるね！　上手だね！）、努力を褒めるもの（例・すごく頑張ってるね！）、そして最後はハイタッチをしてあげることでした。

結果はどうだったでしょう。なんとハイタッチが最もやる気を引き出す激励の方法だったのです。実験からわかったのは、最少のやる気しか起こさず、タスクに対して感じる面白味も最少だったのは、「頭いいね！」「才能あるね！」「上手だね！」と褒められた子どもたちだったということでした。「すごく頑張ってるね！」と褒められた子どもたちについては、最初のグループと比較すると、タスクに対してより楽しさを感じ、根気も長持ちしたという結果が得られました。

一方、ハイタッチをされた子どもたちはどうだったかというと、タスクに対して最も前向きな姿勢を見せ、いくつかのミスを犯しながらも、最も長い時間にわたって（根気強く！）作業を続けられたのです。あまりにも明白な研究結果だったので、研究者たちが『フロンティアーズ・イン・サイコロジー』という学術雑誌に報告書を掲載した際には「ハイタッチはやる気を引き出す」というストレートなタイトルを付けたほどでした。

研究者たちは、「誰かにハイタッチをすることは声援や称賛を分かち合う行為である」という結論に達したのです。大きな笑みを浮かべながら手を掲げる動作、つまりハイタッチは、相手を誇る気持ちと激励を真っ直ぐに表せるジェスチャーであり、その相手を褒め称えていることに他なりません。また、相手に自分のエネルギーを送っていることにもなり、月並みの褒め言葉を投げ掛けるのとは大きく異なります。

ハイタッチを受け取るとき、受け手は相手から「人」としてしっかりと認識されていると実感できるのです。これは、スキルや努力、成績を褒められるのとは違います。なぜなら、「あなた」という存在に対して直接向けられた称賛だからです。

今、私が話しているハイタッチの力は、鏡の中に映る自分自身にも送ることができます。しかも優れているのは、何の言葉も発しなくていい点です。ハイタッチをする――。たったそれだけで、自分自身に対する称賛と自信を感じさせてくれます。

マントラのように「私は自分を愛してます」と繰り返すのも、確かに効果はあるでしょう。ただし、研究者らによれば、自分が本当にそのマントラの内容を信じていない限り、心はそれを否定しようと様々な理由を見つけようとすると言います（心を動かす効果的なマントラの作り方については、チャプター7で学んでいきます）。この仕組みから判断しても、ハイタッチの利点がわかるでしょう。そもそもハイタッチは、それをする相手への信頼を示すものなので、否定的な心の働きを誘発することはありません。先述のとおり、ハイタッチは「月並みの褒め言葉」とは違うのです。自分自身にハイタッチをすると、「私は自分自身のために称賛を送るような人物です」というシグナルが脳に送られます。その時点で脳は、この行為を、あなた自身が自分と一体となり、自らの存在を認め、信用している表れだと受け取るのです。

事実、ブリジットという女性は、自分自身にハイタッチをする習慣を始めたときの感想を次のように語っています。

「自分へのハイタッチを毎日行うのは、自分に対してポジティブな内容を心の中でつぶやくことでもあるのですが、それだけでなく、ポジティブな気持ちを身振りで表す行為でもあるんですよね。『ハイタッチ』という動きを取り入れることで、その行為の意味付けがはっきりするし、自分自身を信じ、価値ある存在だと思う気持ちも下支えしてくれますし……。『行動は言葉よりも雄弁』なんて言いますけど、まさにそのとおりなんです」

NBAのチームに好影響を与えたハイタッチ

ハイタッチは、自身に対する信頼だけでなく、人生において成功を収めるための能力さえも引き出してくれます。米国カリフォルニア大学バークレー校が男子プロバスケットボールリーグ・NBAの選手たちを対象にして行った調査を見てみましょう。この調査では、シーズン序盤の時点で選手たちがお互いに交わすハイタッチと、相手を鼓舞するときに行うグータッチなどの行為の回数を記録していきました。シーズン序盤の試合でのハイタッチの回数を見て、研究者たちはシーズン終了時にどのチームがベストの成績を残すかを予想したのです。その結果、ベストの成績（NBAファイナルへの出場）を収めたのは、シーズン序盤に最も多くハイタッチを行っていたチームだったことがわかりました。では、なぜハイタッチは好成績の予測因子となり得たのでしょうか？　その理由は、チーム内での信頼醸成に関わってきます。ハイタッチを頻繁に行ったチームは、それによってお互いを高め合うことができたのです。

「私がついているから大丈夫」

「行こう！」

「私たちならできる！」

ハイタッチをすることでこうした気持ちがチーム内で共有されれば、ムードは良くなり、ミスプレイも減っていきます。それに伴い、選手たちの自信は高まり、「絶対に勝てる」という気分が盛り上がるのです。

この調査において、最も頻繁にハイタッチを行ったチームの選手たちは、チームメートやチームメートの能力を信じ、勝利をもぎ取っていきました。事実、選手たちはお互いを信頼しながらプレイしていたのです。彼らが共有した無言のパワーは、留まるところを知りませんでした。一方、シーズン終了時に最下位になったチームは、ハイタッチをほとんどしていなかったことがわかりました。結果は火を見るよりも明らかで、選手たちは自分勝手で非効率的なプレイを連発し、それが成績にまともに影響したのです。

たとえチームにいい選手がいようとも、それだけでは試合には勝てません。シーズン全体を通してNBAファイナル出場を目指す中、練習時であってもハイタッチをし合うことで、チーム内にはお互いを褒め合ったり、励まし合ったりする雰囲気が生まれ、一人ひとりが利己的にならずにチームのために全力を尽くせるようになるのです。こうした感覚が私たち自身にも必要であり、自分自身との良好なパートナーシップを構築できれば、誰であっても力を発揮できるでしょう。

チームをベストな状態にするための簡単な方法

ハイタッチの効果は、スポーツ選手だけにもたらされるものではありません。一般的な仕事環境においても、人々は見守りや助け合い、励まし合いを必要としているものです。これについては、グーグルが行った研究が明らかにしています。2012年、同社は「プロジェクト・アリストテレス」という3年間におよぶ研究を行い、効率的なチームを作るにはどんな要素が必要なのかを調査していきました。研究の結果は、次のようなものでした。仕事においても、人生においても、チームのメンバーが見守られ、耳を傾けられていると感じ、さらに個々のメンバーがお互いを信頼しているときに、効率的なチームが生まれると結論づけたのです。

ベストなチームは、「心理的安全性」が高い状態を作り出します。自分以外のメンバーが味方となり、常に応援してくれると感じるため、より快活で楽観的な気持ちにもなれます。結果として、お互いを信頼し、尊敬し合える雰囲気が生まれるのです。

もう少し深掘りしていきましょう。この研究は、人々が自らの仕事を楽しんでいるか、仕事に対して意義を感じているかを見極める最大の判断材料は、その仕事が生み出す成果の質の良し悪しや有給休暇の多寡、給与水準とは無関係であると指摘しています。仕事をする上での幸福度を高める要素としては、自分のことを気遣ってくれる上司がいるかどうかも無視できません。部下に対する〝ハイタッチ〟を惜しまない上司がいれば、後ろ盾を得た気分になり、両者間での信頼度も高まります。朝、職場に入るとき、自分はその職場の一員であると感じられたら、どれだけ安心なことか。そんな職場であれば、自分はいつも見守られ、評価されていると思えるはずです。

鏡の中の自分にハイタッチをすれば、グーグルの研究が発表したプラスの効果をすべて自身に振り向けることができます。職場で快適な1日を過ごすための条件が周囲から評価してもらうことだとしたら、それにならい、自分自身で自分に評価を与えてみてください。確実に快適な気持ちになれるはずです。

ベストな状況を作る方法はまだまだある

これまでに紹介した研究や調査の結果が示すとおり、ハイタッチには人々を励まし、力を与えてくれる効果があることはわかってもらえたと思います。ただ、それにとどまらないのがハイタッチの優れているところなのです。

そもそも、「起き抜けの下着姿のまま、毎朝、鏡の中の自分にハイタッチをしてください。そうすれば、あなたの人生は変わりますよ」なんて、私自身が実感し、心から信じていない限り、他人にお勧めできるものではありません。そこで私は、ハイタッチが脳の構造レベルにどう作用しているのかを調べてみることにしました。そう思ったのは、ハイタッチの習慣を始めてから実際に私の身に起きている変化をより明確に理解するためでもあります。ハイタッチをするようになってから、ついつい自分の欠点に目を向けてしまうという癖から抜け出せたのです。私は、自分という存在を素直に受け止められるようになりました。

この変化の〝謎〟を探っていくに当たり、まず私は〝ニューロビクス（neurobics。神経細胞のためのエアロビクス）〟に関する数々の研究報告を調べるところから始めました。デューク大学の生物神経学者で研究者でもあるローレンス・カッツ博士は、脳の中に新たな神経経路とそのつながりを作るための最も簡単で効果的な方法の1つとして、ニューロビクスが活用できるという事実を発見しています。ニューロビクスの効果をうまく働かせながら、日常的な行為（例えば、鏡に映る自分を眺めるとか）をすると、感情を伴う予期せぬ動作（鏡にハイタッチをしてしまうような動作）と、自分が望む感情（励まされたいという感情）が組み合わされると言うのです。

ニューロビクスを行うと、脳はすぐに反応します。その反応は脳にとって栄養分のような働きをし、新たな習慣に素早く適応していくのです。好条件が整ったこの状態になると、新たな神経経路のつながりが生まれ、それが行動に結びつきます。つまり、日常的な行為（例：他人にハイタッチをすること）ではなく、予期せぬ行動（例：自分自身にハイタッチをすること）を取ることで、脳は素早くそれに反応し、自分が望む感情を引き出してくれるのです。

もう少し説明を加えていきましょう。ある研究によれば、利き手ではないほうの手で歯磨きをしながら、何かを考え続けていると、脳はすかさず反応し、その「何か」に特別な注意を向けるそうです。利き手ではない手を動かすことが脳に注意喚起を行い、その時点で起きているすべてのことに集中させるので、たとえそれが歯磨き中の考え事であっても、注意がそこに向かうのでしょう。さらに言うと、利き手でない手で歯磨きをしたときに考えたり感じたりした内容は、「利き手ではない手を使う」という予期せぬ行動と組み合わされるため、正確に記憶の中にインプットされていくのです。

ハイタッチは、これと似た結果をもたらします。鏡の中の自分にハイタッチ（普段はしない予期せぬ行動）をすると、脳はそのことに特別な注意を向けます。しかも、ここ数十年にわたり、ハイタッチはポジティブな意思表示の象徴となっているため、脳はセルフ・ハイタッチをしている自分自身のイメージをポジティブなものとして認識するのです。私たちの脳は、この例のような〝近道〟に素直に従っていく習性があります。そのおかげで、ハイタッチの習慣はそれまでの自己認識の仕方をくつがえすと同時に、自己喪失感や自己嫌悪の気持ちを素早く簡単に取り除き、空になったスペースを自己愛と自己受容の気持ちで満たしてくれるのです。

MIT、ハイタッチ、読み書き障害

そもそも考えてみると、ニューロビクスの効果は私の息子のオークレーにすでに影響を与えていたことを思い出しました。オークレーが小学校4年生のとき、夫と私は、彼に読み書き障害があることに気づきます。そこで私たちは、通常の子どもたちとは異なる言語学習を行っていることで知られるキャロル・スクールにオークレーを入学させようと考えたのです。そこで一度現地に赴き、説明を聞いたところ、この学校はマサチューセッツ工科大学（ＭＩＴ）の神経科学研究室と協同し、研究プログラムの一端を担っていることを知ります。教師の説明によれば、読み書き障害を持つ子どもたちには、新たな神経経路の発達を促す教え方を導入しているとのことでした。

読み書き障害を持つ人が抱える困難の一部は、左右の脳をつないでくれるはずの神経経路の多くが未発達であるという点です。そのため、脳（灰白質）がうまく働きません。そこでこの学校は、ニューロビクスを用い、新たな神経経路の発達と心理的柔軟性を促そうとしていました。それを聞いた私は、ワイヤーケーブルを使った車のジャンピングスタートのようだと思ったのです。脳の中に左右をつなぐワイヤーを渡し、そこにニューロビクスに基づいた刺激を与え、神経経路の発達を促すというイメージが湧いてきました。

キャロル・スクールでは、小さな電球がいくつも埋め込まれ、真ん中に左右を分けるラインが引かれた巨大なボードが授業で使われています。これらの電球のいずれかが点灯したとき、オークレーはその電球にタッチするように言われました。ただし、ただ電球に触ればいいというわけではありません。向かってラインの右側にある電球をタッチするときは左手を使い、左側の電球にタッチするときは右手を使わなければならなかったのです。「右側の電球に触る」という意思と、「それをするには反対側の手を使う」という動きを同時に行うと、心理的器用さが構築されます。これにより、オークレーの脳の構造に変化を起こし、雪道を作業車が除雪するかのように、新たな神経経路が生まれていくのです。

ハイタッチの習慣には、この仕組みと似通ったものがあります。オークレーの例のように、普段とは異なる腕の動き（鏡の中の自分へのハイタッチ）をすると、脳は特別な注意を払うようになるのです。ハイタッチは経験上、いいイメージと結びついています。そのため、ハイタッチをしたり、されたりすると、人の潜在意識は自動的に称賛や自信、可能性を感じ取るのです。自分の手を掲げ、鏡の中の自分にハイタッチをしたとき、潜在意識は「私は称賛と信頼に値し得る人物であり、やりたいと思ったことは何でも実現できる」と語り掛けてくれるでしょう。

この動作を続ければ続けるほど、脳は鏡の中の自分と称賛や自信を結び付けるようになります。それにより、これまで抱いていたマイナスの自己評価が徐々にプラスに変わっていくのです。と同時に、自分の中の潜在意識は鏡の中の自分を批判することを止め、それとは逆に愛おしく思うように変わります。

専門家も認めた「ハイタッチの習慣」がもたらす効果

いくつもの研究報告に目を通した結果、鏡の中の自分へハイタッチをすることが、自尊心やプライド、自信を高めるための新たな神経経路の構築に有効であると思うに至りました。とはいえ、念のためにさらに深掘りし、より強い確信を得たいと思ったのです。そこで私は、脳がどのように新しい情報と習慣を身に付けていくかについての研究で世界を牽引する専門家の1人、ジュディ・ウィリス博士に助けを求めました。

私は彼女に「ハイタッチの習慣」がいかに自分の人生を大きく変えたかを話しました。また、本書を執筆するための準備段階で数百の人たちに「ハイタッチの習慣」を紹介し、それを実践してもらったところ、彼らにも変化が現れたという話も併せて伝えたのです。

すると彼女は、ハイタッチの実践によって脳がどう変化していったのかについて説明してくれました（ウィリス博士の画期的な見識については、この本を通して触れていきます。特にチャプター13では、人の神経系がいかに認知機能に影響を与えるのか、迷走神経を上手に活用するにはどうすればいいのかについて述べているので、ぜひお読みください）。

ウィリス博士は、私が始めたハイタッチをするだけの簡単な習慣が、ポジティブで斬新な行動や考え方を引き出し、新しい神経経路を作り出していると認めてくれたのです。ついでに言うと、私でも始められた習慣なのですから、あなたにできないはずはありません。

専門家がハイタッチの効果を検証してくれたことは、非常に大きな意味があります。詳しくはチャプター4～6で述べますが、どんな考えであれ、それを繰り返し思い描いていれば、その考えは潜在的に〝当たり前〟のものになっていくと科学的に認められたのです。

そこでお聞きしますが、これまでのあなたの人生で、潜在的に〝当たり前〟になっていた考えは、どんなものでしたか?

「自分には能力がない」「何をやってもうまくいかない」「いつも失敗する」「何をするのも面倒だ」「自分は醜い」

こんな考えにいつもとらわれていた人もいるかもしれません。このあと詳しく話しますが、私の〝当たり前〟は、「すべて自分のせい」「いつも誰かが私のことを怒っている」というものでした。

こうした〝当たり前〟を変えていく力がハイタッチの習慣にはあるのです。何をどう変えるにしても、まずは自分自身に優しくなることを学ばなければなりません。その方法については、あとに続く項目で語っていきます。

優しくなれ、優しくなれ、優しくなれ!

もう1つ、ある研究を紹介しましょう。人生の質の向上のために効果的な影響を与え得る要素について研究者たちが調べたところ、最も効果を発揮する要素は、自分に対して優しくなる習慣を身に付けることだとわかったのです。

英国ハートフォードシャー大学の研究者たちは、この研究を通じて、人に幸福や満足をもたらすものは何なのかを調べようとしました。彼らは、人生の質を改善すると思われる様々な行動や習慣に注目していったのです。その対象は実に幅広く、エクササイズから、新しいことへの挑戦、人間関係の構築、他人への親切、自分にとって有意義となる行動、目標達成のための活動まで、考えられるものすべてを網羅していきました。その結果、人を幸せにし、心を満たしてくれる最大の予測因子は、自己を容認することだとわかったと言います。つまり、自分自身に優しく向き合い、励ます行為をすることで、それに比例した直接的な影響が生じ、自らの幸福度が上がっていくとの結論に達したのです。

この研究が示すように、自分自身に優しくする姿勢（＝自己容認）には人生を変えてしまうほどの力があります。にもかかわらず、ほとんどの人がその姿勢を持とうとせず、ケールのスムージーを飲み、ジムに行き、早起きをし、グルテンフリーを試み、さらには瞑想までして……「自分には能力がない」「何をやってもうまくできない」という考えを払拭しようと懸命になっています。しかし、そんなことをするよりも、まずは手っ取り早く、自分自身に優しくなることを優先すべきだと思いませんか？

さあ、やってみましょう

自分自身に優しくなる……と言っても、誰もがその方法を教えてもらったことがないのが現実です。私たちの両親だって自分たちに厳しかったのですから、彼らが子どもたちにその方法を教えられるはずがありません。実際のところ、鏡に映る自分を責めたり、自分のために時間を費やすことに罪悪感を覚えたりする母親に育てられた人は多いのではないでしょうか。もしくは、余計な感情は一切表に出さず、家の外でいくら稼いできたか、どれだけの成功を収めたかという尺度だけで自らの存在価値を測ってきた父親に育てられた人もいるはずです。

あなたがもし、いつも自分自身に厳しい態度を取ってしまうのなら、子どものころに親から受けた〝愛のムチ〟が影響を及ぼしていると言っていいでしょう。ただし、それについては今さらグダグダと文句を言わず、ズボンをシャキッと引っ張り上げ、つらかった思い出には、ここできっぱりと別れを告げるしかありません。私の父も、子どものころの私を叩きました。それでも私は大人になれたのです。正直に言うと、最後に叩かれたときのことは今でも腹立たしいと思っているのですが……。子育てに関して、親ができる世界最悪の言い訳は、「私も親からそうされたけど、ちゃんと成長できた」というものでしょう。まったく理不尽極まりない、とんでもないエクスキューズです。子どものころに嫌だと思ったのなら、自分の子どもに同じ思いをさせないように、ありとあらゆる努力をするのが親というもののはずです。しかし、それはあくまでも理想であり、現実は異なります。自分が親にされたことを、今度は子どもにしてしまうのです。

自分に優しくできない理由は、ここにあります。子どもの脳は、自分の周りで起きている出来事をすべて吸収していきます。子どものときのその記憶が潜在的な原動力となり、「優しくできない自分」を再現してしまうのです。

幸い、この悪循環を食い止めることはできます。ですから、世代間で受け継がれてきたこの悪循環を、今ここで断ち切っていきましょう。自分に厳しくするのは、決して心地良いものではありません。ある研究によれば、やる気を引き出すために自分に厳しくしても、それとは反対の効果しかもたらさず、何かをやり遂げたいときの励ましにもならないと報告されています。自分に対する厳しさは、自らを萎縮させるだけなのです。場合によっては敗北感を植え付け、落胆を覚えさせることもあるでしょう。そうなると、活発に動くことはできません。充足感に満ちた幸せな人生を送るには、まずは自分に優しくなる必要があります。毎日欠かさず自分に対して優しさに満ちた行動をすることが、人生を良いものとするための最初のステップとなるのです。

ポジティブ・シンキングは答えにはならない

仮にポジティブ・シンキングが人生を変えられるのなら、あなたはすでにそれを実践しているでしょう。話を先に進める前に、ここで私は声を大にして言っておきたいのです。ハイタッチの習慣は、嘘っぽい褒賞術でもなければ、無理を強いるポジティブ・シンキングでもありません。私がこの本で行おうとしているのは、破滅的で何の支えにもならない自らに対する厳しい姿勢を〝当たり前〟のものとせず、その姿勢を劇的に変えていく方法をシェアすることです。

ハイタッチの習慣を取り入れた生活では、これまでの姿勢や考え方は受け付けません。それらを捨て、新たな習慣を実践していく必要があります。もしも自分の人生を今とは違うものにしたいのならば、これまでとは異なる振舞い方と決断をしなくてはなりません。ポジティブ・シンキングによって、気分を盛り上げることはできるでしょう。しかし、いくらポジティブな考え方を自分に植え付けても、多くの人が以前と変わらず、身動きが取れずに悩んでいます。

そうなってしまう理由は、私たちの人生に立ちはだかる困難が生半可なものではないからです。それらの困難のいくつかは実に大きく、克服するのは容易ではありません。とんでもなく酷い状況に陥っているのに、自分に対して「素晴らしいじゃない！」なんて語り掛けるのはどうかしています。これはまさに〝毒性の強いポジティブ・シンキング〟です。本書では、この手のポジティブ・シンキングは扱いません。

子ども時代のトラウマ、体系的な不平等、依存症、人種差別、偏見、慢性的な痛み、虐待といった事柄だけに留まらず、私たちは個々の人生の中で、その他様々な厳しい状況に直面します。これらはどれも深刻な問題であり、軽々に対処できるものではないのです。私は長い間、非営利団体のリーガル・エイド・ソサエティに所属し、刑事被告人の代理をする弁護士として働き、貧困や体系的な差別がいかに人々を過った道に追い込んでしまうのかをこの目で実際に見てきました。

人生は時に、残酷で不公平な顔をのぞかせます。単にうっとうしいだけか、もしくは自

Jenn Reasinger
Not in the mirror, but high 5 for my 5th round of chemo.
One more round to go!
29

分の魂や精神を押しつぶすほどのものかにかかわらず、生きていれば人は必ず何らかの問題に悩まされ、足踏みを強いられるのです。その苦しみがわかるのは、本人だけであり、他人にはわかりません。だからこそ、自分に優しくし、必要とされる愛情やサポート、声援を与え続けなくてはならないのです。誰であろうと、人には問題に立ち向かい、人生を変える力が備わっています。過去に起きた出来事を変えることはできませんが、未来に起きるであろう出来事を選択することはできるのです。人が持つ真の力は、それを実際に可能にします。

あなたの過去がどれほどひどいものであったとしても、それとは異なる新しい未来を作ることができるのです。これまでに自己破壊的な習慣を続けていたり、ひどい失敗をしてしまったりした経験があったとしても、心配はいりません。それでもなお、新たな未来は築けます。今現在、どれだけ自分を恥じていても、その状態から抜け出し、一からやり直せることを知ってください。

実際のところ、自分自身にハイタッチをしたところで、これまでに自分の身に起きた出来事が変わるわけでもなければ、たった今、直面している試練の状況に変化が生じるわけでもありません。ただし、それらは変わらなくても、ハイタッチの習慣には「自分」を変えてしまう効果があります。それをすることで、自分が今直面している人生に立ち向かう心構えができるのです。この本を読んでいる人の中には、もしかしたら、どこかの保護施設で目を覚ましたばかりの人もいるかもしれません。前日に恋人と別れたという人や、解雇されたという人もいるでしょう。その他、私にメッセージを送ってくれたジェンのように、「5回目の化学療法を終えた朝」を迎えている人もいます。彼女は次のように書いてくれました。

「化学療法に耐え、さらにはがんに打ち克つための戦いで必要なのは、99パーセントの確率で、精神的に正しい姿勢を維持することです。私はこれまで、周囲の人たちのことをいつも心配し、皆を応援し、勇気づけてきました。ところが私たちは、自分自身を勇気づけることを忘れてしまいます。私は今、鏡の中の自分を見るのが大好きです。その自分にハイタッチをして『絶対に大丈夫』という気持ちになっています。5回目の化学療法は、正直、かなりきつかった。だからこそ、自分を勇気づけるために私は自分にハイタッチをしています。前に進んでいくために、私自身が自分のためのチアリーダーになって状況をしっかりと把握し、自分の人生の明るい光になろうとしているのです」

さらなる「納得」を欲するのなら、とにかく実践してみてください

ハイタッチについて説明してきましたが、もしかしたら〝壊れたレコード〟のように同じ内容の繰り返しがなされたように感じた人もいるかもしれません。仮にそうだとしても、どうしても「鏡の中の自分」に話は戻ってしまいます。

毎朝、鏡の中の自分に向かい合い、そしてハイタッチをしながら声援を送る……。これを習慣とすることが、自分自身との新しい関係を築くための最初のステップとなるのです。この関係は自分にとって最も大切なものであると同時に、それをどのような形にするかによって、他人との関係や、普段の生活の中での決断にも影響を与えていきます。

自らの足を引っ張る自己不信や自己批判の姿勢を、自らを盛り立てる自己受容と自己愛の姿勢と入れ替えられたとき、あなたの人生は変わるのです。

自身への毎朝のハイタッチを習慣にしてみませんか？

チャプター3

ハイタッチの習慣を始める前にいくつか質問があります……

Q：いざ始めるとなったら、具体的に何をどうすればいいのですか？

難しいことは何もありません。

毎朝、スマホを見たり、雑事に触れたりする前に、鏡に映る自分と向き合う時間を一瞬だけ作ればいいのです。バスルームを出た途端、今度は自分以外の人のために時間を費やすことになるでしょう。スマホが鳴ったり、仕事のことで気を取られたり、子どもの世話に追われたりと、忙しさが増していくはずです。そんな日常の中、毎朝のハイタッチの習慣は、あなたに大切な瞬間を与えてくれます。

ハイタッチを行う際には、シンプルで力のこもった次の2つの行動をしてください。

ステップ① 鏡の前に立ち、1秒ほど自らと一体になる。

このとき、自分の容姿に注意を払ってはいけません。自分自身を深く捉え、体の奥に潜む精神と魂に気持ちを集中します。

ステップ② 心の準備ができたら、鏡の中の自分にハイタッチをする。

気持ちが落ち着いていくのを感じましょう。気力が湧いてきたり、心地良さを感じることもあるでしょう。「何の問題もない」「自分は大丈夫だ」そんな感覚に浸ってください。口に出して「あなたが大好き」「見守っているよ」「信じてるから」「やってみよう」と言わなくても、十分に力強さを感じられるはずです。慌てず、あなただけのためのこの瞬間を慈しみましょう。

Q：どうして朝一番に行う必要があるのですか？

それには2つの理由があります。

理由① その日の自分の生産性にインパクトを与え、1日を際立ったものにするため。

朝一番でハイタッチを行えば、その日の調子をポジティブなものにできます。ある研究によれば、自分の朝の気分はその日全体の自分の生産性に影響を及ぼすと報告されています。その効果を実際に体験すると、驚くと思います。キャロラインという女性は、朝一番にハイタッチをしたところ、奇妙なくらいやる気に満ち、それが1日中続いたことに驚いたと私に話してくれました。

　グロリアのように、ハイタッチの効果は体中に伝播しやすく、それが1日中消えないと感じる人もいるようです。彼女は、「高校時代にチアリーダーをやっていたのを思い出して、ハイタッチと同時にかつての掛け声を口にしてみたのです。そしたら、笑いが止まらなくなって床に倒れ込んでしまいました。もう、どうにかなってしまいそうでした。私、今年で〝弱冠〟76歳なんですよ！　最高の気分です」と教えてくれました。

　ニッキーも何かを感じ取ったようです。

「鏡の前を通り過ぎたとき、ハイタッチをしてみました。でも、ちょっとバカバカしいかなって思ったんです。ところが、その途端、笑いが止まらなくなって。気が付いたら、自分自身に『がんばれー』って声を掛けていました。そうやって、その日をスタートさせたのです。どう言えばいいんでしょうか……。『もう立ち止まらないぞ』という気持ちになって、どこまでも進んでいけると思いました。そして今は、誰かに話し掛けて、『私と同じ気分になりたくない？』とハイタッチを勧めたいくらいなんです」

　ポジティブな状態で1日を始めると、その日は活発に行動できるようになります。自らを新しい人生へと導くには、考えているだけでは十分ではありません。それには行動が必要なのです。一つひとつの行動の積み重ねが、新たな人生を作っていきます。ハイタッチはそうした行動をあなたから引き出し、自分が望む人生へと近づけてくれるのです。

理由② 目覚めてすぐに、自分が必要としているものを最優先することに気づかせてくれるため。

ニーナという女性は、私に次のようなメッセージを送ってくれました。とても重要な視点なので紹介します。

「他人を励ますことは1日中できるのに、自分を励ますための時間を取らないのはどう考えても変じゃないですか？　事実、さっきも友だちに『あなたは十分過ぎるくらい素敵!!　きれいだし、個性的で創造性もある。自分を愛し、大切にしなきゃ！』なんてメッセージを送ったばっかり……。何て言ったらいいんでしょう。これがまさに私なんですよ。こういう言葉を最も必要としているのは私自身なのに。やっと気が付いたんです。私はいつも他人を優先しているって」

起きてすぐにSNSやメールを見たり、自分以外の人のために時間を割く前に、自分に対して愛情を注いだり、支持を表明したり、気遣いを見せたりするちょっとした瞬間を作るべきなのです。ニーナは最後にこう綴っていました。

「次は自分の番。周囲の人たちにするように鏡に映る自分を激励し、『あなたって、すごいじゃない！』と語り掛けながらハイタッチをしなくては！」

Q：実際に鏡にタッチしなくてはダメですか？　鏡を汚したくないんです……。

どのようにでもやりやすいようにしてください。触っても、触らなくても大丈夫です。ハイタッチではなく、代わりにロータッチでもかまいません。指を広げていても、くっつけていてもかまいません。やり方は好きなように。大切なのは、実際にやってみることです。

Q：どうしてバスルームでする必要があるのですか？

バスルームは、1人で自分と向き合える数少ない場所だからです。ジムや職場、もしくは学校でハイタッチをするとなると、おそらく意識し過ぎてしまうでしょう。また、ほとんどの人が毎朝起きてすぐにバスルームの前に立つという習慣をすでに持っているのも利点と言えます。それに「ハイタッチをする」という習慣を付け加えればいいのです。ある研究では、以前からの習慣（この場合、歯磨きなど）に新たな習慣（この場合、ハイタッチ）を重ねる、もしくは結び付けたとき、それをほぼ習慣化できるという結果が報告されています。

マインドフルネスの1つで私が好きなものに、気持ちを〝自分の足があるところに置きなさい〟という方法があります。髪を整えたり、髭を剃ったり、お化粧をしたりしているとき、何も考えずにボーッとするべきではありません。その代わりに、心の動きを静止する瞬間を作り、自分自身との一体化を図ってみるのです。意識的にバスルームの鏡を見つめることには意味があります。自己認識や自己評価、ときに愛情さえ感じられる自分との親密な瞬間を過ごせるからです。自分自身の強さ、美しさ、素晴らしさを感じられる時間は、今日という1日の中でこの瞬間しかないかもしれません。そんなことは、これまでに考えもしなかったのではないでしょうか。

Q：鏡に向かわないとダメですか？　それとも右手と左手を空中で合わせるだけでもいいですか？

それだとハイタッチではなく、ただのカッコ悪い手合わせになってしまいます。

鏡はどうしても必要です。これについては科学的な証明がなされています。ある研究の結果によれば、脳に記憶されているハイタッチと結びついたプラスの連想（例えば、「あなたを信じています！」など）を引き出すには、実際にハイタッチをする必要があるとのことです。したがって、鏡に映る自分に向かってハイタッチをしないと効果は発揮されません。この習慣は、自分自身との新しく、素敵な関係の始まりとなるものです。多くの人が日常の忙しさに追われ、自分の一部をどこかに置いてきてしまったように感じています。私もその1人と言っていいでしょう。

そんな日々を送る中、毎朝行うハイタッチは、自分自身を取り戻し、自らが必要としているものや、ゴール、夢、自分の周りに存在する目に見えない大きな力にいち早く到達させてくれる方法となるのです。

Q：「ハイタッチの習慣」と名付けたのはどうしてですか？

「習慣」という言葉は、〝パターン〟を単に上品な言い方にしたものです。通常、どの習慣も、日々実践するには些細で単純なものにしたほうが定着しやすくなります。ハイタッチも同じで、それをすることは気分を良くしてくれるだけでなく、簡単なので忘れにくい。また、繰り返すのも苦ではありません。

「朝のハイタッチ」ではなく、「ハイタッチの習慣」と名付けたのは、自然と行えるまで習慣として繰り返さないと意味がないと思ったからです。私たちはこれまでずっと、自らが自己愛と自己称賛を受けるに値する存在であることに気づかないという間違いを犯してきました。自分自身へのハイタッチを習慣にすることで、その間違いを正すときが来たのです。

実際のところ、誰でも時を置かずしてすぐに自然と行えるようになるでしょう。この習慣を始めたドミニクは、こんなことを言っていました。

「夜中に目が覚めたので、犬の散歩に出かけたんです。散歩の途中、鏡の近くを通り過ぎたとき、すぐに立ち止まってハイタッチをし、家に戻ってまた寝ました。ハイタッチの習慣は、半分眠ったような夜中の時間帯でも、思わず行ってしまうくらい日常生活の一部になっています。ハイタッチをすればするほど、この習慣がどんどん好きになっていく自分に気が付きます。これは同時に、自分自身を再び愛するプロセスを学ぶことに夢中になっているとも言えると思います」

Q：この習慣はすべての人に効果をもたらしますか？

もちろん！

ただし、実際に行動をしなくてはいけません。2日やり、「バカバカしい」と周囲に漏らして止めてしまうようなら、何も変わりません。すべての習慣に共通することですが、とにかく繰り返す必要があります。習慣は、まだやり慣れない最初のころが本当に大変なのです。新しい習慣が自分にしっくりいく前に、誰もが止めたいなと思います。変化するのは単純でも、常に簡単とは限りません。とはいえ、毎朝ハイタッチをするように強引に仕向ければ、必ずできます。

リサと彼女の娘は、ハイタッチの効果をすぐに感じ取れたようです。

「9歳の娘と今日からハイタッチを始めました。娘は、『気分がとても良くなった』と話し、はち切れそうな笑顔を見せていました。簡単な動作なのに、こんなにポジティブな気持ちにしてくれるなんて、気に入らずにはいられません」

何度も何度も繰り返すことで、将来にわたってよりポジティブな人生を築いていくための自信がどんどんついてくるはずです。

Q：自分以外の誰かにハイタッチをするのではダメですか？

あなたは、他の人たちにたくさんハイタッチをしてきたはずです。すでにもう、周囲の人たちのために十分な時間を費やしてきたのではないですか？　彼らの要求に耳を傾け、必要なものを与え、期待に応えてきましたよね？　そのために自分のことが後回しになっていたのです。周囲の人がどう見ているのかが気になって、自分の見た目や表情、受け答えに必要以上に神経をすり減らしていたのではないですか？　おそらくあなたは、自分の価値や尊厳は、他人が自分をどう評価するかによって決まってくると考えていたのではないでしょうか。彼らがあなたのことを好いてくれたとき、もしくは「頭がいい」「価値がある」「能力がある」と思ってくれたときに限り、自分は頭が良く、価値があり、能力があると感じることができると思っていませんでしたか？

自分の価値を他人の判断に委ねようとしているのなら、あなたは間違った〝鏡〟を眺めています。自らを自発的に好きになれないうちは、SNSで「100万いいね」をもらっても何の意味もありません。外に目を向けて「いいね」や「フォロー」をしたり、「視聴回数」を重ねたりして他人を「評価」するのではなく、それらすべてを自分自身に向けてみてください。生き生きとした気分で鏡の前に立ち、自分に向き合うことができたなら、それだけで1日を自分のものにできるのです。

Q　とても感情的になってしまったので驚いています。これは普通のことですか？

はい。いたって普通です。事実、ハイタッチの習慣を始めた多くの人が、感情の高まりに驚いています。彼らに起きた感情の変化は、アリッサの例と似ているかもしれません。

「昨日、鏡にハイタッチをしてみました。正直、何も起きないと思っていたのです。ところが、突然叫んでしまいました。私の心はずっと、この瞬間を待ち望んでいたのです」

ウェンディも自分の体験をシェアしてくれました。ハイタッチを始めた日、彼女は疲れを感じたそうです。その日の夜、彼女はいつもより早めにベッドに入ると、感情を抑えきれなくなりました。ところが翌日起きてみると、元気がみなぎり、それまで手が付けられずに先延ばしにしてきたたくさんの仕事を一気に片付けることができたそうです。

「これまで抱え込んできた何かを手放せたのかもしれません」

彼女はそう言います。同じことがあなたに起きても、何ら不思議ではありません。

感情の解放は、しばしばポジティブな気分にしてくれます。次に紹介するのはマイケルのケースです。

「鏡に向かってハイタッチをしたら、びっくりしました。驚いて顔が紅潮しました」

ジネットはハイタッチをしたあと、飛び上がらずにはいられなかったと言います。どんな反応であっても、それをしっかりと感じるようにしてください。

Q：どうしてこんなに簡単なことなのに効果があるのでしょう？

ハイタッチの特筆すべき点とその魅力は、まさに「とても簡単」というところにあります。

そう聞いて、そんな理由は今まで耳にした話の中で最もバカげたものだと思うかもしれません。ただ、そこに秘密が隠されています。簡単だからこそ、誰にでも実践できるのです。どんな道具や手段でも、使わなければその効果を得られません。行動を変えるには、新たな行動を取り入れて、それを繰り返すしかないのです。ある研究結果によれば、普段のルーティンに加えやすいものほど、新習慣として確立させやすいと言います。ハイタッチは簡単であり、そしてさらに気分を良くしてくれるので、それを毎日続けていけば、必ず習慣にできるでしょう。それが叶ったときには、相当な自信が積み重なっているはずです。

Q：あなたの言うことは、本当に信用できますか？

無理に信用しなくてもかまいません。私はただ、この本で自分自身を信じる方法をお教えしようとしているだけです。私に目を向けるのではなく、鏡に映る自分のことを見てください。

Q：私は今、大きな問題を抱えています。ハイタッチの習慣は、このつらい時期を乗り越えるための手助けとなりますか？

チャプター2のジェン（52ページ参照）の話が参考になると思います。ハイタッチの習慣自体には、がんを治す効力はありません。しかし、ハイタッチの習慣は、闘病生活を送るジェンを確実に励まし支えるだけでなく、彼女に強さを与えています。同じことが問題を抱えている誰にとっても言えるのです。ハイタッチをしながら、困難を乗り越えていってください。

例えばローリンは、こんなことを教えてくれました。

「私はシングルマザーです。実は昨年、2人の親友を失い、大きなショックを受けました。1人は自殺、もう1人とは仲違いの結果です。私は、悲しみの感情、成功できず自分に満足できない感情とずっと戦ってきました。そして今は、鏡を見るたびに自分自身にハイタッチをするようにしています。これをする理由は、自分は今を生きていて、夢を叶えるだけの価値がある存在であることを自らに認識させるためです。それから、娘たちが幸せに生きる術を学べるように、しっかりとした方法をまずは自分が身に付けてお手本になろうとも考えています。彼女たちがこれからの人生で様々な困難に直面したとしても、必ず克服できると知ってほしいのです」

勤めている会社が重要な局面を迎えているというケンドラも、自らのストーリーをシェアしてくれました。

「会社の売り上げが伸び悩んでいて……。それでも私は毎日ハイタッチをして、自分を励まし続けています」

ブリーニーからは、次のような話が届きました。

「1カ月にわたって苦労しながら取り組んできたプロジェクトが今日、やっと終了しました。完成品を見たときは、驚いたのと同時に自分が誇らしかったんです。自信たっぷりの笑顔をたたえ、私はその完成品を引き渡しました。ところが相手の反応は、『オーケーってとこかな。これがスタートだと思って』というものだったのです。かつての私なら、過剰な思い込みと自分に対する猜疑心を爆発させ、塞ぎ込みながら残りの1日を自分を責めるために過ごしたことでしょう。でも、今回は違います。何かが私を突き動かして鏡に向かわせ、ハイタッチをさせたのです。今日の私は、これまでとは別人でした。自分のためだけの時間をしっかりと確保し、自らの仕事を褒めることができたのです」

先ほど、ハイタッチをしてもらった子どもたちの行動を調査した研究の話をしました。あの研究の結果が示すとおり、失敗や挑戦に直面したときに必要とされるのは、自分自身とのパートナーシップと自らへの励ましなのです。ハイタッチは、どんな状況にあろうとも自分はそれに向き合えるという事実に気づかせてくれます。あなたには、再び立ち上がるための気力や活力、強さがあるのです。そして、生きていく上で避けて通れない苦境を乗り越えるための勇気を与えてくれるのがハイタッチなのです。ハイタッチは、自分がどれだけ努力をしているのかを見逃しません。日々のハイタッチには、チームメートが一世一代の大一番に立つあなたを応援してくれるのと同様、自分自身を全力で支えてくれるだけのパワーが秘められています。

「絶対に大丈夫。あなたならできる！」

ハイタッチが与えてくれるこのメッセージをしっかりと受け止めてください。

Q：「なんか面倒だな」と感じた日は、どうすればいいですか？

それでもやりましょう。「欲しいな」「実現したいな」というものがあるのに、今現在、手に入れられていない理由の一部は、「面倒だな」という気持ちに負け、行動を起こさないからです。つらいことから逃げず、常にやり続けていれば、生きることはどんどん楽になっていきます。ですから、あきらめずに行動してください。

ハイタッチをやり始めたあと、ポーラが直面した状況を紹介してみます。彼女が得た気づきは、驚きに満ちたものでした。彼女の話を聞くと、多くの人が「面倒だな」と感じる理由がよくわかると思うので、ここでシェアします。

「自分自身に声援を送るなんて、私には難し過ぎます。その理由は、自分に愛情を注いでいる人を見ると、『なんて厚かましい人なの』と思って、イライラしてしまうから。だって、どうかしてるでしょう。それって『自分のことを好きなんだから、私は他人から好かれて当然』と言っているのと同じですよね。自分が達成したことを褒めちぎる女性なんて、ただのビッチでしょ。私、こういう女性たち、嫌い。でも……私がいつも憧れる人たちって、なぜか〝こういう女性たち〟なんです。創業者とか、トレーニングしている人とか、旅をしている人とか……。

私自身のことを考えたとき、自分に夢を叶える能力があるとは思っていません。そう思うのは、風変わりで実現できそうにない夢を持っているからではなく、世の中には私をはるかに凌ぐ素晴らしい人たちがたくさんいて、その人たちこそ夢を叶えるのにふさわしい人たちだと考えているからなんです。彼女たちって、自分自身を応援することに躊躇しないでしょう。であれば、自分に拍手を送るよりも、自分よりずっと先を行っている彼女たちに拍手を送ったほうがいいような気がするんです。しゃかりきになって〝金《きん》〟を狙いに行って失敗するよりも、最初から目立たないようにおとなしくしていたほうが、楽じゃないですか。もしも失敗したら、『自分には能力がない』ことの証明になってしまうし、実際に私、そういう失敗をこれまでにしてきたんですよ」

これを読んで、ポーラの痛みがわかる人もいるでしょう。と同時に、彼女が心の底で何を望んでいるのかを理解できたかもしれません。彼女は周りから認められたり、褒められたりすることで、自分にも価値があることを感じたいのです。

自分を抑え込むことが習慣化しているのなら、そんな習慣は今すぐ捨て去り、殻を破って自分自身に声援を送り始めましょう。ポーラは今、自分の夢が頭から離れない状態になっているのかもしれません。本当は自分にハイタッチをする生活を送り、〝金〟を狙いに行きたいのです。ポーラのように、自分の思い込みにはまり、身動きが取れなくなっている人もいるのではないでしょうか。自らが欲しているものを「面倒だから」と言って取りに行かない状態が続くと、それを実行している人をいつしか憎むようになります。ハイタッチの習慣は、そんな状態から抜け出す最初のきっかけを与えてくれるのです。

Q：ハイタッチをするのは、声援が必要なときだけに限らないのですか？

まったく限りません。たとえどんな状態にあったとしても、自分自身に声援を送る行為は人生で成功を収めるためには必要です。長距離マラソンのレース中に得られる喜びの1つに、コース脇に立ち並ぶ人から送られる声援があります。ゴールできるかどうかに関係なく、自分自身に声援を送れるようになれば、完走したり、メダルを取ったりするよりも早く、自信を付けるのに役立ちます。

Q：「自分は敗者だ」と今の時点で感じていたら、どうなりますか？

もしも今、自尊心を失っているのなら、自分に向けたハイタッチをやり始めるのにこれほど最適なタイミングはないでしょう。今すぐやってください。あなたにはハイタッチをされる資格があります。そもそも、前からあったのです。

これまでずっと、厳しい試練に晒されてきた人も数多くいるでしょう。答えを間違って、皆に笑われたり……。夕食の食卓で自分の気持ちを正直に話したら、部屋から出て来るなと言われたり……。フットボールチームの入団テストを受けたら、不合格になったり……。友だちだと思っていた人に見捨てられたり……。昇進願いを出したのに、ちっとも考慮されなかったり……。信頼していた人から傷つけられたり……。選挙に立候補したら、落選したり……。恋愛をして、フラれたり……。会社を立ち上げたら、倒産したり……。夢を叶えた途端、すぐに迷いを感じたり……。例を挙げていったら、いくらでも出てきます。

あなたは、これらを失敗と受け取りますか？　そうではありません。これらはすべてレッスンなのです。不調からの回復力や自信、知恵は、鋼鉄が作られるときのように〝火だるま〟の状態から生まれます。その視点を持つことができれば、人生で起きた出来事からあなたは常に何かを学び取れるでしょう。つまり、成功したときだけでなく、失敗したときでさえも、大いに自分自身を褒めるべきなのです。最近まで、実は私はこれとはまったく逆のことをしていました。何かを達成するまで自分を褒めるのをとどまり、そこに至るまでの道のりにおいては自分に厳しくしていたのです。

ところが私が学んだのは、失敗はほぼいつでも、その先の行き着くところに驚くべき何かを用意してくれているということでした。人生に押しつぶされそうになっているときでも、ハイタッチは再び立ち上がれるように助けてくれます。誰もが自分の中に力を秘めており、いつか必ずその力を必要とするときがあるものです。そのときが来たら、すぐに力を発揮できるように合図を送ってくれるのがハイタッチです。

Q：わかりました。準備は整いました。いざ始めるとなったら、いつからがベストですか？　ハイタッチするのを忘れないためにはどうしたらいいですか？

それを聞いてくれてよかったです。あなたがスタートするのをサポートする「ハイファイブ・チャレンジ」（※訳注　英語では「ハイタッチ」を「ハイファイブ」と言います）という方法を用意しています。「ハイファイブ・チャレンジ」は、最初の5日間、とにかく朝起きたらすぐに鏡の前でハイタッチをするという簡単なものです。ただ、それだけで終わりません。このチャレンジは、あなた1人で挑むものではなく、私と一緒に行います。まずはHigh5Challenge.comにアクセスし、登録をしてください（現時点では英語サイトのみです）。

I AM SMART
I AM KIND
I AM BRAVE
I AM BEAUTIFUL
TODAY IS GOING TO BE A GREAT DAY!
TAUGHT LUCIE THIS MORNING THAT EVERYTIME SHE LOOKS IN THE MIRROR TO HIGH FIVE HERSELF
Taking my daily progress photo for 75 hard and of course I have to give myself a high-five in the mirror!
Killing it!!! You're going to crush 75 Hard
LOVE THIS
Day 5
#highfivechallenge
For no other reason than sticking to the challenge.
Do try it for yourself. You'll be surprised by the pep it puts into your step.
@melrobbins
jenquay528
My first... HIGH FIVE
@MELROBBINS
First daily step to rewire my brain
Thanks MEL
YOURSELF A
HIGH 5
HIGH FIVE
TO MYSELF
Don't forget to high five yourself today..
Way to get those dishes done, girl!
GREAT MORNING! ALWAYS START OUT THE DAY WITH A HIGH FIVE TO YOURSELF!
I LOVE YOU FOR THIS MEL!
HIGH FIVE BEAUTIFUL!
YES, HIGH FIVE YOURSELF!
hippiemama_of_two
Did you high 5 yourself in the mirror this morning?
6:30AM

最初の5日間は、「ハイファイブ・チャレンジ」に参加する世界中の人たちの1人としてチャレンジしてもらいます。5日間、私の応援メッセージが撮影された動画のリンクを貼ったメールが送られます。それらの動画では、ハイタッチの効果を裏付ける研究結果や、あなたがこれから経験する変化についても詳しく語っています。このサイトでは、自分自身の進み具合をチェックできるだけでなく、チャレンジに参加している人たちとつながり、声援を送ることもできます。さらにいいのは、参加者からあなたに向けた声援が届くことです。

バスルームの鏡の前で1人になってハイタッチをするのは寂しいかもしれません。ですが、仲間を得ることで孤独感からは解放されるでしょう。あなたは1人ではないのです。すべて条件なしの無料なのでご心配なく。登録することによって、私の他に世界中の数多くの参加者があなたを応援してくれます。

ある研究によると、他の人からの支えと激励があったときのほうが、変化は格段に起きやすくなるそうです。事実、あなたは孤立無援ではありません。世界中の人たちが毎日どこかで起床し、あなたと一緒にハイタッチをしています。ぜひサイトへの登録をしてみてください。

→High5Challenge.com

5日後には、自分の感じ方が大きく変わっていることに驚くでしょう。この変化について、フランはこう語っています。

「ハイタッチをするごとに、異なる感覚に打たれました。癒されるのを感じたり、自分を信じられる感じがしたり。さらに5日目になると、新たなマインドによって自分が変わっていく感じがしたんです。今はもう、ハイタッチはちょっとしたブームになっています。友だちや家族もやり始めました。ここまで来たら、世界に影響を与える何か大きな変化を起こせそうな気さえします」

Q：変化は長続きしますか？

はい。鏡の中の自分にハイタッチをするのは、実は、ほんの始まりに過ぎないのです。このあとに続くチャプターでは、あなたが必要としている励ましや支えを自分自身に与える様々な方法を紹介していきます。これらの方法を実践することで、身動きが取れない状態から、活発に行動ができる状態へと自分自身を変えていけるでしょう。自信や幸せ、達成に関連する事柄についても、たくさん触れていきます。

自分自身との関係は、人生のすべてについての土台となるものです。自分にどう語り掛け、どう向き合うのかによって、あなたのすべての行動の傾向が決まっていきます。そしてそれが、どう動くか、物事をどう感じるか、いかに考えるか、何をするのかを定めていくのです。いくら鏡を眺めても、声援を送るべき相手が見つけられないようなら、今すぐにその状況を変えていきましょう。

ここで改めて確認したいのは、誰もがこれまでの人生の中で、周囲の人や友だち、チームメートたちにポジティブな意味を込めてハイタッチを行ってきたという事実です。それを自分自身に行えば、潜在意識の中で凝り固まってしまった行動パターンに変化をもたらすことができます。ポジティブな気分になれれば、目的の達成は促され、人生の軌道もきっと様変わりすることでしょう。

チャプター4

自分を〝拷問〟にかける必要ってあるの？

この本を書いている最中、私は娘から次のようなメールをもらいました。

〝バーに飲みに行くたびに、「この店の中で一番醜いのは私だな……」って思わないようにするには、どうすればいいの……？〟

娘からこの種の内容のメールを受け取ると、親としてはもう本当に胸が張り裂けそうな気分になります。だって、年ごろの娘に今何を言ったところで、「彼女の自分に対する感じ方」を変えられないことはわかっているのですから。それについては確信があります。なぜなら、これまでに何度語り掛けても、彼女の考え方を変えることはできなかったからです。外見だけでなく、内面についても、娘がどれだけ美しいのか、いちいち理由を挙げて伝えたこともあります。それだけでなく、驚くくらいの性格の良さを褒めちぎったりもしました。これまでに成し遂げてきたこと、抜群のユーモアのセンス、賢さ、勤勉さについても話しています。周囲から信頼され、他人への愛情もあって、妹や友だち、同僚からは尊敬されていることも指摘しました。

作家や講演家、母親といった立場の人が、素敵な人に巡り合えず自信をなくしている愛すべき独身女性に対し、いかにも口にしそうなセリフを投げ掛けたことだってあります。

「あなたのような素晴らしい女性に見合う相手にまだ出会えていないだけ。いつかきっとチャンスが訪れるから心配しないで」

自分に声援を送るのは、逆立ちして歩くのと同じくらいの異様なこと？

私がどうアドバイスしようが、悩んでいるのは私自身ではないため、なかなかうまくいきません。結局は、娘が自分とどういう関係性を築いているかにかかっているのです。自分自身をどう見ているのか、自分の周りの世界をどう見ているのか、それにどう自分をなじませているのか……。それによって、状況は大きく変わります。おそらく多くの人たちが、自分にとって大切な人を相手に、似たような経験をしたことがあるのではないでしょうか。その相手の素晴らしさを知っているあなたは、本人の才能や性格だけでなく、容姿についてもとことん褒めたりしたことでしょう。

「あなたが一番醜いだなんて、そんなこと絶対にないよ」「友だちもいるじゃない」「きれいよ」「自慢できるものがたくさんあるじゃない」

いくらそう言おうとも、どれだけ多くの事実を示しても、相手が自分自身について頑なに信じている思い込みを翻すのは困難なのです。相手は確かに聞いてくれます。また、聞くことでしばらくは気分も良くなるようです。しかし、脳は全力で根拠のない思い込みにしがみつこうとします。長年にわたって「自分は醜い」と何度も言い聞かせてきたこともあり、それが積み重なって潜在意識の中に〝事実〟として刷り込まれてしまっているのです。そのせいで、あなたが相手のことをどれだけ魅力的だと思っているかを伝えても、異を唱えるばかりで受け入れてくれません。

生きていく上で絶対に知っておくべき重要な〝お告げ〟の1つは、元気さと幸福感はすべて自分自身の心の中で始まりと終わりを迎えるということです。自らに投げ掛ける言葉、自身への接し方、頭からいつも離れない考え、これらもすべて自分の心の中で作られていきます。成功を収めようと、痩せていようと、有名だろうと、筋肉質だろうと、お金持ちだろうと、自分の欠点を探してばかりいたら、いつになっても幸せにはなれないでしょう。

もしも自分には欠点があると思っていたら、鏡に映る自分にハイタッチをするなんて考えは、〝アホらしくて〟〝バカげていて〟〝安っぽい〟としか感じないはずです。その欠点を完璧に治すまでは、自分には価値がなく、声援を受ける存在でもないと信じ切っているのですから、そう感じてしまっても無理はないでしょう。周囲の人から褒められても心地良さを感じないのは、自分の欠点ばかりに目を向けているせいです。自分には価値がないと信じているため、自己否定に走るばかりで、周囲の評価を素直に受け入れられないのです。

そうした人にしてみれば、自分に声援を送るなんて、逆立ちで歩いたり、足で食事をするくらい異様なものに思えるに違いありません。そのため、潜在意識は自分へハイタッチをすることを拒否してしまうのです。

自らの潜在意識は「自分が好き」とは言わない

自らの潜在意識が動き出すのを見たいですか？ であれば、鏡で自分を見るか、もしくは誰かがあなたの写真を撮ろうとするときに、自分がどんなリアクションをするかに注目してみてください。

私の子どもたちはかつて、「鏡を見るたびに〝変顔〟してる」と言って、私をからかってきたものです。私自身には、鏡の前で〝変顔〟をしている意識はまったくありませんでした。ところが実際は、鏡の前に来ると誰もが〝鏡顔〟を作るようです。鏡を見ると、無意識のうちに表情を調整し、少しでも魅力的に映るように顔に変化を加えるのです（どうしてそうするのでしょう?:)）。自分がそれを無意識のうちにやっているかどうかわからなかったら、周囲にいるティーンエージャーの様子を観察してみてください。彼らは全員、〝鏡顔〟を作っています。鏡の前では頭を少し傾けていい顔を作りますし、写真を撮るときには頬を引っ込めたりするのです。

私の〝鏡顔〟は、唇をほんの少しだけすぼめるということで作られます。自分ではまったく気が付かなかったのですが、子どもたちが容赦なくからかってきたので知ることとなりました。自分をちょっとでも良く見せようとして、無意識のうちに鏡に映る自分の表情に変化を加えていたのです。さて、ここで誇らしげに言いましょう。私は少なくともこの3カ月間は、一度も〝鏡顔〟を作っていません。その理由は、自分の外見に目を向けなくなったためです。その代わり、今の私は人としての〝自分自身〟をしっかりと見ています。

〝鏡顔〟についてては科学的な裏付けも存在します。私たちは、誰もが自動思考を持っています。これはいわば、轍のようなもので、頻繁に考えている物事がいつしか頭の中に定着してしまうのです。一方、意図的に頭の中に定着した物事とは違うことを考えたり、いつもの行動とは異なることをしたりすると、定番の考え方や行動は変わります。こうした意図的な試みは、神経可塑性反応と呼ばれています。

定番の考え方(＝自動思考。〝鏡顔〟も自分の中の定番の考え方の1つと言っていいでしょう)と言われるものは通常、自分の欠点を見つけることに異様なまでの神経を集中させます。だからと言って落胆しないでください。この考え方を変えることは十分可能なのです。

自分には欠点が多いって？

かつては自分のことを気に入っていたのに、いつ、どのようにして批判するようになったのかを知る必要はありません。どうしても知りたいのであれば、自分を労わるつもりでセラピーを受けてみるといいでしょう。私の娘のケースでは、私がセラピスト役を務め、「いつから自分に批判的になったのか」について聞いてみました。すると彼女は、「いつからかはわからない。自分や自分の体について、批判的じゃなかったときがあったのかさえも覚えてない。本当のことを言うと、自分はそこまで醜いわけではないって思ってるの。ただ、友だちの中で私が一番大きいのは確か。それが嫌い。鏡の中に見えるのは、その姿なの。私は、自分がそうあって欲しいと思っているよりも大きい。それを考えると、自分自身について嫌な気分になってくる」と答えたのです。そしてさらに「いつもこんなことばかり考えなくて済んだらって思う。でも、止める方法がわからない」と言いました。

その後も話し続けるうちに、彼女は、自分自身の体を憎むと同時に、自分を好きになって受け入れることはできない状況を抱えているのがわかったのです。

鏡を見ながら、「直すべきところはあるかな?」と粗探しをするのは、逆ハイタッチをして自己排除を試みていることと同じだと言っていいでしょう。これを無意識のうちにしているのは、彼女だけではありません。ある研究は、およそ91パーセントの女性が自分の体についてよく思っていないと報告しています。メディアの情報や画像イメージをいつも見せられていると、特にそう思うようになるのでしょう。そもそも、「こんな外見じゃなかったらいいのに」と常に考えていたり、「自分には居場所がない」という思いを抱えながら世の中を眺めたりしていると、自分という存在自体に誤りがあるという気分に陥ってしまうのです。

あなたが自分の考え方を変えなくてはいけない理由

自分を傷付けるのは今すぐに止め、代わりに自分を好きになり、自らに力を与える方法を学ぶべき理由として、次の3つが挙げられます。それらを紹介していきましょう。

理由① 自分の欠点にばかり焦点を当てると、絶対に変われないから。

欠点に目を向けると、「変わる」ための行動をするたびに「欠点を直している」という気持ちになり、つらく感じてしまいます。ダイエットが失敗しやすいのは、この思考パターンのためです。エクササイズの計画やダイエットをしていること自体が、〝罰〟のように感じ、ダイエットが必要なのは「自分に欠点があるせい」という考え方をしてしまいます。自分には欠点はなく、むしろ愛されるべき素晴らしい存在であるにもかかわらず、自分ではそうは思えないのです。

理由② 自分の体型や過去、自分自身を嫌っていたら、やる気を起こさせることができないため。

ある研究では、自分を傷付けてしまうとやる気が失われることがわかっています。そもそも、自分が声援を受けるに値する存在だと思えず、いい気分にさえなれないのに、わざわざ現状を変えるためにあえてつらいことをしようとする人なんて、この世の中のどこにいるのでしょうか？ それよりも、まずは自分を好きになり、現時点での自分を受け入れ、現在自分がどんな状況にあろうとも許し、自分を愛し、自尊心を身に付けるところから始めましょう。

「自分はもっともっと幸せを感じていい人間だ」
「自分を労わるためのケアをもっとする」

「嫌いだから」という理由からでなく、率直に「自分が好きだから」という理由でこうした考えを持てるようになると、ハイタッチの習慣の効力はいかんなく発揮され、常にあなたを支えてくれます。

理由③ 自らに力を与え続ける行為を繰り返せば繰り返すほど、その効果を感じ取れるため。

自分自身との関係は、その性質いかんによって、あなたを自由にすることもあれば、殻に閉じ込めてしまうこともあります。次のチャプターでは、殻に閉じ込めてしまう理由の他に、自分自身との関係が脳に変化を与え、世の中の見方をいかに変えてしまうのかについて説明していくつもりです。

私たちは日々、今起きていることを脳で捉えながら、それに関する考えを同時に巡らせています。そんな仕組みの中で、同じ考えを何度も繰り返しているうちに、仮にそれが頭の中だけであっても、脳にはその考えが溝や轍となって残っていきます。さらには、自分があてもなく歩くその溝や轍はいつしか見慣れた道に変わり、その道を歩く際には、古びた同じ景色、変わり映えしないカーブや曲がり角しか見えてこなくなるでしょう。あなたはその道を熟知し、その道もあなたの歩み方を知り尽くしている状況に陥っていくのです。こうしたプロセスをたどり、あなたは自分自身に関する考えを認識していきます。その認識は次第に確信に変わり、時間の経過と共に自らのアイデンティティとなるのです。

自らの考えについて言うと、そう考えるようになってしまったのはあなたのせいではありません。多くの場合、自らに批判的なのは、親や親のような存在の人物からの影響が大きいと考えていいでしょう。彼らは彼らで、自分自身に対して厳しい態度を取ってきたのです。自らに対して批判的になってしまった理由はさておき、それによってみじめな思いをしているのであれば、ここからは自分の責任でその状況を変えていきましょう。

戦う相手は自分の肉体でもなければ、預金額でも、仕事でもありません

あなたが戦わなくてはならないのは、「自己嫌悪」という感情です。この感情を抱きながら、自分を変えることはできません。自己嫌悪ではなく、まずは自己愛からスタートさせてください。ハイタッチの習慣はそうしたスタンスを基盤として、物の見方、話し方、優しさのこもった自分との接し方ができるようにあなたを導いてくれます。

例えば、私と一緒に「ハイファイブ・チャレンジ」をしたニーナは、かなり大きな成果を得ることができた1人と言っていいでしょう。

「私は20年以上にわたって、身体醜形障害（自分の容姿を醜いと感じ、それにこだわり過ぎるあまり、不安や恐怖を覚えてしまう障害）に悩まされてきました。それがたった5日間のチャレンジをした結果、それまでは自分の顔を見るのを避けていたのに、鏡に映る自分に向かってにこやかに微笑みかけられるようになったのです。ハイタッチの習慣には本当に感謝しています」

一方、キャシーは、ハイタッチの習慣が自分を見る目を根底から変えてくれたと言います。

「鏡を見るとき、誰もがいつも自分の欠点を見つけようとしますよね。私もそう。眉毛が左右でそろってないとか、白髪が目立つとか……。おまけに二重アゴだし、二の腕はぶよ

ぶよだし……もう、ああああ！って感じ。自分の欠点がたくさん見えてくるんです。しかも、ズームなどのビデオ通話やFacebook Liveが広まって、自分と向き合う機会は今や鏡だけじゃなくなり、自分が望む以上に、自らの姿がカメラに映し出されていきます。そんな中、鏡の中の自分に向かってハイタッチをしてみたのです。この動作によって、肯定感が生まれ、自分自身を応援する気持ちが出てきました。ハイタッチをするときには、自分の顔と体をそれまでとは違う観点で見ることを余儀なくされます。明るい気持ちで、優しく、思いやりと楽しさを感じながら自分を見つめられるのです。しかも私が発見したのは、ハイタッチをしていると、絶対に批判的なことや悪いことは口から出てこないという事実でした」

今現在の嘘偽りない自分のまま、あなたはいつだって応援されるべき存在なのです。体重が減ったとか、お金を稼いだとか、恋をしたとか、大学院に合格したとか、そうした特別なときに限る必要はありません。ある研究は、自分自身を好きになり、素直に受け入れる方法を学んだとき、人は人生の浮き沈みにうまく対応できるようになり、逆境から立ち直る力も強くなると発表しています。反対に、自分自身をひっきりなしに貶めていると、自らを地面に叩きつけているような気分になってくるでしょう。こうなると、何らかのストレスに直面したときに、あたかも生き埋めにされているような感覚に晒され、何をしても打ち勝てません。

一方、鏡で自分を見始めて、今現在のありのままの姿を認め、応援や支えを受けるに値する存在であると信じられたとき、自分が持って生まれたモチベーションや自らを応援する力、すぐに立ち直れる回復力が一気に花開くのです。

いつもはこうじゃなかったはず……

これから私がお教えすることは、実はすべて、すでにあなたの中に秘められているものです。まずは初めに自己愛について語ります。自己愛は、生まれながらに受け継がれた個人の特性と言えます。まだ赤ん坊だったとき、あなたは自分の姿が好きだったのです。鏡のところまで這っていったあなたは、さすがにハイタッチはしなかったでしょう。ですが、鏡に映った顔に自分の顔を押し付けて、微笑んだり笑ったりしながら、自分を愛おしく思い、よだれがたれた口を開けて、キスをしたはずです。そのころのあなたは、ごく自然に自分自身を応援することができていました。そもそも私たちは、一人ひとりがユニークであり、特別な存在なのです。ＤＮＡの配列、指紋、声色、虹彩と、すべてが独特で、自分にしかないものです。どのように世界を見つめ、どのように笑い、何を経験し、どう愛するのか――。これらすべての要素が混ざり合い、魔法のような何者かを作り出すのです。つまり、自分は二つとない存在であり、それはこの先も変わりません。私たちの誰もが持つ独自の才能は、実に驚異的なものなのです。それを愛でずに、いったいどうしろというのでしょう。

私たちは自分が思っているよりも、ずっと強いのです。苦境から立ち直る力は、自分のDNAの中に間違いなく組み込まれています。赤ん坊のころに一生懸命ハイハイしていたときのことを考えてみてください。うまくできないからといって、すぐにあきらめたりはしなかったはずです。床の上に横たわり、不機嫌な態度で天井を見つめながら、「これが自分の人生。そろそろ白旗をあげるとき。絶対にハイハイなんてできるわけない。もうこの床の絨毯の上でずっと暮らしていくわ」なんて言わなかったでしょう。それとは正反対に、もう一度挑戦したに違いないのです。もちろん、まだ言葉を発せないため、うまくできないことについて自分自身に「全然、ダメだね」「賢くないね」「強くないなあ」といった悲観的な話もできなかったでしょう。あのころのあなたが行ったのは、何度も挑戦し、床の向こう側にたどり着くまで体を動かし続けたことなのです。

赤ん坊は生まれつき、利口なものです。自分の周りの人たちを見て、甘えた声を出したり、微笑んだり、ハイハイをしたり、体を滑らせたりする術を体得しながら、最後にはとうとう歩き始めます。歩けるようになるまでに、1時間に平均して17回も転ぼうが、そんなのはまったく気にせず、とにかく挑戦あるのみだったのです。その粘り強さは、今もあなたの中に残っています。

また、自分自身を応援する姿勢も、DNAの一部として組み込まれているものです。子どものころ、スリルがあって新しいものに挑戦して、それがうまくできたら、笑い声をあげ、叫び、両腕を頭の上に高く掲げて喜んだでしょう。音楽が流れれば、ヒップを揺らし、体をくねらせ、はしゃぎまくったはずです。

私たちは皆、生まれながらにして愛され、何かあっても立ち直るだけの力を与えられ、愉快で、そして応援されていると感じられるよう、完璧にできています。そのため、誰かからハイタッチをしてもらうと、無性にいい気分になれるのです。ハイタッチの効果は体の奥の芯にまで響きます。自分の中に潜む「自分」にまで届き、すでに忘れてしまった何か、つまり「自分がどういう存在で、何を感じることができるのか」を思い出させてくれるのです。

では、子どものころの幸せな自分に何が起きたっていうのでしょう？

その答えはいたってシンプルです。人生が自分を飲み込んでしまったのです。まだ早い段階から、人生があなたをひっかきまわしたと言ってもいいでしょう。好調な自分も、低調な自分も、一緒くたに洗濯乾燥機の中に放り込まれたような状態に陥ってしまったのです。すでに触れたように、私たちは誰もが完璧かつ完成された形で生まれてきました。ところが成長し、学校に通い始め、友だちを作ったり、グループに溶け込もうと努力しているうちに、どこかで調子が狂い、妙なメッセージを受け取ってしまうのです。

「自分にはおかしなところがある……」

残念ながら、このメッセージは誰の元にも届きます。心理学者たちはこれを「帰属意識の断絶」と呼びます。「自分にはおかしなところがある……」というメッセージが届く年ごろになると、自分は家族や教会、友だちのグループ、地元、もしくはこの世界全体にもはや属していないと感じ始めるのです。この感覚はさらに第二波の断絶を誘引し、今度は自分自身への帰属意識をも断ち切ってしまいます。

この現象は、様々な形式を伴って起こり得ます。成長期における頻繁な引っ越しや何度かの転校が続くと、自分が「外」の人間として、少し離れたところから「内」を眺めるようになるのです。もしくは、周囲から危害を加えられたり、自分のいる環境が安全だと感じられないことによっても帰属意識の断絶は起こります。読み書き障害があるために特別教室に振り分けられたことで「頭が悪い」というレッテルを貼られて生じることもあれば、所属する集団の中でたった1人のトランスジェンダーであるために生じたりもします。コミュニティの中でたった1人のイスラム教徒だったり、たった1人の難民だったり、クラスの中でたった1人の黒人生徒だったりすることでも起こるのです。

外見や話し方、振舞い方が違うと言ってからかわれたり、母親が常に自分の体重について厳しく言ってきたりするせいで、体育の時間に着替えをするのがとても苦痛に感じることがきっかけになる場合もあります。家の中の空気や学校の友だちの態度、もしくは世間の目から、「あなたはどこかおかしい」「安全ではない」「愛される資格がない」とサインが送られているように感じたとき、子どもはすぐにそれを信じてしまうのです。この手の経験は誰もがします。トラウマとなり得るこうした出来事を通らずに、成人期を迎えることはないのです。

父親が家族を見捨てて家を出て行ってしまうこともあるでしょう。母親が深刻なうつ病を患っている場合も考えられます。兄弟が自殺してしまったり、次の食事の心配を常にしながら日々の生活を送ったりしているケースもあるかもしれません。家の周りでいつも人種差別や偏見に晒されていたり、ゲイであることを理由に家族から拒絶されていたりする若者もいるはずです。親が依存症だったり、あなたの存在を恥だと思って無視し続けている家庭だってあります。これらすべての状況は、私たちに大きな影響を与えるのです。その影響は、心や身体、魂の奥深くに浸透します。まだ子どもである自分は、その状況から逃れようと思っても逃れられません。唯一取り得る選択は、どうにか耐えて、〝生き残り〟を探るのみなのです。

感情レベルでは、これは特にキツい

自分の身に何かが起きたとき、人生経験が少ない子どもたちは、起きた物事に対してどう対処していいのかわかりません。こんなときは、その出来事の記憶を神経系に吸収し、その場しのぎの対処の仕方やそのときの感情をインプットしていきます。子どもができるのは、その状況を乗り切るために自分なりにベストを尽くすことだけです。ストレスが多く、心の痛手となりそうな状況や虐待的な環境に置かれながら、「自分の周りにいる大人たちは、もう本当にどうかしている」「なんてこった！　この状況はどう考えてもイカれてる」「これは違法だ。逮捕してもらおう」「自分を痛めつけるようなヤツは、絶対に他の誰かから痛めつけられる」と冷静に考えられる子どもは1人もいません。子どもたちは皆、すべてを一身に浴び、「こうなっているのは自分が悪いからだ」と捉えてしまいます。

11歳のとき、年上の子どもから性的ないたずらを受けた私も、同じことをしました。あのとき、「これは自分のせいだ」と思ったのです。サマーキャンプで執拗にいじめられた私の息子もそうでした。彼は自分の痛みを隠し、自分を責め立てたのです（どうしてもっと早くに気づいてあげて、すぐに彼を連れ戻さなかったのか、私は今でも自分を責めています）。

あなた自身も同じような経験をし、つらい思いをしながらやり過ごしてきたのではないでしょうか。起きたことに関しても、おそらく「自分のせいだ」と考えようとしたはずです。常に否定的な態度の母親の存在、両親の離婚、日常的に行われる人種差別的な些細な嫌がらせ、肉体的な虐待……。自分に非はないにもかかわらず、子どもはすべての責任を自分に押し付けてしまいます。子ども特有のこの性質は、人類にインプットされた重大な欠陥と言っていいでしょう。自分を傷付ける人を非難するのではなく、「自分がおかしいからだ」と受け止め、自らを責めてしまうのです。

認めたくない気持ちでいっぱいなのですが、私自身、親として子どもに向かって無意識のうちに否定的な態度を取ってしまうことがあります。

青い髪をしたニューキッズになってみよう

これから私は、本来であれば触れたくない話をしていこうと思います。この話をするとき、私はいつも自分があまりにもひどい母親に思えてきます。それでもあえてお話しするのは、親がついつい発しがちな次のような言葉が、子どもにとっていかに耳障りで、一貫した特定の響きを持つかをわかってもらうためです。

「あなたには、ちょっとおかしなところがあるわよ」

「見た目が少し変じゃない?」

「自分自身を表現する方法が、そもそも間違ってる」

私の息子のオークレーが6年生だったころ、彼は髪の毛先を青に染めたことがありました。そうした理由は、髪を青く染めたニンジャというゲーマーが大好きだったからでした。オークレーが染めた髪はなかなか似合っていて、彼自身もそれがお気に入りだったようです。

その後、7年生(中学1年生)になるタイミングで、オークレーの転校が決まります。新しい学校で迎える1日目が近づいてくるにつれて、青い髪で登校したらオークレーに意地悪をする人が出てくるのではないかと思い始めた私は、少し心配になりました。ただでさえ新たな学校で新学期を迎えるのは大変なのです。それでも彼は、青い髪をした新入生として学校に通うと言って聞きませんでした（実際のところ、彼に付いてまわっていたのは青い髪だけでなく、神経質な母親と、その母親の「うまく学校に溶け込んで」という切なる思いも含まれていたのです……）。

学校が始まるまでの数週間、私は彼に向かって何度も「やっぱり髪切ったら？　せめて毛先の青い部分だけでも」と尋ね続けました。ところが、自分の髪について彼は何も心配していませんでした。一方、私のほうは気が気でなかったのです。学校が始まるのが近づいてくると、今度は彼の姉たちが畳みかけていきました。

「ねえ、あんた、わかってんの？　髪を染めたまま新しい学校に行くなんて、ベストな選択じゃないかもよ。仮にあんたがラクロスのスター選手とかなら、許されるかもしれないけど……」

オークレーは結局、折れ、学校が始まる前に毛先を切り落とします。自分のためを思ってそうしたのではなく、私たちを心配から解放するためでした。

大人はいつも子どもに対して「これをしなさい」と言ったり、大人にとって都合のいいことを「やりなさい」と求めたりします。これが常態化すると、子どもは母親を安心させるために黙って要求に従ったり、他の選択肢はないと思い込んで、人気のあるクラスメートに付き従うようになるのです。さらには、愛情と容認は常に取引されるべきものとして刷り込まれていきます。例えば、「私が言ったことをしてくれたら、あなたのことを好きになってあげる」といった具合です。

考えてみると、これが駆け引きなしで自分自身を愛せなくなってしまった原因であり、その発端は子どものころに生じていたことがわかるのではないでしょうか。

私たちが誤ってお墨付きを与えてしまったデタラメなもの

息子とのやり取りを見ると、私は彼に「見た目が少し変じゃない？」というメッセージを送り続けていたことがわかってもらえると思います。

「私を幸せにしてくれる見た目なら、あなたのことを受け入れるわ」

単にこう言っていただけでした。ところが実際は、これとは反対のことを私は考えていました。本心を言うと、私は青く染められた彼の髪が好きだったのです。しかし、他の7年生たちがあの髪を受け入れてくれるとは、どうしても思えませんでした。そのため、転入先の学校で快適かつベストなスタートを切れるように息子にアドバイスを送っていたのです。結果として、息子が自分自身で選んだ決断に疑問を呈し、私がありのままの彼を愛して受け入れているのかについて、疑念を持たせてしまいます。

さらに私は「自分らしくあるよりも、うまく溶け込んでほしいわ」とも言っていました。本当にひどいのは、多くの人が信じがちな「あなた自身が自分のことをどう思うかより、他人があなたのことをどう捉えるかのほうが重要だ」という考え方が大間違いであるのを知りながら、その考えを息子に押し付けてしまったことです。誰もがこうしたデタラメを信じ、間違ったことをします。そのわけは、自分自身も子どものころに同じような体験をし、それが正しいと信じ込まされてきたからです。私の子どもたち、これを読んでいたら、本当にごめんなさいね。

この話をするのは、いつだって嫌です。これに似た経験は誰もがしていると思います。そのときあなたは、自分の見た目や自分の行動、究極的には自分という存在に対して疑問を抱いたのではないでしょうか。

こうして私たちは、真の自分自身との関係性を断ち切ってしまうのです。そしてそれが、鏡の前に立ったときに自分の欠点を見つけるという行為につながっていきます。

私の娘や、その他、自分の容姿で悩んでいる人は、すぐにでも鏡に映る自分の身体を褒めるようにしてください。ジーンズに足が入らなかったからといって自分をゴミか何かのように扱うのは止め、代わりにそのジーンズをゴミ箱に放り投げましょう。自分自身を批判し、傷つけているとしたら、それは私が自分の息子に行ったことと同様の行為をしていることになります。あなたは自分自身への愛情を取引の対象にし、自分自身を受け入れられるまで、一切の愛情を注がないつもりでしょうか？　そんな人生を生きるとしたら、それはひどく寂しく悲しいものになるはずです。

嫌うのではなく、称えましょう

自らが必要としている愛情や容認を得たいからといって、特に何かを変える必要はありません。すぐにそれらを与え始めてしまえばいいだけです。

自らを打ち負かし、拒否し、気持ちをくじくことに、どんな意味があるのでしょうか。次に鏡の前に立ったときには、自分を突きまわしたり、痛めつけたりするのは止めてください。その行為は、自らをどう見ているかの反映となり、その日の自分に対する感情のトーンを固定してしまいます。そうではなく、自分の長所に焦点を当てて、前向きな気持ちで1日をスタートさせるのです。些細なことに気を取られず、あなたの強さや直感に目を向けます。あなたを今まで包み込んでくれた自分の体を労わったり、鏡に映る妊娠線を見ながら子どもに思いを馳せたりしてもいいでしょう。あなたにおかしなところはないのです。

預金の額、体重計の数字、ズボンのサイズ……。自分が今置かれている状況に、あなたは満足していないかもしれません。そうです、人生は決して楽ばかりではない。それでも私たちは立ち上がり、生きていきます。その上さらに、自分を苦しめる必要はあるでしょうか? たとえつらい状況の中でも、自らに備わった再起する力、知性、力強さを振り絞り、私たちは朝を迎え、何かを学び取り、成長しながら、より良い自分になろうと努力しています。これって、本当に素晴らしいと思いませんか?

私は、毎朝自分にハイタッチをし始めたというジョーダンがシェアしてくれたストーリーが大好きです。

「多くの場合、自己愛は自分自身を正すことだと思われていますよね。だから私は、鏡の中の自分にハイタッチをするのが好きなんです。だってハイタッチをするたびに、自己愛の本当の意味が、それまで正そうとしてきた自分自身の様々な側面と恋に落ちることだと示してくれるのですから」

ジョーダンの言うとおり。私たちには愛すべきところがたくさんあるのです。自己愛に思う存分溺れてください。自分自身に手を重ね合わせながら、自分の良さを潜在意識の中にどんどん取り込んでいきましょう。

とても大きな何かを取り逃しているようなもの

容認と励ましがもたらす深遠な力を理解するには、心理学者がしばしば言及する「基本的な感情的欲求」に関する研究結果を見ていくといいでしょう。基本的な感情的欲求とは、人が満足を感じるために不可欠な要素のことです。一般教養の心理学の授業で有名な「マズローの欲求5段階説」の講義をサボったり、居眠りして聞き逃してしまった人もいるかもしれないので、ここでおさらいしておきましょう。

私たちは皆、達成を求め、幸福を望み、生存することを欲しています。これらは基本的ニーズと言っていいでしょう。また、私たちは生きるために、水、食べ物、空気、安全な場所、睡眠を必要とします。友情も不可欠です。友人なしでは、孤独感に苛まれることでしょう。事実、孤独感は人を死に追いやるという研究結果も発表されています。さらに加えると、人には成長欲があります。人として成長できないと、行き詰まりを感じてしまうのです。

ここまでは比較的よく知られていますが、私たちには「見られたい」「耳を傾けられたい」「愛されたい」という3つのコアとなる感情的なニーズがあることについてはあまり知られていません。ありのままの自分の状態で、これら3つのニーズを満たしたいという欲求が人にはあるのです。これら3つが果たされないと、ネグレクトされたと感じるだけでなく、愛されていない、誰も気に掛けてくれないという気持ちになり、満足できません。こうした不満が積もり積もって、「自分はダメな存在だ」と自己批判を始め、以降、自らに対する気持ちを悪いほうへとねじ曲げてしまうのです。

あなたには自分自身のために状況を変えられる力があります

自己批判的になってしまう人に不足しているものは、自分自身との深い結びつきです。1つのことを済ませたら、すぐに次のことに取り掛かるというあわただしい生活を日々送っていると、毎朝、自分自身に敬意を払うという行為がどれほど大きな変化を自らにもたらすかなんて想像もつかないと思います。たとえそんな状況でも、ハイタッチは、すべての人に欠かせない、とても大切で底深い感情的なニーズを満たしてくれるのです。

先ほど触れた「見られたい」「耳を傾けられたい」「愛されたい」という3つの感情的な

ニーズは、通常、子どものころに満たされることはありません。さらに言うと、成人した今現在に至っても、それらのニーズを満たせていないケースがほとんどです。そのせいで、職場や、友人グループ以外の場で自分の存在感のなさを覚え、周囲の人との関係は断絶していると感じるのです。もちろん、自分自身との関係もうまくいっていません。この状況で決定的に不足しているのは、「自分は大切な存在なんだ」という意識です。「見られたい」「耳を傾けられたい」「好かれたい」という感情が満たされない限り、人が充足感を得ることはありません。

単に計算をしただけの私に論争を挑まないでください

そもそも、あなたは実に奇跡的な存在と言えます。周囲から視線を集めるのは当然であり、称賛されているともっと感じていいのです。

知っていましたか？　あなたがこの世に生を受けるチャンスは、100万に1つの確率なのです。女性が生涯で持てる卵子の数は100万以上と言われています。そのうちの1つが受精し、あなたは生まれたのです。これって、すごいことだと思いませんか。つまりあなたは希少な現象の賜物というわけです。

しかし、すごさはそれだけではありません。最近の研究では、ヒトの基となる卵子はえり好みをすることがわかってきて、男性から一度に放たれる250万の精子細胞のうち、どれとつながりたいかを決めていると報告されているのです。もしもあなたを作り出した卵子が、他の精子を選んでいたとしたら、本書を読んでいるのはあなたではなく、あなたの兄弟姉妹だったかもしれません。あなたという存在はこの世に生まれてこなかったのかもしれないのです。

少し古いデータになりますが、専門家が割り出したところによると、精子と卵子が結び付き、今現在の「あなた」という存在が誕生する確率は、400兆分の1だとも言います。しかし、今ではこれさえも正確ではないかもしれません。ハーバード大学の研究者が個人が誕生する確率についてまとめたレポートによれば、その数は常軌を逸したものになるそうです。言ってみれば、〝想像不可能なくらいの大きな数に対して1の割合〟といった感じでしょうか。これを見てもわかるとおり、あなたがこの世に生を受けたという出来事は、奇跡以外の何ものでもないのです。

唯一無二で特別であるあなたは、他者から注目を集め、見られ、耳を傾けられるだけの価値を有しています。自分が大切であると同時に、誰かの気を引き、褒め称えられる存在であると感じ、その感情を満たすことは、あなたにとって最も根源的で重要な感情的なニーズなのです。このニーズは、食べ物や水と同等に、自らの健康と幸せのためには欠かせません。その日が自分にとっていい日だったか、悪い日だったかの違いは、突き詰めてみれば、誰かに自分のことを気づいてもらえたかどうかの違いだったりします。そして、本書をここまで読んできた人なら、誰に自分を認めてもらうのがベストなのかはもうわかると思います。そう、あなた自身。毎朝、鏡の中の自分と向き合う瞬間が重要なのは、こうした背景があるからなのです。

自分へのハイタッチには、単なる物理的動作以上の意味合いがあります。基礎的であり、エネルギーの移し替えであり、自分との盟約であり、さらには自分自身と自らの能力への揺るぎない信念を象徴するものなのです。単に祝福しているのではなく、今現在のありのままの自分を褒め称える行為と言えます。存在するだけで、あなたはハイタッチに値するのです。あなたの存在、願い、夢、人を愛せる心、立ち直る力、変われる力、成長力、あなたの魂——これらには、褒め称えられるに十分な価値があります。

鏡の中の自分に向かってハイタッチをするとき、あなたは自分のために根源的かつ重要で感情的なニーズを満たしています。なぜなら、自分を見つめ、自らの声に耳を傾けているのですから。

「心配しなくて大丈夫。きっとうまくいく」
「あなたなら絶対にできる」
「大好きだよ」

両親や友だち、パートナー、上司たちに、これまでずっとしてほしいと願っていたことを、今度はあなたが自分自身にしてあげてください。ハイタッチというたった1つの動作をするだけで、次のようなメッセージを送れるのです。

①信頼「私はあなたを信じてるよ」
②称賛「あなたって、びっくりするくらい素晴らしい」
③認識「いつも見てるよ」
④楽観「あなたなら絶対にできる」
⑤行動「もう大丈夫。そのまま続けて」

これらのメッセージを一度に感じられるとしたら、驚きだと思いませんか？　理想的な状態で、有益な情報が無制限に流れてきて、どうにかなってしまうかもしれません（いいですか。「私にはそんなことは起きない」なんて思わないでください）。こんな状況が実際に起きたら、極めて刺激的なことだと言っていいでしょう。あなたの潜在意識が崩壊してしまってもおかしくはありません。というのも、人間の脳は自分自身から発せられたうっとりするくらい甘い愛情を吸収するように今のところ作られていないからです。でも、これからは変えられます。なぜなら、今のあなたはすでに、自己認識、自己愛、自己容認は、人をやる気にさせる世界で一番強い力であることに気づいているからです。とはいっても、本当に変えられるのかどうか、まだ疑っている人もいるかもしれませんね……。

具体的には何をどうしたら変えられるの？

今の状況を変えるための最初のステップは、自分の足を引っ張っている古い考え方を把握することです。それが何かわからないなら、ヒントがあります。次の空欄の中に当てはまる言葉を探してみてください。

私には、●●●が足りていない。

傍線部に、どんな〝毒性の言葉〟を当てはめましたか？

「私には、スマートさが足りていない」
「私には、いいところが足りていない」
「私には、身長が足りていない」
「私には、スリムさが足りていない」
「私には、経済的な裕福さが足りていない」
「私には、成功が足りていない」
「私には、才能が足りていない」
「私には、体重の軽さが足りていない」

例を挙げていったら、キリがないかもしれません。空欄に当てはまる言葉を〝毒性〟と言ったのは、毒薬のようなイメージを想像したからです。これを飲み込むと、自分の魂は滅び、人間本来の欲求である「見られたい」「耳を傾けられたい」「愛されたい」という気持ちを封じ込めてしまいます。

そうなると、ハイタッチの力が象徴する信頼、称賛、認識、楽観、行動とはまったく反対に自分を追いやる結果を招いてしまうでしょう。〝毒性〟を体に取り込めば、確実に精神は落ち込みます。この状態になると、前に進むための能力は麻痺してしまうのです。もはや誰かにハイタッチをしようという気持ちは起こりません。もちろん、自分自身にしようなんて思いつきもしないでしょう。

こんな流れに取り込まれないように、自分の足を引っ張る古い考え方を変えてほしいのです。

チャプター5

私って、もしかしたら壊れてる？

少し前の晩のこと、久しぶりに家族皆そろって夕飯を食べていると、娘の1人がルームメートと抱えているいざこざについて話し始めました。

「いつも私が悪者のような気がするのよね。何を言おうと、どう言おうと、ダメなの。嫌なことを伝えたり、お互いに境界線を引こうって言ったりするんだけど、最後には結局、『私のほうが悪いんだな』って思っちゃう。いつもそうなの。それで、『自分はわがままだ』『悪いのは私だ』って、自分自身に言い聞かせることになる……。この1年、ずっとそうだった。自分に対してそんな感じ方をするのは止めたいんだけど、どうすればいいのかわからないのよ」

それを聞いた夫のクリスは、彼女を慰めようとします。

「自分が悪い人間だなんて、そんなことはないよ。もしかしたら、悪いことがあったかもしれない。それでもあなたは悪い人じゃないよ。誰だって失敗はする。だけど、そうやって学んでいくんだから。いいかい？　『悪い人間だ』なんて思わないで」

　そう言ったあと、クリスはさらに続けました。

「お父さんが始めた飲食ビジネスがあるだろう。あれが行き詰まったとき、完全な失敗だと思ったんだよ。でも、お父さんのビジネスパートナーは、レストランビジネスには必ず付いて回るリスクだと捉えることができていた。なのに、お父さんにはそう思えず、しまいには自分自身を失敗者だと見なすようになったんだよ。どう見方を変えても、そうにしか思えなかった。だから当時は、子どもたちのために十分なことをしてあげられなかったし、お母さんに対しても、いい夫であることに失敗していたんだ。それに、お金もしっかり稼げてなかった。正しいことは何一つできていなかったんだよ。そうしたことをずっと繰り返していると、いつしかそれが当然の状態になってくる。あれは本当に恥ずかしい経験だった。恥っていうのはサングラスみたいなもので、それを着けると、何をしてもすべてが『恥』としか見えなくなる」

　これを聞いた娘が反応しました。

「お父さん、私も同じような経験したことある。音大生の１人として、教室とかスタジオに入っていくと、いつも他の学生たちが自分よりもずっと才能があって、クールな人たちに見えるの。だからどうしても、『彼らの音楽のキャリアって、どれだけ自分よりも進んでいるかな』って考えちゃう。どこかのレコード会社と契約しているのかなとか、もう作品を発表しているのかなとか、演奏会とかやっているのかなとか……。そこで自分自身を振り返って、こんなにもクールで才能がある人たちに比べたら、私なんてただの失敗者だって思っちゃうんだよ」

ここでもう1人の娘が会話に加わってきました。

「何て言うか、こういうのって、決して他人事じゃないわよね。例えば私は、『友だちの中で一番大きなのはいつも私』って思っちゃうし。で、お母さんはいつも『悪いのは全部私のせい』って感じだし……。オークレー、あなたはネガティブなことを考えたりすることないの？」

話を振られた彼は、間髪をいれずに即答しました。

「オレ、この会話には関わらないからね。なんか皆、気が滅入るようなことばっかり言ってるよ」

その意見を聞いた私たちは、そこで大笑いしました。そして次に、娘の1人がクリスに質問をしたのです。

「でも真面目な話、お父さんはどうやって〝恥のサングラス〟を取ることができたの？自分が『失敗者だ』って思っちゃうとき、どうすればいいんだろう。『違うよ』って言われても、私にはそれを裏付ける証拠がたくさんあるんだもん」

私のテーマソング――もうこれにうんざりしてます

私の子どもたちは、この会話から私に関する何かに気づきました。そう、これまで40年もの間、私の〝テーマソング〟が『私はすべてをしくじりました』だったことを思い出したのです。

この曲の内容がどんなものかというと、「♪私の過去40年は、トイレにでも流してしまったほうがいいのかもしれない。だって、大学とロースクールでは、失敗しっぱなしだったから。結婚した最初のころもめちゃくちゃだったし、とにかくひどい親だったから。もしももっと成功できていたら……、子どもたち全員が皆で遊べるような家を持っていただろうし……、カントリークラブに入れるくらいのお金を持っていただろうし……、子どもたちの毎年の誕生日パーティーの場に一緒にいられただろうし……、ラクロスの試合も毎回見に行けただろうし……、10年前にアマゾンの株を買えていただろうし（待って！ 挙げていくとキリがない!!）……、今とは違うエリアに住めただろうし……、異なる交友グループに入って、今とは違う選択肢を得ていただろうに……。私がもっと成功さえしていたら……。そして今となってはもう手遅れ。すべては私のせい……」

自負心と自尊心をコツコツと一つひとつ築いていく方法

　私の〝テーマソング〟はさておき、似通った内容の別バージョンの曲をいつも頭の中で響かせている人もいるのではないでしょうか？　誰であっても、仕事や人間関係、もしくは自分の健康管理について、幾度となく間違いを犯すものです。そしてもう手遅れだと思う。めちゃくちゃになった人生をトイレの中に流してしまいたい気持ちになるのです。そうじゃないですか？　少なくとも私はそうでした。

　この文章を書きながらつくづく思うのは、自分が今の状態にまで上り詰めたなんて、とても信じられないということです。ここで少し、私についてのひどい話を紹介しましょう。ほんの数年前まで、私の人生は明らかに崩壊していく過程にありました。うまくいかない結婚生活や経済的な破綻、極度の不安、無職という状況を抱え、私の自信は完全にどん底にまで堕ちていたのです。これらの問題に直面した私は、〝よく頭が働く多くの大人〟がする方法で乗り切ろうとしました。つまり、お酒に逃げ、夫に当たり散らし、問題を避けるためにできることを何でもしたのです。

　冗談でこんなことを告白しているのなら、いいのですが……。でも、これらはすべて本当のことだからこそ、私自身が実践している方法や研究結果の内容について、私は固い信念を持ってお伝えしたいと思っています。本書で紹介している方法や考え方は、実際に私自身がすべて取り入れ、実際に助けられてきたものです。だからこそ、これらは確実に有用だと断言できます。

10年間の葛藤の末、今こうやって、ようやく自分自身のストーリーを書き綴れるようになりました。そして現在、私は起業家であり、ベストセラー作家であり、また世界で最もスケジュールを押さえるのが難しい講演家の1人になることができています。私のYouTubeチャンネルを見ていただければ、すべてをしくじってきた私がどんな人物へと変わったのかがわかってもらえるでしょう。かつての自分とは違い、今では自信を持ってビジネスの世界で自分が欲するものを追い求め、実際にそれを手に入れられています。また、完璧とは言えないながらも、25年間という微笑ましい結婚生活を築き、3人の素晴らしい子どもを育てることができたのです。私は今、自分が本来いるべきだった場所に立っているのを感じます。その場所にいながら、自分自身を愛し、自分の肌の具合に満足し、自分自身と固く結ばれた関係を維持するために毎日懸命に働いています。

住んでいるエリアは前のままで、以前と同様、どこかのカントリークラブに入会しているわけではありません。大学やロースクールで再びやり直しをするのも無理でしょう。しかし、それでもいいのです。なぜなら、過去にいつまでも固執し、失敗ばかりの自分自身を常に非難するという悪い習慣から抜け出せたのですから。変化を起こすのには、残念ながら〝近道〟はなく、毎日、少しずつ働き掛けるしかありません。自負心や自己愛は、お金で買うのではなく、自分で築いていくものなのです。カントリークラブの会員資格や新しい家があなたを変えることはないでしょう。自らを変えるには、労力がどうしても欠かせないのです。自分の嫌いなところにしっかりと向き合い、それが自分を傷つけてきたという事実に固執するのは止め、今よりもより良い自分になるための働き掛けを始めてください。それが自分の望む自負心と自己愛を手に入れることに最終的につながっていくのです。

あなたは変われる

何度でも一からやり直しがきくのが人生です。朝起きたとき、あなたには新しい1日が待っています。鏡を見ながら、その日、どんな自分になるのか選べるのです。こんなふうに、自分を変えるチャンスは毎朝訪れます。時間を戻すことは誰にもできません。しかし、時間をコントロールしながらうまく使って行動を変え、自分が誇りに思える新たな人生のチャプターを開くことはできます。

ここで難しいのは、自分が嫌いなものから、作り出したいものへと焦点を移していけるかどうかです。そこで次のことを覚えておくといいでしょう。車のフロントガラスはバックミラーよりも大きいですよね。これにはちゃんとした理由があります。車を運転するときは、前に進むのが基本であって、後ろに進むものではないからです。つまり、前に進みやすいようにフロントガラスは大きめに作られています。

これまであなたは、色々な失敗をしてきたでしょう。それは私も同じです。ただしここで知っておいてほしいのは、これまでにした最悪のこと、これまでに見た最悪のもの、これまでに乗り越えてきた最悪の事態は、いずれも自分にとって最強のレッスンになり得るという事実です。ですから、過去に起きたことで自分を責めるのは止め、肩にのしかかった重荷は下ろしましょう。起きたことをしっかりと理解し、痛恨を覚えたすべての経験や犯してしまった過ちの中に織り込まれた教訓から学んでいけばいいのです。

ここで私の過去の経験を紹介していこうと思います。非常に出来が悪く、判別も難しいような、かつての私の人生図をじっくりと見てください。聞けばゾッとして引いてしまうような、そして悲しいかな100パーセント真実である2つの出来事についてお話しします。

悲惨でひどくて、ちっとも良くなくて、かなり劣悪だった私の3年間

私の人生で最悪だった時期の1つが、ロースクールに通っていたときでした。このときちょうど、子どものころから積もりに積もってきた強い不安感が、乱暴かつ自己破壊的な形で頂点に達してしまったのです。それからの3年間というもの、起きるとすぐにパニック状態になっていました。きっかけは、ロースクールに入ってはみたものの、実は弁護士になりたいわけではないと気づいてしまったからでした。とはいえ、本当にやりたいもの

が見つからず、どうしていいのかわからなくなってしまったのです。

そんな私は、いつも端に追い込まれるような感覚に陥り、ストレスを溜め、落ちこぼれていきます。私の考え、行動、習慣は、すべて自分の精神状態に影響されていったのです。さらに、ロースクールに入学して興奮している学生たちに取り囲まれていたことも、私にとってマイナスに働きました。彼らを見ていると、自分がそこにいてはいけない人間のように思えてきたのです。私は孤独を強く感じました。加えて、弁護士になるために読まなくてはならない文書、書かなくてはならない文書のすべてが嫌でたまらなかったのです。しかもこのときの私は、自分が読み書き障害とADHD（注意欠如・多動症）を抱えていることをまだ知りません。そんな状況の中で、私は破滅的な道を歩んでいくのです。

当時の私の1日のルーティンは、次のようなものでした。二日酔いの状態で目を覚ますと、「くそっ」と悪態をつき、「これじゃ遅れちゃう」と心の中で思います。

「どうしていつもこうなんだろう？」

天井を見つめ、その日の授業について思いを巡らしながら、課題をどれだけやり残しているのか考えるのです。次にライターでタバコに火をつけると、外出の準備のために慌ただしくアパートの中を行ったり来たりします。そうしてアパートを出ると、ダンキンドーナツに立ち寄り、砂糖3杯とクリームを入れた一番大きなサイズのコーヒーを注文し、その後、学校に向かうのです。席に着くと、今度は指名されないか不安でパニックになります。昼食にサラダを食べ、1人で図書館に行って勉強を試みました。ところが、友だちとのおしゃべりに何時間も夢中になり、勉強は後回しにしてしまうのです。帰宅すると、ワインのボトルを友だちとシェアし、そのまま寝て、翌日はまた二日酔いの状態で目を覚まします。

これって、とんでもなくがっかりさせる生活を現実のものにするには完璧な1日の流れだと思いませんか。そして私の場合、1日では飽き足らず、この生活スタイルを3年間も続けたのです。本当に質《たち》が悪かった……。過去を告白している今も、笑い飛ばそうと思えばできないことはないですが、正直なところ、当時のことを思い出すとお腹が痛くなってきます。あのときずっと、私は不安でたまらず、端に追いやられる気分だったのです。実は当時のことは、詳細をよく覚えていません。それでも確かなのは、私の思考パターン、行動パターンを振り返ると、日々下していた決断の数々は、痛みに満ちて不安定なサイクルに自分を閉じ込めるものばかりだったということです。ネガティブな考え（私のテーマソング『私はすべてをしくじりました』に出てくる最悪の状態がありとあらゆるバリエーションで再現されたような考え）が集中砲火のように自分に降りかかってきて、私から集中力を奪い、その日を生き延びるだけで精一杯にさせました。この生活スタイルを繰り返せば繰り返すほど、私はなおいっそう端に追いやられていったのです。

ネガティブな考えは、自分の神経系を破壊します。ネガティブな考えや感情は、逃げ場のない負のスパイラルを作り出すのです。困難を乗り越えるのに精一杯になっているとき、たいていは何をやってもうまくいかず、底を打つまで状況は悪化するものです。まったくもって、私の場合もそうでした。

1年目を台無しにし、さらに失敗を重ねていく私

ロースクールに入ってから最初に迎えた夏、私はミシガン州グランドラピッズの司法長官オフィスでインターンシップを行いました。このとき、司法長官は、ミシガン州での再犯率についてリサーチするように私に頼んだのです。それは私にとって信じがたいほどのチャンスでした。自分のためになるテーマについて学べるだけでなく、将来のための貴重な布石を打てるなんて、そうそうあるものではないでしょう。州の司法長官の直属として働けるのも、かなり希少な機会でした。ところが、私はリサーチの対象テーマの大きさに完全に圧倒され、調査をスタートさせることさえできなかったのです。リサーチに必要な本を1冊も開くことができませんでした。

「ああ、まただ……」

私の心配性は慢性的なものなので留まる様子はありません。そして、夏も終わりに近づいたころ、司法長官に呼び出されたのです。オフィスに入ると私の顔は真っ赤になり、サマージャケットがびしょ濡れになるくらい冷や汗が噴き出してきました。と同時に、プロジェクトの遅延に対する言い訳をあれこれと口にしたのです。その後、オフィスを辞去した私は、二度とその仕事に戻ることはありませんでした。辞めるも何も、一方的に姿をく

らましました。いわゆる〝バックレた〟というやつです。正直言って、かなり恥ずかしいことなので、今まで一度もこの話を書き記したことはありません。

これとは別の年、私はニューメキシコ州の法律事務所で願ってもないサマージョブに恵まれました。ところが仕事が始まる1週間前のこと、飛行機に乗って遠くの地へ向かい、夏の間1人で生活するのかと考えていると、激しいパニック発作に襲われてしまいます。私は法律事務所に電話をすると、「家族に緊急事態が起きたので、そちらに行くことができない」と嘘をつきました。

これって、皆さんが知っている「メル・ロビンズ」でしょうか？　これら過去の話を聞いていると、私のネガティブな考え（「私にはできない」という思い込み）がネガティブな感情（不安）とネガティブな行動（逃亡）を引き起こし、悪循環に陥ったことがわかるのではないでしょうか。一度悪循環にはまってしまうと、そこから抜け出すにはある種のパワーが必要となります。

ここで私が強調したいのは、ネガティブな考えについてです。

「私にはできない」
「自分が嫌いだ」
「私はいつもチャンスを台無しにする」

こうした考えに慣れ切ってしまうと、いつしかそれらのネガティブな考えの存在を感じ取れなくなってしまいます。さらには、これらの考えにどっぷりと浸かっているうちに、ネガティブな人生が勝手に築かれていってしまうことにも気が付かなくなっていくのです。

もちろん、当時の私は、成功を掴みたいと願っていたし、強くなりたいとも思っていました。チャンスだって欲しかったのです。ところが、私の頭の中は、自分自身が作り出したストーリーがいつも渦巻いていました（そう、私と一緒に唱えてみてください。「私は、すべてを、めちゃくちゃにする！」）。そのせいで、司法長官のための重要なプロジェクトも、ニューメキシコ州でのサマージョブも、絶好のチャンスとして受け止めることができなかったのです。何かを前にして、圧倒されそうだと感じた瞬間、それを拒絶するか、もしくはそれから遠ざかって安全な場所に逃げていました。自分はどうせすべてをダメにしてしまう……。そう思い込んでいるとき、人はそういう行動を取ってしまうものですよね。たとえそれが自分の夢をなげうつことになろうとも、そうする他ないのです。

二度にわたって素晴らしいチャンスをふいにした事実は、当然ながら、私をさらに自分嫌いにさせました。それによって悪循環はより深刻さを増していきます。ネガティブな考えが次々と頭をよぎり、自分のことを恥ずかしいと思うようになりました。こうなると、気持ちは落ち込む一方でした。

この心の動きはとても重要なので、もう一度繰り返してお伝えします。

ネガティブな考えが強くなると、人は壊滅的な思考に満ちた悪循環にはまり込み、そこから逃げられなくなるのです。ロースクール時代の私は、まさにこの悪循環にどっぷりと浸かり、窒息しそうになるまでネガティブな考えをため込んでいきました。そうして堕ちるところまで堕ちたとき、巨大なハンマーが振り下ろされ、私の人生が粉々に砕け散ったように感じたのです。そして、そのハンマーを振り下ろした人物は自分自身でした。粉々になった自分の人生を元の形に直そうとしましたが、私は再びそれを壊し、焼いて灰にすることを繰り返したのです。

当時の私は、これから皆さんが本書で触れていく対処方法を1つも持ち合わせていません。子どものころに負ったトラウマと自己破壊的な行動の間に関連性があることも思いつかなかったのです。私はただ、ミスを犯した自分を責めることを繰り返しました。悪い出来事が起きるたびに、「私は生まれながらにして悪い人間である」ということが証明されたと信じ、その考えをいつまでも捨て切れませんでした。私は常に、自分と自分のしていることを恥だと思っていたのです。そんな私は、痛みや危機感に苛まれている多くの人たちがすることを行うようになります。それは、自分の感覚を麻痺させることでした。自分自身を麻痺させ、痛みを葬り去る方法は、この世の中にあまた存在します。代表的なものは、飲酒、麻薬、衝動買い、やけ食いです。

その後、私の状況はもっと悪化したのです

自分自身を麻痺させるため、私は先に挙げたものをすべてしてしまいました。それだけでなく一緒にロースクールに通っていた恋人を裏切り、大学時代の元カレと浮気を始めたのです。

心理学者の言葉を借りるならば、秘められた情事は、人を陶酔させ、ストレスを軽減させるそうですから。その一方で、その手の情事は、人生を破壊してしまう危険もはらんでいると言います。私のケースは、あろうことか後者でした。私が不実を犯していることが、両方の男性にバレてしまったのです。

「またやったの⁉　見事なくらいの失敗じゃない、メル？」

恋人に対する裏切りによって、再び自分の人生をひどいものにしてしまった……。自分の行動がどれだけ重大な意味を持つのか、私はもちろん理解していました。しかも、相手の男性2人にバレてしまったのです。私は恋人との仲を台無しにしただけでなく、元カレとの関係もダメにするという二重の破滅を招きました。これはもう、A級レベルの機能不全に突入したと言っていいでしょう。

当時の私は救われたい一心でした。だからと言って、自分のしたことを誇らしげに認めようとは少しも思っていません。私がこの話を通じてお伝えしたいのは、もしもあなたが恥に満ちた悪循環や自己破壊行為のループに迷い込んでしまったとしても、そこから抜け出す道はあるということです。私が実際に抜け出せたのですから、あなたにできないわけがありません。

微かに見えてきたカムバックの兆し

幸いなことに、私が引き起こした大失敗は、人生を賭けた自己成長の長い旅のスタート地点となるセラピストのオフィスのソファーへと私を導いてくれました。そこで私は、今まで自分自身にしてきた様々な行為について理解し始めます。もちろん、それらを意図的にしてきたわけではありません。しかし、幼少期のトラウマから始まり、思考や信念、行動のパターンが潜在意識の中で既定のものとなり、常におかしな自己破壊的な道へと引きずり込もうとしていたのです。

セラピストのガイダンスに従った結果、私はようやく自分に起きていたことを直視できるようになり、救いを得たいという気持ちからどんなにひどいことを自分自身にしてきたのかを知るのです。私のセラピストは、それから先の人生で起こる様々な困難に対し、自分自身がすべての責任を取らなくてはいけないという意識を身に付けるための手助けをしてくれました。さらに、いかにして本当の自分の姿から遠ざかる道へと自分自身を迷い込ませ、本来あるべき場所から引き離していったのかを正直に見ることができたのです。

それでもまだどん底に堕ちてしまうときがあり、そういう自分が嫌いでした（ダメなことリストに加える要素はまだまだあるんですね、メル？）。そう、どうして私は、そこまで物事を悪化させてしまうのか……。私の娘と同様に、いつも私は「悪いのは自分だ」と思い込み、「私の人生がそれを証明しているじゃない」と考えがちだったのです。そのせいで、自分を卑下し続けていました。それらのネガティブな考えが自らを貶めていることに気づきながら、どうしたら頭の中で渦巻く容赦のない自虐的な仕打ちを止められるのかがわからずにいたのです。

今から数十年前のことであり、ポッドキャストもオンライン講座も、今のように様々な種類の自己啓発書も世の中に出回っていない時代でした。あの当時、私は孤独を感じ、途方に暮れていました。そうした経験があるため、このテーマになるとどうしても熱がこもり、自分の過去の葛藤を打ち明けることに躊躇しなくなるのです。

あなた自身のカムバック・ストーリーを語れるよう、手を差し伸べます

ここに耳を傾けてほしい深い洞察に満ちた言葉があります。

「何かをしくじってしまったとき、人は自分自身を嫌いになります。自分を嫌いになったとき、人はなぜか必ず嫌いなことを行います」

これを読んでわかるように、ネガティブな考えはネガティブな悪循環を生み出すのです。ただし、逆もしかりだということも私は学びました。次の言葉を読んでみてください。

「自分自身を愛するとき、人は必ず自分が好きなことをします。自分自身に敬意を持って接するとき、人は自分に対してきちんとしたことをするでしょう。そして自分自身を褒めるとき、人は称賛に値するような行動を取るようになるのです」

先ほど述べたように、誰であっても悪循環から抜け出せます。これは、「潜在意識と過去に埋め込まれてしまったプログラム」対「あなた」の戦いなのです。必ずこの戦いに勝っ

てください。

恥や後悔、失敗の記憶、自尊心の欠如——これらの要素が自分の中に蓄積されると、自己嫌悪しか感じなくなるでしょう。しかし、この感情を遮れば、本当の事実が見えてきます。あなたは壊れてなんかいないし、周囲から孤立しているなんてこともありません。確かに、過去にちょっとマズいことをした経験はあるでしょう。だからと言って、それが「あなたは悪い人だ」と証明することにはなりません。ネガティブな考えや過去のトラウマ、生い立ちが自分に与える深刻な影響について理解していなかったせいで、どう立ち回ったらいいかわからなかっただけなのです。

そこで今、あなたにしてほしいことがあります。これまで「救われたい」という気持ちから起こしてしまったすべての行動を受け入れ、それらをしてしまった自分を許してあげてほしいのです。そしてその次に、心を静かにさせ、頭の中にこびりついた悪感情を一気に追い出してください。

チャプター6

「ネガティブな考え」という厄介なものはどこから生じるの？

多かれ少なかれ、おそらく誰もが自分に対するネガティブな考えを持っているのではないでしょうか。

「ああ、すべてをめちゃくちゃにしてしまった……」

「私は良くない人間だ……」

「自分の人生は失敗している……」

挙げていったら、キリがありません。

うまくいかなかった過去もたくさんあるでしょう。

ビューティー・コンテストで優勝できなかった……。

友だち同士の中で背が一番低い……。

こうした事実もあるかもしれません。

ですが、その事実を考えることに何か意味はありますか？　それをすることで、自分について良い感情を抱けますか？

私の夫は、「ネガティブなストーリーが頭の中にこびりついて連続再生されないように気を付けなければならない」とよく言いますが、本当にそのとおりだと思います。そこで問われるのは、「どうやったら『ネガティブな考え』を取り除けるの？」ということです。特に鏡で自分の顔を見たとき、その表情から後悔や疑念、失望ばかりが窺えるような場合、どうすればいいのか……。あなたが信じるかどうかはひとまず置いておいて、対処法は実にシンプルで、大量の洗濯物を片付けるのと同じだと思ってください。

洗濯物とネガティブな考え

私はこれまでに、どれほど頻繁に乾燥機の扉を開け、洗濯物の山をその中に放り込んできたことでしょうか。そしてまたすぐに、糸くずフィルターを掃除しなくてはならないのです。

「この家で、人差し指と親指を使ってフィルターの糸くずを取る方法を知っているのは私だけなの？」

分厚くて、ぎっしりと詰まった綿埃がこびりつき、すぐにフィルターを詰まらせてしまうのです。ある日、いつものようにフィルターを掃除していると、あることがひらめきました。私たちは、糸くずフィルターのように、ある一定の時間を掛けて、必要のない〝糸くず〟を頭の中にため込んでいるのではないかと思ったのです。

払拭不可能なネガティブな考えというのは、人生における綿埃のようなものではないでしょうか。この綿埃は、他人の意見、マイナス思考の心の声、拒絶された経験、失望感、傷心、差別、トラウマ、罪悪感、自己疑念という形に姿を変え、幼少期のころから少しずつ蓄積していきます。そしてそれが〝精神的な綿埃〟を生み出すと、心の風通しを悪くし、自らを称える気持ちを阻害してしまうのです。

このような気取った比喩ではなく、もっと別の言い方をしてもいいでしょう。脳には、RAS（reticular activating system、脳幹網様体賦活系）というフィルターがあります。これをフィルターと呼ぶのは、ネガティブな考えや記憶がRASに蓄積してしまうからです。もう少し専門的に言うと、RASはヘアネットのように脳を覆い、神経細胞のネットワークとしての役割を果たしています。このRASが、ネガティブな考えや信念、記憶で満杯になってしまったとき、人は過ぎ去った時間の中に閉じ込められてしまうのです。そのため、同じ間違いを繰り返し、ネガティブ思考にいつまでもとらわれ続け、心に響く不協和音に悩まされます。

自分自身にハイタッチをする習慣や、その他、本書で取り上げている対処法は、フィルターに詰まった糸くずを親指と人差し指で取り除くのと同じ効果をもたらすものだと捉えてください。特に自分へのハイタッチは、毎日欠かさずに行いましょう。

糸くずが出るのを嫌がっていたら、洗濯はできません。それと同じで、自分をクズだと感じたり、思ったりすることなしに、人は生きていけないのです。そんな中、大切なのは、ネガティブな要素をため込まないこと。頭の中から〝糸くず〟を取り除くための行動を毎日実践すれば、それらが蓄積する恐れはなくなるのです。

あなたの新たな〝親友〟になり得るRASを迎え入れましょう

複数の専門家たちは、RASを心のボディガードや門番と呼んでいます。実際、RASは重要な役割を担っているのです。まずは、フィルターの役目。どんな情報を潜在意識の中に取り入れ、どんな情報をはじき出すか決定します。RASは1日に、34ギガバイトものデータに目を光らせ、監視しなくてはならないのです（これは24時間分の電話のデータの3年分に相当します）。

あなたのためにRASがどれだけ大量の仕事をこなしてくれるのかを認識し、RASをしっかりと機能させるために、なぜあなたの助けが必要なのかを知ってほしいのです。実際は、あなたの助け以上のものが必要になります。例えば、あなたからの優しいハグ。それを要する理由は、RASが〝残業〟までして身の回りの監視を続け、古い糸くずが詰まらないように目を光らせているからです。

RASは、潜在意識に不必要なものの99パーセントまでを遮断してくれると言います。

もしもＲＡＳが働いてくれなかったら、私たちの頭は情報過多に陥り、爆発してしまうでしょう。ＲＡＳの監視網を常にかいくぐり、潜在意識に潜り込んでしまうのは、次の４つのことだそうです。

①自分の名前を呼ぶ音声
②自分や大切な人の安全を脅かすすべてのサイン
③パートナーが自分との性行為を欲しているときの合図
④自分にとって重要な物事だとＲＡＳが判断したもの（自分が繰り返し考えている物事やいつも気になっているトピックを、ＲＡＳは「重要」だと捉えます）

これらの中で、④がすべてを物語っているのではないでしょうか。自分にとって重要なものが何かがわかっていれば、ＲＡＳの力を上手に使い、世の中の物事を日々フィルターに掛け、重要なものだけピックアップすることが可能なのです。

ここでじっくりと考えてみましょう。あなたは自分の心に自分が本当に見つけたいものは何なのかを伝えることができます。それはあなたを元気づけ、支えとなり、より大きな幸福感をもたらし、自尊心をも抱かせるはずです。さらにそれは、自分が思い描いている夢の実現へと導いてくれるでしょう。ただし今のところはまだ、あなたのＲＡＳは、あなたが中学時代に目にした世界を依然として見たいのだと信じて疑っていない可能性があります。あなた自身の考えが中学生のころから何も変わっていないとしたら、こうしたことが起きてしまうのです。

フィルターを掃除するときがいよいよやってきました

一度その使い方がわかると、RASは自分専用のサーチライトとして機能し始め、行く手を明るく照らし、歩を進めやすくしてくれるでしょう。そのおかげで、行く先々に潜むチャンスや偶然の一致、思いがけない物事などをむやみに見逃すことがなくなります。RASに何を見つけてほしいのか伝えると、それを見つけてくれるのです。ただし、問題もあります。もしも「自分の人生はもう終わってる……」「私は良くない人間だ……」「自分には十分な能力がない……」「何をやってもうまくいかない。これ以上、努力する意味はあるのか……」といったネガティブな考えを自分の人生の基調パターンにしてしまうと、RASはそのパターンが正しいことを証明するため、ありとあらゆる障害物や障壁、落とし穴を探し出すことに全力を傾けていきます。

私の夫のクリスの例を挙げてみましょう。彼は長らく「自分の人生は失敗している」と信じ、鏡を見るたびに「これが失敗した自分の姿」だと言い聞かせていました。そうやって「失敗」の裏付けをしていたのです。社会人になってすぐのころ、クリスは仕事を頻繁に変え、あるとき、ピザ店をオープンすると同時に、卸売りビジネスを始めます。友人や家族は彼のビジネスに投資をし、ビジネスパートナーだった親友とクリスはそのビジネスに心血を注いでいました。ところが7年後、うまくいかなくなり、終わりを迎えるのです。

下降線をたどるばかりだった最後の数年間は、ものすごく恐ろしいジェットコースターに乗っているかのようでした。私たちの家には抵当権が設定され、多額の負債と恐怖から逃れられなくなります。お酒でも飲んで酔っ払っていないともはや耐えられないといった気分で、実際に私たちは何度も酔っ払い、現実から逃避しようとしました。さらにビジネスからの完全撤退が決まると、クリスは完全に打ちのめされ、抜け殻のようになってしまうのです。こうなると、必然的に私が稼がなくてはならず、当時はそのことに怒りを感じていました。今思えば、あの悲惨な状況も、一家の大黒柱としての多忙な仕事も、実際は神様のお恵みだったのかもしれません。おそらくあのときの私は、そうするしかない運命に置かれていたのです。常に大きな心労を抱え、ベッドから起き上がれないときもありました。あの生活には、もう二度と戻りたくはありません。

自分の人生や自分に対する癒し、または将来について、もうどうなってもいいと思っていました。そしてさらに、クリスが私を助けてくれることはないと気が付いたとき、私は強い怒りを覚えたのです。自分が立たされている状況をひどく忌み嫌う一方で、そこから抜け出すには、まず私自身が行動を起こさなくてはならないという真実にも気づいていました。

「戦わなきゃ」

自分自身にそう言い聞かせたのです。

まずは初めに、ベッドから起き上がる理由を探さなくてはダメ。恐怖に溺れそうになりながら時間を無駄にすることを避けるための理由を探さなくては……。

起き上がり、その日をひどい気分で過ごさない。たったそれだけのことなのに、その目標に向けて自分を奮い立たせる必要がありました。人生を変えるには、まずはベッドから起き上がるという決断から始めなくてはなりませんでした。横になりながら恐怖に打ちひしがれるのではなく、恐怖を振り払うために動き出してみたのです。

感情的などん底にいるときは、勇気を振り絞り、「ずっとこのままじゃいけない。変えてみせる」と自分自身に語り掛けなくてはなりません。こうして私は、「5秒ルール」を考え付くのです。NASA（アメリカ航空宇宙局）がロケットを発射させるときに「5、4、3、2、1」とカウントダウンするのと同様、それを真似て「5、4、3、2、1」と数え、ネガティブな考えが行動の出端をくじく前に、体を動かしました。これを実際に大まじめにやってみたのです。

朝、アラームが鳴った瞬間、天井を見つめることをせず、パニックを起こさないようにし、さらにはスヌーズボタンを押すことを禁じました。ベッドの上でゴロゴロしたり、枕の下に頭を忍び込ませたりして、新たな1日から逃げようと悪あがきをすることも止めたのです。その代わり、「5、4、3、2、1」とカウントし、すぐに飛び起きるように仕向けていきました。このルールを使って、私は自発的にベッドから起き上がれるようにしたのです。

自分が今立たされている状況について、クリスを責めてしまいそうになったときもこのルールを使って気持ちを変えました。彼を責めるのではなく、自らのエネルギーを状況改善のために振り向けようと決めたのです。飲み過ぎ防止にも5秒ルールは役立ちました。

例はまだまだあります。気が進まない売り込み電話を掛ける決断をするときにも有用でした。その電話をしたことで、私はデジタル・マーケティング企業でのパート職を得られたのです。日曜朝の人生相談のラジオ番組でのパーソナリティのオーディションを受けるかどうか迷っていたときも、私は「5、4、3、2、1」とカウントし、自分の背中を押しました。その他、友だちに救いの手を差し伸べるとき、自分の本心を伝えたいとき、助けを求めるときにも使いました。

最もよく使ったのは、やはりベッドから起き上がるときでした。毎日、毎日、何度も何度も繰り返しました。すると非常にゆっくりですが、私自身の日々の生活の送り方に変化が出てきたのです。

それはまるで、マラソンを走っているかのようでした。前を向いて行動を起こすたびに、ほんのちょっとだけ周りの景色が変わっていく感覚を得られたのです。このときにハイタッチの習慣も一緒に思いついていれば、どんなに楽だったことでしょう。おそらく私は、鏡の中の自分にありとあらゆる声援を送り続けたと思います。自分自身にもっと優しくし、同時に勇気づけを行えていれば、つらい状況から立ち直るのはより簡単だったはずです。

目の前に広がる新たな道のり

　何と言っても「5秒ルール」を考え付けたことは、実に幸いでした。その他にも多くのことを学べたので、当時経験した出来事に私はとても感謝しています。どん底に突き落とされ、私がどうにかそこから這い上がってきたプロセスは、クリスがたどったプロセスとはまったく異なるものでしたが、いずれにせよ、あのつらい時期がなかったら、私たちの元にその後のサクセス・ストーリーは訪れなかったはずです。「5秒ルール」を思いつけたことは、私にとって本当に一大事でした。あの時期があったからこそ、私は自分の強さに気づき、許すという行為が持つ力を知ったのです。

　主夫となって自らの傷を癒しながら、数年にわたって3人の子どもの面倒を見てくれたクリスにも感謝しています。クリスは元々、成長していく子どもたちともっと一緒に過ごしたいと思っていたようです。さらに講演家として私が多忙になり始めると、クリスは協力的になり、そのキャリアを築くための重要な助けとなってくれました。

　このチャプターでお伝えしてきた私たち家族のストーリーを振り返るとき、私がいつも感じるのは、ビジネスでの失敗が最終的に新しく素晴らしい状況を生み出し、私たちの夫婦関係、人生、家族に正しい役割を与えてくれたということです。あのときのつらい経験が、その後、驚くほどの成功へとつながる道を用意してくれました。私は、心の底から危機を乗り越えられたと思い、それを疑わなかったのです。

ところが、クリスはまったくそう思っていませんでした……。目を向けるすべてのところで、自分が完全なる「失敗者」であることを示す事実をクリスは探し、見つけていたのです。例えば、学校に子どもたちを迎えに行くことは、彼にとっては「失敗者」である証となりました。家の庭の芝刈りも、「失敗者」であることを彼に実感させるのです。夕食を作っているときや、高校の保護者団体の代表を務めているときも、彼は自分が「失敗者」であると感じていたと言います。子どもたちに言わせると、父親であるクリスと一緒に過ごしたあの数年は、子ども時代にもらった最高の贈り物の1つだったとのことですが、それをいくら伝えても「自分は失敗者だ」というクリスの気持ちは変わりませんでした。

子育てがひと段落し、再び働き始めてからも、彼の思考パターンはそれまでと変わらずです。クリスは、講演家である私が立ち上げ、所属する会社のCFOを務めています。しかし、彼にとってそれは「自分のビジネスでは失敗した」ことを思い出させるだけでした。その会社は私たち夫婦のものであり、書類上でも権利を50パーセントずつ分け合い、共同所有しているのです。そんな歴然とした事実があるにもかかわらず、かつて飲食店ビジネスで失敗したこと、投資してくれた人たちの資金をふいにしたこと、自分自身のキャリアを築けなかったことを恥と感じ、自分は価値のない人間だと思い悩んでいました。

私たちの誰もが同じことをしています

クリスのネガティブな思考パターンは、決して珍しいものではありません。自分を頑なに「失敗者」だと思っている人もいれば、「私は何もかもめちゃくちゃにしてしまう」「皆、私のことが嫌いなんだ」という考えが頭から離れない人もいます。クリスのケースだけでなく、私自身もかつてはネガティブな思考パターンにしばしば陥りがちでした。そのパターンにはまり込むと、ＲＡＳは良からぬ形で働き始め、人生を狂わせようとします。心当たりがある人もきっといるでしょう。ネガティブな考えを繰り返し頭に思い浮かべるようになると、心の門番であるＲＡＳはその考えを現実化しようとするのです。

例えば、クリスはラクロスが行われているグラウンドに立ち、娘たちのチームのコーチをしているとき、それができる時間的な余裕と柔軟さを兼ね備えている自分を「成功者」であると捉えることができませんでした。代わりに彼は、ラクロスコートのサイドライン付近を行ったり来たりしながら、携帯電話で仕事の話をしているらしき1人の父親に目を向けていたのです。その父親を見た瞬間、クリスは自分の思考が正しいことが証明されたと思いました。

「やっぱり自分は失敗者だ。本来なら、ここでコーチなんかしている場合じゃないだろ。ちゃんと仕事をしているべきなんだ」

仮に私が、「あなたは世界一の父親よ。それだけじゃない。あなたがいなければ、私の仕事は成り立たないのよ」と伝えたところで、それは徒労に終わるでしょう。なぜなら、彼の心の中に居座る用心棒が、彼の思考パターンとは内容の異なる私の言葉を拒絶してしまうからです。彼が、会計士と打ち合わせをし、来期の税金対策について話し合っていたとしましょう。クリスは私たちの会社のCFOなのですから、それをするのは彼の仕事と言えます。ところが彼は「この会社はメルのものだ」と考え、自分はビジネスに失敗した人間だからと思ってしまうのです。

この話からわかる重要なことは、人の脳は、コンピュータのように、ある特定の形式にプログラミングされているという事実です。しかもそれは他人の手による書き換えができません。私は夫や娘たちの考えを変えられないし、あなたの考えも変えられないのです。こうしたネガティブ思考はもううんざりだという結論を出し、それを変えようと決意できるのは、あなたしかいません。この脳のプログラム（自分の考えとRAS）を変えるとしたら、自分で行うしかないのです。心はいつでも準備ができています。どのように変わりたいのか、その指示が発せられるのを待っているのです。その際には、RASも重要な役割を担うことになります。

次の言葉も、行動を起こすための助けになるでしょう。

自分以外には、5年前に自分の身に何が起きたかなんて知っている人はいないのです。自分について熱心に記録を残している人も、自分以外にはいません。自らの欠点やミス、問題を一つひとつカタログ化している張本人は自分自身であり、それをすればするほど、ますます自分の欠点やミス、問題に執着するようになります（このからくりにはもうお気づきですよね）。このサイクルが、自分に関して毒性の強い、決して真実ではない考えを植え付け、周りに障壁を作り、自分自身を過去に閉じ込めてしまうのです。

こうした精神的な牢獄から、自分自身を救い出してあげませんか？　あなたはもう、十分なくらいつらい時間を過ごしたのです。もう自分自身を痛めつける必要はありません。過去の呪縛から自分を解き放ち、築きたい未来に目を向け始めるのです。それをするには、まずは自分がネガティブなストーリーや考えを抱えていることを認識するところから始めるといいでしょう。そのストーリーや考えが、自分をこれまで引きずり落としてきたのです。

再びクリスの例を紹介しましょう。彼はまず、自分の内面を癒すことから始めました。瞑想をし、セラピーを受けたのです。さらには仏教の教えを実践し、改心を行いました。あれから7、8年が経過した今、クリスは自分の人生が持つ大きな意味を見つけ、自分自身の道を歩んでいます。彼は、「ソウル・ディグリー」という男性専用の静養（リトリート）プログラムをスタートさせたのです。このプログラムでは、普段なら男性自身が絶対にしないことを行います。複数の男性が集まり、自分たちのために十分な時間を確保しつつ、お互いのつながりを築きながら、人生の経験を共有していきます。それを基に、心の奥深くに潜む何らかの存在、もしくは人生に託された大きな力を見つけ、それらを再び自らに結び付けることを促すのです。

クリスと私はそれまでの自分たちの人生を反転させることができました。であれば、皆さんもＲＡＳの力を借りて、必ず人生を反転させられるはずです。

ＲＡＳをコントロールできるのはあなたです

恋人から別れを告げられた経験がある人は、きっとわかると思います。別れたあと、数日、いや数週間、もしかしたら数カ月間にわたり、見聞きするものすべてが、かつての恋人を思い出させてくれるものになってしまうのです。悲しい歌を何度も聴いたり、あてもなくさまよい歩いたり、ネット上で相手のことを追いかけまわしたりしてしまう人もいるでしょう。これらはすべて、元恋人がいまだに重要な存在であるとＲＡＳに信号を送っているため起きる現象です。会わなくなってかなり経つのに、それでもまだ、元恋人の影は一向に消えません。

ところがある日、新たな相手が現れた途端、心の門番は元恋人の存在をきれいさっぱり追い出して、新たな恋人を四六時中、目の前に立たせるのです。すると今度は、仲良くしている恋人たちが目に入ったり、ラブソングを繰り返し聴いたりして、世界中の人たちが自分と同じように幸せを謳歌しているように思えてきます。これらはすべてＲＡＳが行っていることであり、その時点で、自分の前から元恋人の存在が完全に消えている事実にも気づくはずです。

　自分にとって重要なものが変わるとき、世界や自分自身を見る目も自然と変化していきます。そうなる理由は、恋愛の例で言うと、ＲＡＳが元恋人に対するかつての感情を遮断し、新たな恋人に関する物事を受け入れようと扉を開くからです。こうした変化は、「自分自身を傷つけるのはもうやめよう」と決意した際にも確実に生じます。自分自身に語り掛ける内容は、実に重要な意味を持っていることを理解してほしいのです。仮に「自分は失敗者だ」「私は悪い人間だ」と語り掛け続けていたり、自分の容姿や経済力を蔑んでばかりいたら、ＲＡＳはそれらが重要な事柄であると捉え、その内容が正しいことの証明になるようなものに次々と焦点を当てていくでしょう。

　ただし、これとは反対の現象も起こり得ます。もしも自分に語り掛ける内容を「私は悪い人間だ」から「まだまだ自分は成長する」「徐々に良くなってきている」というものに変え、それを何度も繰り返せば、心の門番は素早く反応してくれます。

「自分」というパワフルな存在

　ここからは、これまでとは違った方法で人生を見る方法をお教えしていきましょう。ハイタッチの習慣を取り入れ、本気でチャレンジすれば、必ずや興奮に満ちた真の変化を手に入れられます。では、さっそく始めましょう。

あなたにしてほしい「ひっくり返し」の作業

現在の制限的な信念：「私は何もかもめちゃくちゃにしてしまう」「自分は失敗者だ」

ひっくり返した考え方：救われたい一心から起こしてしまった自分の行動を許す。日々、自分は少しずつ成長し、良くなっていると捉える。

やることなすことが災厄ばかりだと信じていると、自分の人生は本当にそのように形作られていきます。例えば、「私は物事を台無しにしてばかり……」と思った時点で、あなたは次の2点を証明しようと試みるのです。

①自分の思いの力はかなり強いので、それに引っ張られ、何の変化もないたった1種類の結果（物事を台無しにする）を作り出す。

②その結果はいつも悪いものとなる。

ここで少し考えてみてください。「自分」というのはとても影響力があり、しかもどこにいてもその存在を感じられます。その力は非常に強いため、ネガティブな気持ちを抱えていると、近くに寄りついただけでポジティブな物事でさえも台無しにしてしまうのです。

さらにこのテーマを深掘りしていきましょう。

ここに1つの真実があります。自分の存在はとてもパワフルであり、あなたはすでにそのことを知っています。実際、どこにいても「自分」という力の存在を感じているのです。

例えば、これまで台無しにしてきたすべての物事の中に、自分の存在が垣間見れるでしょう。もしも自分に力がなかったら、自分の力の存在を「台無しにしてきたすべての物事の中」に見つけることはできないはずです。どうでしょう、これについては納得できるでしょうか？

振り返ってみると、私の場合、人生で作り出してきた問題の数々をすべて思い出すことができます。ロースクール時代の２つの仕事、２人の彼氏、それから40代になってどん底に突き落とされ、夫のクリスを責めていたこと……。探し始めると、至るところにありとあらゆる失敗が転がり落ちているのがわかったのです。そこで私は、それら一つひとつを拾い上げていきました。

私がここでお伝えしたいのは、皆さんにも自分が作り出した問題にじっくりと向き合ってほしいということです。もしも自分にとてつもなくどうしようもない問題を作り出す力があるのなら、その裏には別の真実が隠されているのでは？と思えないでしょうか。そう、自分には、とてつもなく素晴らしい何かを生み出す力だってあるのではないかと……。

ゴミの山を築けるなら、代わりに宝の山だって築けるはず

素晴らしい結果を生み出すのは、実は悪い結果を生み出すのと同じくらい簡単です。私は真剣にこれを言っています。自分の能力を信じ、何に集中し、何をなすのかをはっきり

とさせれば、確実に素晴らしい結果を生み出せるのです。もしも悪い結果を生み出そうとしているのなら、それを裏返す必要があります。それまでの考え方をくるりとひっくり返すのです。

そのためには、まずは行動を起こしてください。朝起きて、鏡を見ながら「おえっ！」という反応をするようであれば、自分の人生は「おえっ！」というものになります。

そうではなく、鏡を見つめて自分にハイタッチをし、「これまでの自分を許す」「私は日々、成長している」と語り掛けるのです。たったこれだけの行動で、扉の外に新たな世界を出現させることができます。

「今の状況には満足していない。だけど、それに対する反応を変えて、状況をコントロールしていける」

こう考えていくのです。

今現在、あなたは強い影響力を備えつつも、ある一定の方法でしか物事を見ることができない状況にあります。では、その強い影響力を、今度は別の結果を得るために最大限利用してみたらどうでしょう。

例えば、右に力を振り向けるのではなく、左の方向へ振り向けてみたら、何が起こると思いますか？

「ああ、またボールを落としてしまった！」

そうつぶやくのではなく、「どうしたら落とさないようにできるかな？」「どうしたら自分にとってベストな結果を得られるかな？」「自分でちゃんとコントロールできる」と口にしてみるのです。「また失敗した！」そんな結果のみが、自分を待ち受けているわけではありません。

もしも、失敗してしまったときの責任を取るというのなら、うまくいったときの功績も自分にあると考えてください。これまでの自分の考え方を裏返すために参考となる姿勢を、次に2つほど紹介しておきます。

①私はどんな問題でも解決できる（どんな失敗をしても対処できる）。

②今起きている出来事は、このあとに起きる素晴らしいことに向けた準備だ（今は準備の期間。失敗しているわけではなく、何かを学び取っているのだ）。

あなたはそれを持って生まれてきたのです

ＲＡＳについては、まだ他にもいい話があります。ＲＡＳを自分のために機能するように調整するのは、実は難しくないのです。そもそもＲＡＳが持つ精神的な柔軟性は、すでに自分に組み込まれています。その力を何度も経験しているのに、気が付いていない人が多いのです。無意識のうちにすでに経験しているなんて、素晴らしいとは思いませんか？これについてもう少し説明すると共に、ＲＡＳがどのように自分の助けとなってくれるのかについて話していきましょう。ＲＡＳの力を理解するために、新車を購入する際の例を紹介します。

自動車を買おうと思い、赤いホンダ車に試乗したところ、とても気に入りました。その理由は、赤い色が素晴らしく、周りでホンダ車に乗っている人がいないから、というものでした。加えて、信頼性と安全性が高いという評価を目にしたからです。

ところで今、皆さんは本書を読んでいるところですが、いったん止めて、考えてみてください。あなたが赤いホンダ車を最後に見かけたのはいつだったか覚えていますか？　おそらく、自分が赤いホンダ車を所有しているか、ホンダの販売店で働いているかしない限り、覚えている人はほぼ皆無でしょう。覚えていない理由は、この話を聞くまで赤いホンダ車は自分にとって特別な関心の対象ではなかったからです。そのため、ＲＡＳはすべての赤いホンダ車を自分の意識から排除していました。間違いなく、それまで自分の目の前を何台もの赤いホンダ車が通り過ぎていたことでしょう。しかし、それらは重要ではなかったので、一切記憶に残らなかったのです。人の脳は、目の前を通り過ぎたり、道路脇に停車したりしているすべての自動車のメーカー名や車種を意識的に覚えておくことはできません。それをしようとすれば、情報過多になってしまうため、ＲＡＳが重要でない情報を意識の中に入り込まないように常にブロックしているのです。もちろん、すべての車を見てはいます。ただし、それらの情報を意識の中に取り込みません。それらの自動車は目の前を通り過ぎるだけで、ＲＡＳのフィルターには引っ掛からないのです。それはまさに、バーに出掛けていった私の娘の視界に、彼女が想像する完璧な女性以外は入ってこないのと同じことです。完璧に見える女性以外は自分を不安にさせることはないので、ＲＡＳには引っ掛かりません。

自動車の話に戻りましょう。赤いホンダ車を買おうと考え始めた瞬間から、ＲＡＳは機敏に反応し、即座にフィルターのシステムを変えていきます。赤いホンダ車の購入を考えるだけで、脳がすぐにそれに反応するのです。そのため、その車についての記事を読んだり、試乗したり、販売店を比較したり、契約書類にサインしたり、初めて路上走行したり、インスタグラムに写真をアップしたりするたびに、神経細胞のネットワークが強化されていきます。赤いホンダ車を購入するまでのプロセスや、購入後の行動のすべてが、ＲＡＳに「自分は赤いホンダ車が好きだ」と伝えているのです。こうなると、一晩にして意識は突如変わり、路上を走る赤いホンダ車を見過ごせなくなります。これが起こるのは、心の門番が脳の中の潜在意識のレベルから赤いホンダ車を引っ張り出し、すぐに認識できる位置に持ってくるからです。

これは、ＲＡＳがあなたにとって何が重要なのかを見せるためにどれだけ懸命に機能してくれているかを示す数多くの例のたった１つでしかありません。ただし、何が重要かを決めるのは、あくまでも自分です。愛娘が、「私は幸運だと思う。だって、パパがいつも家にいてくれるんだもん」と伝えたところで、それを重要だと思わなければ、ＲＡＳはその発言をブロックしてしまいます。その一方で、携帯電話で仕事の話をしているビジネスマンの姿をＲＡＳはすぐに認識し、「自分は失敗者だ」と思いたい気持ちを強めてしまうのです。仕事の上で自分自身を失敗者だと長年思ってきた結果、ＲＡＳはそれを重要だと捉えます。同様に、「自分は悪い人間だ」と信じていたら、友人とちょっと齟齬があるたびに、「やっぱり自分は悪い人間だ」と思うようになっていくでしょう。こうなると、友人の反応ばかりに気を取られるようになり、冷静になるためにその友人と距離を置くという、賢明な決断をした自分を無視してしまうのです。

脱出口はここにあります

とても大事なことなので、前項からの話をさらに続けましょう。ネガティブな独り言を繰り返していると、ＲＡＳはそれを重要なことと認識してしまうと述べました。赤いホンダ車の話のように、ＲＡＳは重要だと思われる物事を探し続けます。例えば「自分は醜い」「自分の体が嫌いだ」「どうして私はかわいくないのだろう」といったネガティブな考えを抱えていると、ＲＡＳはそれを裏付けるための証拠を必死になって探そうとするのです。そうなると、すべてが自分にとって向かい風であるかのように感じ、ネガティブな世界に閉じ込められているように感じてしまうでしょう。

こうした自虐的な精神状態から脱するために自分自身のＲＡＳの力を借りるには、やはり、朝の洗面台の鏡から行動を起こす必要があるのです。鏡に映る自分にどんな言葉を投げ掛けるのか、そしてその自分にどのような気配りをするのか……。そこが非常に大切です。明日からさっそく始めましょう。毎朝起きたら、鏡の中の自分に向かってハイタッチをしてみてください。あなたのＲＡＳはどんなときでもそれをしっかりと見ています。私がこれをしつこいくらいに細かく説明しているのは、なぜハイタッチが効果的なのかを皆さんにわかってもらいたいからです。

おそらくこの本の読者の中には、まだ懐疑的な人もいると思います。その疑いを晴らすために、私は科学的研究によって解明されている事実を紹介しつつ、過去の経験がいかに自分の考えにインパクトを与えるのか、どのように脳内のフィルターが機能しているのか、なぜそのフィルターがあなたの手助けを必要としているのかについて話をしてきたのです。あなたの心の門番は、できることならいつでもあなたを助けたいと思っています。

今のあなたは、自分の過去のせいで、精神的にも感情的にも落ち込んだ状態のまま日々を過ごしているかもしれません。そうであれば、きっと自信がなく、自尊心も低いままで、モチベーションも不足気味のはずです。しかし、ハイタッチの習慣は、この状況を反転させ、落ち込んだ状態から本来の状態へと引き上げ、必要な行動が起こせるように導いてくれます。前にも言いましたが、もう一度言いましょう。考えているだけでは新たな人生は開けません。新たな人生の扉を開くために、行動を起こしてください。その行動とは、ハイタッチの習慣を毎朝実践することです。何かを変えるために地道な行動を続けていくとなれば、苦労が伴うことでしょう。しかし、あなたなら絶対にできます。

世界を見る目を変えれば、見える世界も変わってくる

自分が抱える問題はとても大きく、圧倒されるほど深刻かもしれません。実際のところ、ハイタッチの習慣を始めたところで、その現実は少しも変わらないでしょう。いいですか、変わるのは「あなた」のほうなのです。自分自身をどう見るか、どんなことを達成する力を持っているのか……。自分を取り巻く世界をどう見るのか、果たして自分はどんな機会と解決策を生み出すことができるのか……。これらはすべて、あなたが変わりさえすれば、連鎖的に変わっていきます。自分の信念と考えに根差して自分自身の背中を押し続けたとき、必ず素晴らしい出来事が起こるものなのです。

あなたの脳は、毎日欠かさず、自分と自分の未来にとって何が大切なのかというメッセージを発し始めるでしょう。それらは次第に明確な意味を持ち始めるようになります。すると脳は、それまでとは異なる新しい方法で身の回りの事柄をフィルターに掛けるようになり、欲しいものが手に入るように動き出すのです。物事を違った角度から見られるようになったからと言って、自分が抱える問題が消えるわけではありません。しかし、それまでとは異なる機会や解決策を見せてくれたり、未知の可能性を感じさせてくれたりするようになるのです。そうなれば、自分を取り巻く世界は一気に様変わりするでしょう。問題は、ハイタッチの実践の他に、ＲＡＳを自分のために働かせるように仕向ける方法はあるのか

ということです。いいですか、心の準備をしてくださいね。これからお伝えする内容は、鏡に映った自分にハイタッチをするのと同じくらい、バカバカしく聞こえてしまうかもしれません。少なくとも、私の娘にはそう聞こえたようです。まずは、疑いの色に染まったメガネを外し、厳しめなことを言うのを止めましょう。まったく新しい方法で自分と自分の未来を見るために自らの脳を鍛えてみませんか？　そうしたいと思うなら、ぜひ次のチャプターを読み進めてみてください。

チャプター7

どうして突然、至るところでハートが見え始めたの？

私が2人の娘たちにハイタッチの習慣について説明したとき、1人からは「えっ、鏡に映った自分にハイタッチをしたら、『私は悪い人間だ』って考えてしまう癖を止められるってこと？　嘘でしょ！」という反応が返ってきました。

彼女がその効果を疑っているのを十分知りながら、私は次に違った説明の仕方をしてみたのです。

「信じられないと思うかもしれないけど、もしも私が、実際にあなたの考えを変えられることを証明したら、信じてくれる？」

するど娘からは、こんな答えが返ってきました。

「もしも『私は悪い人間だ』って考えるのを止められるようになったら、それは本当にすごいし、信じるよ」

そこで私が赤いホンダ車の例を話したところ、彼女たちには何やら思い当たるところがあったようでした。

「ああ、そうだ。そんな経験したことある。私のルームメートがフォルクスワーゲンのビートルを買ったのね。それまで一度も乗ったことがない車だったんだけど、ルームメートがそれを買ってからは、至るところでビートルを見かけるようになった……。それってなんだかクレージーよね」

「でしょ。これがまさに、自分の脳が見える世界を即座に変えてしまったということなの。例えば今、あなたが『私は悪い人間だ』って言ったとするでしょ。そうすることで、それがあたかも本当だとあなたに思わせるような物事ばかりが目に入ってくるのよ。そう思わない？」

私は彼女にそう伝えました。

「確かに。昨日私、歯医者の予約を忘れてて、行かなかったの。それに気が付いたとき、すぐに『やっぱり私は悪い人間。またやらかしたね』って自分に言ってた……」

娘の話を聞き、私は言います。

「ほら。いい例ね。じゃあ、今度はそれをひっくり返してみて。日々の出来事の中から、『自分は悪い人間だ』っていう証拠を探し出す動作を脳がしないように、考え方を変えてみるの。歯医者の予約を忘れたのよね。でも、それはそれとして、『自分は悪い人間だ』という考えと結び付けないようにしてみるの。それをするには、しっかりと頭の中で考えないとダメだし、何か失敗してしまったときに自分をどう捉えたいのかを自分自身で整理しておくことね」

これを聞いた彼女は、とても興味を持ったようでした。

「なるほどね。でも、どうやってすればいいの？」

さらに私は続けます。

「最初はね、身の回りの世界の見方を変える簡単なゲームをして、脳をトレーニングするといいわ。これから毎日、自然にできたハート形のものを見つけてみて。ハート形の石とか、ハート形の葉っぱとか、家のガレージの床にできたハート形の油のシミとか、カプチーノの表面にできたハート形のミルクの渦巻きとか……何でもいいから」

「それって、私たちが一緒に海岸を歩くとき、お母さんがいつもハート形の石を探しているのと同じことをすればいいってこと？」

「そうよ」

「ホントに？　それって、今まで聞いた話の中で一番バカバカしいものかもしれないわ、お母さん」

そこでもう1人の娘が会話に加わってきました。

「私もそう思う。ハート形のものを探すことが『友だちの中で私がいつも一番背が高い』って考えてしまう癖をどうやって止めてくれるの？　実際に一番背が高いのは私なのに。そんなゲームよりも、お母さんに教えてほしいのは、幸せになる方法だったり、成功する方法だったり、今度の新しい仕事でたくさんお金を稼ぐ方法だったりするんだけど……。だってお母さんは、自己啓発家でしょ。どうして地面に落ちている石を見つけることが私の考えを変えてくれるのかわからない」

彼女たちの質問に対し、私は完璧な答えを用意していました。2人にこう伝えたのです。

「つまりね、このゲームは、今現在ブロックしている物事に対して心を開いて焦点を当てるようにしてくれるっていうのが1つ。もう1つはね、このゲームは、自分にとって重要なものは何かを自分に言い聞かせることで、脳は自分自身のために働いてくれるという事実をしっかりと理解するために行うのよ。それに、もしもお金をたくさん稼ぎたいなら、機会を見逃さないようにしたり、他の人たちが目もくれないビジネスチャンスに気づけたりできるように脳を鍛えたほうがいいでしょ。それってまさに、普段は見過ごしている地面に落ちたたちっぽけなハート形の石を見つけるのと同じだと思わない？　それとね、あなたたちが『自分は悪い人間だ』とか、『自分の容姿が嫌いだ』とか考えてしまうのを止めたいと思ったら、身の回りで見たものに自分のネガティブな考えを結び付けないように自分の脳を仕向けたほうがいいのよ」

そこまで説明すると、さすがに2人の娘たちは私の話に関心を持ち、色々と考えているようでした。そこでさらに議論を進めていったのです。

「それともう1つ。もしも私があなたたちのどちらかに『自分はきれいだ』『私は良い人間だ』っていうポジティブなおまじないを唱えなさいって言ったとするでしょ。そしたらあなたたちは、そんなのナンセンスだって思うわよね。そんなのバカげてるって。そうすることの意味を今は理解していないものね。だから私は最初に、あなたたちの脳が見たり探したりするものを、すぐに変える方法があることを教えなくてはならなかったの。そうすれば、私の言っていることを信じてくれて、最初はバカバカしく感じた方法を物事の見方を変えるために使おうと思ってくれるでしょ」

そもそも良い人間だって、いくらでも失敗するのです。失敗したからって、それは自分が悪い人間であることの証明にはなりません。仮に百歩譲って悪い人間だったとしても、自分自身を嫌うまでのことではないのです。これまでの物事の見方を裏返してみるだけで、力づけられた、サポートされたと感じられるでしょう。もし自分自身にムチを打つのを止め、その代わりに自分を好きになれたとしたら、どれだけスムーズにゴールに近付くことができ、実際にそれを達成するスピードが上がるのか、想像してみてください。

ここまで話して、私はようやく娘たちを納得させることができました。すると今後は、どうやったらハート形を見つけるゲームをうまくできるのか知りたくなってきたようでした。

次はあなたの番です。私は本気ですよ

では、その方法を改めてお教えしましょう。先ほど述べたように、明日から、自分の周

りで自然にできたハート形のものを1つ見つけてみてください。それを探し当てたとき、立ち止まり、じっくりと観察してみましょう。写真を撮ってもいいです。発見したという喜びをしばし味わってみます。私は今も1日1つ、ハート形を見つけています。そして見つけられると、すごくいい気分になるのです。ハート探しをしていると、自分の人生があたかも借り物競争になったかのような心境に陥ります。毎朝目覚めると、その日のどこかのタイミングで、小さな秘密のハートとの運命的かつ偶然の出合いが待っていると感じられるのです。

このゲームは、自分のRASの力に気づかせてくれるだけでなく、自分が見たいものを明確に自分に伝えることで即座に脳の動きが変わり、それに伴って身の回りの世界の見え方がガラリと変わることを証明してくれるでしょう。またそれは、自分自身や自分が今いる状況の捉え方にも変化を加えられることを意味します。

もしもハート形を見つけられなかったとしたら、それはおそらく疑いの気持ちやバカバカしいという思いが残っていて、RASに「ハート形なんて重要じゃない」というサインを送っているからです。そうではなく、心を開き、疑念やバカバカしいという先入観をひっくり返したいと思うなら、実際の行動によって自分を阻んでいる原因を取り除いてみてください。懐疑的な態度、邪推、皮肉な考え方は、乾燥機に詰まった糸くずのようなもので、それは必ず自らの行動を抑制します。身の回りのハート形を探すという行為は、楽観的な態度やポジティブなマインドセットへの移行を促す簡単かつ低リスクな方法なのです。そもそも、ハート形を探すというシンプルなゲームさえできなかったら、ここぞという場面でチャンスを見つけ出すゲームはプレイできません。

世界を別の角度から見よう

ハート形を見つける練習を1週間行うと、自分が生活する世界全体の存在を意識するようになるでしょう。そしてさらに、この世界で、すべての物事を経験するのを許そうとしない自分の心にも直面するはずです。私はすでにこの〝ハート形探し〟を数年にわたって続け、今でも毎日、新たなハート形を見つけています。SNSで私をフォローすれば、私が見つけたハート形が見られるでしょう。それだけでなく、世界中の人たちが日々、私をタグ付けし、彼らが見つけたハート形をシェアしています。

ハート形を見つける行為をさらに大きな視野で捉えることだって可能です。ハート形は世界中に散らばっていて、いつかあなたに見つけてもらうのを待っていると想像してみてください。それらの1つを見つけたら、少しの間、目を閉じて、微笑んでみるのです。そのときあなたは、説明さえできない、より大きな力への温かいつながりの波を感じることができるでしょう。これを行うたびに、神様とこの世界が自分を支え、先導してくれるという実感が湧いてきます。

あなたがこの世界を別の角度から見られるように手助けをしてくれる力は確実に存在す

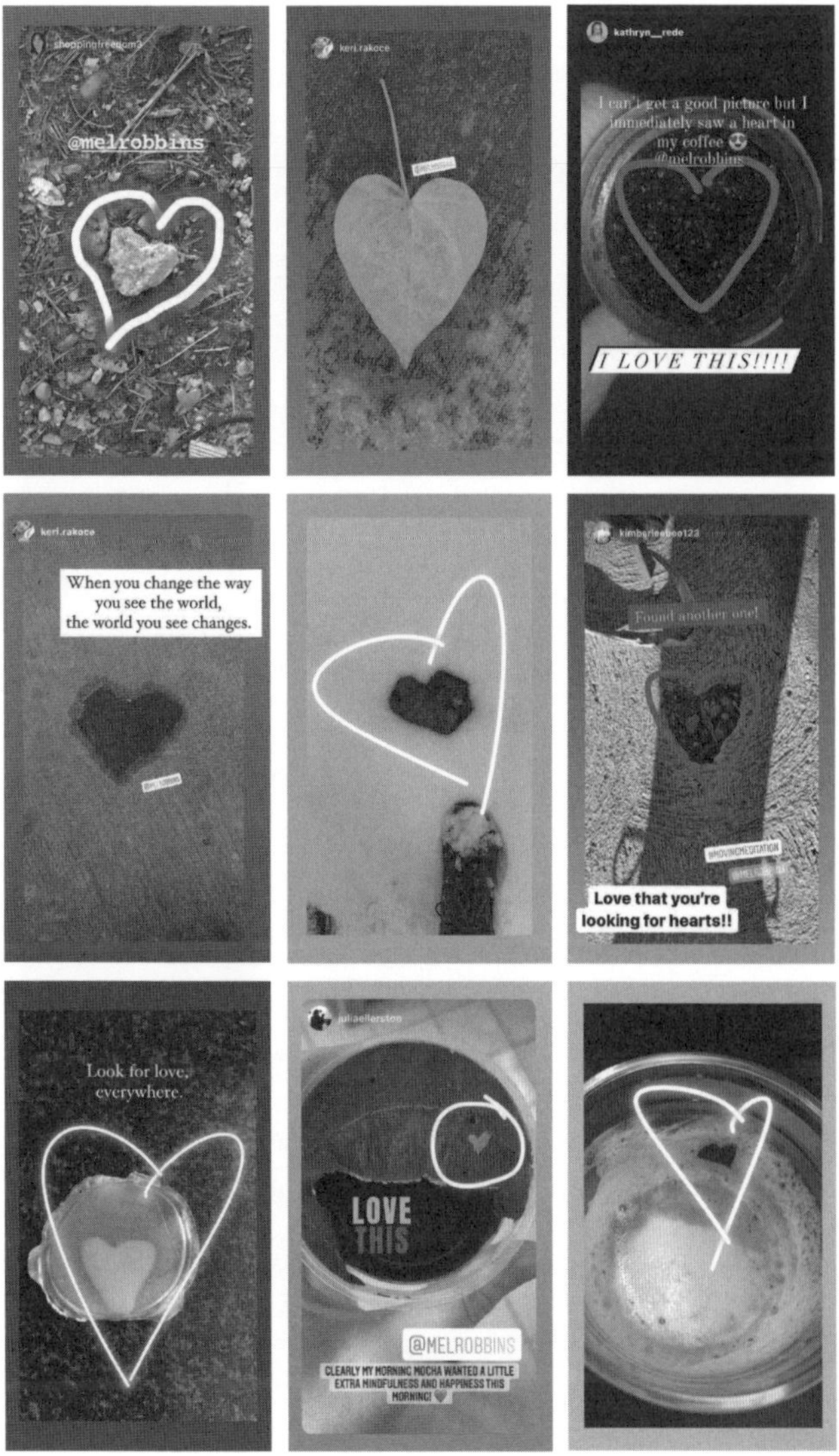
@melrobbins
keri.rakoce
kathryn__rede
I can't get a good picture but I immediately saw a heart in my coffee @melrobbins
I LOVE THIS!!!!
keri.rakoce
When you change the way you see the world, the world you see changes.
Found another one!
#MOVINGMEDITATION
Love that you're looking for hearts!!
Look for love, everywhere.
LOVE THIS
@MELROBBINS
CLEARLY MY MORNING MOCHA WANTED A LITTLE EXTRA MINDFULNESS AND HAPPINESS THIS MORNING!

るのです。それは、あなたがこれまで到達できなかったゴールや成果に近づく手掛かりがあることを教えてくれるに違いありません。あなたはこれまで、正しい見方をしていなかっただけなのです。ハート形を見つけられるようになると、心が実際に変化し、自分が求め始めたものが目の前に次々と現れてくる事実に驚くでしょう。

この変化を上手に捉えられるようになると、さらに信じられない現象に直面するはずです。例えば、過去を振り返っているうちに、点のように散らばった様々な出来事のいくつかが結び付き、今あるところに自分を連れてきてくれたと感じた経験はありませんか？実は、ＲＡＳの働きをうまく活用し、見たいものを見られるようになると、自分が思い描く将来を実現させるために、点在しながら今起きている様々な出来事を結び付けることができるのです。

この本で紹介している方法を実践すれば、脳は自分が求めている未来を必ずもたらしてくれるでしょう。

あとに続くチャプター14では実際に、ＲＡＳと揺るぎない信念をテコにして、どのようにして私自身が自分の人生に奇跡のようなことを起こしたのかについて、科学的根拠を基に解き明かしていきます。そして、どうすればあなたにもそれが起きるのかをお伝えします。

新たな信念を持つ

ＲＡＳについて知り、ハート形のものを見つけ始めたら、いよいよ次は自分の頭の中で渦巻いているネガティブな考えに向き合う時です。過去の思考パターンをきれいさっぱり捨て去り、そうありたいと自分が望む考え方に入れ替えていきます。頭の中にこびりついているネガティブな考えを一掃するには、次に紹介する３つのステップを実行してください。

ステップ①「私はそれについて考えません」

ネガティブな考えは油断するとすぐに思い浮かんできます。残念ながら、それを止めることはできません。では、どうすればいいのか。すぐに遮断すればいいのです。ネガティブな考えが頭をもたげてきたら、それをシャットアウトするために〝言葉〟によるハイタッチを行います。誰もが、自分が何をどう考えるかは好きに選べますよね。ということは、何を考えないかも好きに決められるのです。ですから、「何をやってもうまくいかない」「私はいつも失敗する」「誰も私を好きになってくれない」などの考えが頭をよぎったら、「私はそれについて考えません」という言葉を唱え、実際にそうなるようにＲＡＳにサインを送ってください。

こうして、脳のフィルターを監視し、自分の考え方のパターンがネガティブにならないようにチェックするのです。とてもシンプルな方法ですが、もしあなたが、考え過ぎるタイプや心配性だったり、破滅的だったり、恐怖を感じるとすぐに麻痺状態になってしまったり、もしくは不安と戦っていたりするのなら、そこまで簡単ではないでしょう。それこそ、人生を変えるくらいの意気込みが必要になるかもしれません。それでもやるしかないのです。

このあとすぐ、自分の望みどおりにＲＡＳを働かせる方法について述べていきますが、その前に少しの間、私があなたにお願いしたいことについて説明させてください。なぜなら、ネガティブな考えを遮り、それをまるで乾燥機のフィルターに詰まった糸くずを捨て去るかのように取り除く作業は、非常に重要だからです。

私が数年前にこれを始めたとき、自分を不安にさせるネガティブな考えを実際に遮断しようとしました。驚いたのは、１日に何度も「私はそれについて考えません」と繰り返さなくてはならないことでした。その事実自体が、私の目を見開かせることになります。私の頭の中では、四六時中、ネガティブな考えが沸き起こっていたのです。

例えば、友だちがメールや電話にすぐに答えてくれないと、「相手は自分に対して怒っている」というネガティブな声がたちまち響き渡りました。その心の声をキャッチすると、すぐに「私はそれについて考えません」と唱えたのです。

また、誰かが海を背景にラウンジチェアに腰を掛けてリラックスしている写真をネットに投稿しているのを見つけようものなら、すぐに焼きもちをやき、「彼女を嫌悪しなさい」という心の声が聞こえてくることもありました。するとすぐに、「自分にはこんな贅沢な休暇を過ごす余裕はない」と自らを卑下し、「私はそれについて考えません」とつぶやくまでネガティブ思考を止められませんでした。

こんなケースもありました。ショーツを着ている自分の写真が目に入った途端、「私はそれについて考えません」という言葉を思いつくまで、「うわー、私の足のセルライトってなんて醜いんだろう」と批判し始め、自分自身を痛めつけたのです。

ただし、ネガティブな考えにも弱点が1つあります。その思考を遮られ、「黙れ！」と言われるのが嫌いなのです。したがって、ネガティブな考えが浮かんできたら、それに心を支配される前にはね飛ばせばいいのです。あなたという人物は、少々のリスクを冒すのを厭わない探検家であり、新しいことに大胆不敵に挑戦するためにこの世に生まれてきたのです。あなたは自分を信じているし、鏡の中の自分を見るのが好きですよね。これまで本書で学んできた対処法を実践すれば、必ず本来の自分自身に戻れるので安心してください。

ステップ②　自分のためにマントラを見つける。

自分自身に「私はそれについて考えません」と語り掛けられるようになったら、次は新たな考えを身に付け、それを自分が求めるものとしてＲＡＳに探してもらえるように仕向けて、実際にそうなるようにする必要があります。ジムやヨガ、ポールダンスのスタジオの壁に「すべてが可能になる」「自信を吸い込み、疑念は吐き出せ」「強さは自分の中にある」「絶対にできる」などのやる気を引き出すフレーズが掲げてあるのを見たことがあると思います。これは、自分を変えるための行動を起こす場所に設置された視覚的なゴーサインの典型的な例と言っていいでしょう。これと同じことをするために、意味あるマントラを選び出し、ことあるごとにそれを思い出して自分に役立ててほしいのです。

ハーバード大学とペンシルベニア大学ウォートン校の研究者たちは、人は次に紹介する2つの「きっかけ」があると、善行を最後まで貫く傾向があることを発見しています。彼らの研究によれば、1つ目は、さほど予期していなかったことがその「きっかけ」に含まれる（唐突感があるので脳に刺激を与える）場合だそうです。2つ目は、その善行をするために適した場所に「きっかけ」が用意されている場合でした。この研究結果にならって、きっかけになるものをバスルームに置くことをお勧めします。そうすれば、毎朝、自分自身にハイタッチをすること、さらにはマントラを唱えることを忘れずに思い出すはずです。

では、どんなマントラを用意すればいいのでしょうか。チャプター2で説明したとおり、あまりにも理想的過ぎるマントラだと信じるのが難しくなり、脳は受け入れを拒否します。そのため、いきなり「自分は偉大だ」「私はとても美しい」といったマントラを選び、脳にその証拠を探させるのは避けたほうがいいでしょう。そうではなく、すぐにでも信じられるような有意義なマントラを選んでください。

選び方のヒントになるように、私自身が気に入っているものをいくつか紹介します。ただし、一番いいのは、あなた自身で複数選び、それがどういう効果をもたらすのか探ってみることです。実際に声に出して唱え、脳がどう反応するか様子を見てみます。そのマントラが心に響いてこない理由がたくさんあるようなら、次のマントラを試し、心が自分にハイタッチを返してくるようなマントラが見つかるまで探し続けてください。見つけたマントラが有意義であるか否かは、それを鏡の前で唱えたときに自分自身にハイタッチをしたくなるかどうかで決まります。自分にベストなマントラが見つかったときは、すぐに心の中の自分が「やったあ！」と熱のこもった喜びの声を上げることでしょう。まさにそれが、自分にふさわしいマントラを見つけた瞬間なのです。

意味のあるマントラの例

今日の私は、いい気分になっていい。
私は素晴らしい人間だ。
私は自分自身を支えていける。
心は傷ついたが、そのおかげで自分は視野を広げることができた。
今の状況は、自分にとって大切なことを教えてくれているはずだ。
今日は必ずいい日になる。
今のままの自分で十分だ。
絶対に解決できる。

毎日少しずつ私は強くなっている。
私を信じられないって？　見ていなさい！
私はまったく大丈夫。かかって来られるなら、かかって来なさい！
私に求められているのは、自分自身を見つけること。
私は自分で思っているよりも強い。
自分は今、成長する過程にあることを認めます。
怖いけど、とにかくやってみます。
自分の新たなストーリーはまだ始まったばかり。
世界は私の物語を必要としている。
毎日、私は成長しています。
自分がコントロールできることに集中すると決めた。
今の状況は、一時的なものだ。
やれば絶対に実現できる。

High5Challenge.comを開設してからというもの、バスルームで「ハイタッチの習慣」を思い出すための数千にもおよぶ「きっかけ」の数々が続々と送られてきました。それらの中から、私が特に気に入ったものを紹介してみます。

・付箋などにマントラを書き、それを鏡に貼り付けて、鏡の前に立ったときにハイタッチをするのを忘れないようにする。
・口紅かアイシャドーで鏡の上に自分の手の輪郭を描き、その下にマントラを記す。
・画用紙に手の輪郭を描き、それを切り取ったあと、真ん中にマントラを書いて、それをテープで鏡に貼り付ける。
・ホワイトボードマーカーで鏡にマントラを書く。
・自分へのメッセージを書いた紙で空き瓶をいっぱいにする。毎朝、自分にハイタッチをしたあと、そのメッセージを1つ取り出す。
・バスルームに何かもの（そのときにとっさに見つけたものが望ましい）を置き、マントラの書いてある紙をそれに貼り付ける。

ステップ③　自分がなりたい人物のように振舞ってみる。

ネガティブな考えを否定し、自分のマントラを唱えたら、最も重要なステップを実践してみます。新たなポジティブな考えにマッチした物理的な行動を実際に取ってみるのです。自分に対する意見を変える最も効果的な方法の1つとして、行動活性化療法があります。非常にシンプルですが、実に効果的な療法で、具体的に言うと「今現在、どんな状況に置かれていたとしても、とにかく自分がなりたい人物のように振舞ってみる」のです。これにより、脳は自分が取っている行動を認知するので、大きな説得力が生まれます。自分の古いネガティブな考えは、深く体に染み付いているので、口で説明しても簡単に消し去れるわけではありません。したがって、変わるためには実際に行動を起こし、それを自分自身で確認する必要があるのです。

その行動は、新たなポジティブな考えが本物であることを証明していきます。するとRASは、自分のフィルターをいち早く取り換えようと動き出すでしょう。さらにいいのは、尊敬すべきであり、好感が持てる人物として自分自身に向き合えると、RASに変化が生じるだけでなく、自己容認の気持ちが芽生えることです。すでに触れたように、自己容認は幸福と満足感を得るためには最も不可欠な要素なのです。

いくつかの例を紹介します。私の娘のように、音楽家になりたいのにもかかわらず、自己疑念に苛まれているのなら、すでに音楽家として活躍している人のように行動してみるといいでしょう。つまり、実際に曲を書き、オンライン上で発表するのです。さらに、地元で行われている演奏会に参加します。どんなに緊張しても、怖気づいても、もしくは疑念にとらわれても、とにかくやってみる。自分の脳が実際に行動を起こしているのを察知すると、RASはそれが重要なことだと認識し、演奏がもっとできるような方法を自動的に探すようになるでしょう。

実は同じことが自己愛についても言えます。例えば、自らの容姿に否定的ならば、自分自身のことが好きで好きでたまらない人物のように振舞ってみるのです。鏡の前でチクチクと自分をいたぶるのではなく、その代わりにいいところに目を向けてみましょう。今よりもっといい気分になるために、より健全な行動を選んでいきます。フィットネスのために体を動かすのではなく、自分を愛し、清々しい気分になるために動いてみましょう。マントラの書かれた付箋を鏡に貼ったり、自分をどんどん褒めたりすればいいのです。そして、毎朝自分にハイタッチをし、「私は、私であるということだけで祝福できる人間です」と脳に証明していきます。

さらに、この変化の速度を上げて、他の人を助ける行動を取ってみましょう。自分に焦点を当てるのを止め、誰かに電話して「元気？」と尋ねるのです。周囲の人への優しさを見せてください。自分だけ気分が良くなって満足するのではなく、誰かのために骨を折ってみると、その行為は回りまわって自らを救い上げ、新たな光を目の前に灯す結果につながります。

ここまでの内容のおさらい

次にまたネガティブな考えを持ってしまったら、「私はそれについて考えません」と唱え、遮ってください。その後、新たに身に付けた考えを口にします。さらに行動を起こし、自分の考えが本物であると改めて確認してみるのです。鏡の中の自分にハイタッチをしてみるのでもいいですし、新たな考えに従って「こう感じるのが今の私にとっては重要」と自分の脳に証明する行動をしてもいいでしょう。これが、自分自身に語るストーリーを変えると同時に、自分の脳が目の前の世界に掛けるフィルターを変え、その結果として、リアルタイムで見えてくるものも変わっていくのです。

クリスティンは、これと同じことを経験しています。彼女は毎朝、自分にハイタッチをするようになり、それが衝撃的なくらいパワフルであることに気づきました。彼女は自分の体重と自信のなさについてどうにかしたいと考えていましたが、いくらエクササイズをしたところで、何の解決にもならなかったそうです。ところが自分を好きになろうと決めてからは、その状況は一変し、ベルギーでヘルスコーチおよびフィットネスコーチとしての資格を手に入れました。さらに現在は、自らがこれまで行い、見事な効果を得ることができたプログラムを女性に向けて提供しています。

身体の健康は頭の健康と密接に結びついており、自分の身体のサイズがどうであろうとあまり関係がありません。健康とは、自分を愛し、自分自身を大切にすることなのです。クリスティンはプログラムの受講者たちに、鏡の中の自分にハイタッチをすることを勧めたと言います。

「最初にハイタッチの習慣を教えたとき、女性たちはそれをすることを恥ずかしがっていました。その理由は、自分はハイタッチをされるに値しないと思っていたのと、自分自身を〝ナンバーワン〟として見ることができなかったからです。ところが、ある女性が自分にハイタッチをし始めると、自信を持ち出したんです。幸せそうなあの感じと、そこから生まれる笑顔といったら……。いくらお金を払ったって、あの変化を手に入れることはできません！」

彼女はそう話してくれました。

その後、クリスティンはステップをさらに駆け上がります。彼女はすでに、新たな信念となった「自分は日々成長している」「私は私を誇りに思っている」などの言葉をバスルームに掲げ、毎

朝自分にハイタッチをしながら、それらの言葉を繰り返しました。それが自分にいい効果をもたらしているのを実際に体感したクリスティンは、コーチングを行っている自宅の廊下の鏡の周りに新たな信念となった言葉の数々を貼り付けたのです。これをしたのは、コーチングを受けに来た人全員に、それらの言葉を見てもらうためでした。

これって、素晴らしいアイデアだと思いませんか？　自分自身にハイタッチをし、自分

の信念を繰り返し確かめられれば、自己愛を実感させてくれる行動をスムーズに起こせるという事実にクリスティンは気づいたのです。

「人生において最も重要な事柄の1つは、自分自身を最優先させる術を学ぶことです。ハイタッチの習慣と自分の信念は、実際にその術に従って行動する手助けをしてくれます」

彼女は今、そう考えていると言います。

心の回路を切り替えましょう

ふぅー。ここまで、かなり多くのことを学んできましたね。ひとまず私たちにハイタッチをしましょうか。よくやりました。学んだことをここでざっと振り返っておきましょう。

①バスルームの鏡に映った自分にハイタッチをすることを絶対に忘れない。

これをすることで脳内に新しい神経経路を作り、自らに声援を送る行為を既定の概念にしてくれます。これまでの人生で蓄積された燃え殻は、自分の心のフィルターに大きな影響を与えています。新たな習慣を取り入れることで、目詰まりした古いフィルターを新しいものと交換できるのです。

②High5Challenge.comにアクセスし、登録して「ハイファイブ・チャレンジ」をしよう。

ハイタッチが習慣になるように、あなたをサポートします。5日間にわたるこのチャレンジであなたが成功するために必要な励ましと解説を提供します。これらはすべて無料です。楽しいのは間違いありません。ぜひ参加してください。

③自分が抱えるネガティブな考えを特定し、見つかったら、それらを反転させていこう。

ネガティブな考えに抵抗し、それらを有意義な考えに入れ替え、行動を起こして自分のRASに働き掛けましょう。回りまわってその行動は、チャンスとポジティブな事柄で満ちた新しい世界をあなたに見せてくれるようになります。

これはまだ始まりに過ぎません

あなたが今学んでいることのすべては、自分を殻に閉じ込めている考え方や行動パターンの打破に必ず役立ちます。私はチャプター1で、ハイタッチは自信や称賛、楽観、行動を象徴するものだと説明しました。鏡の中の自分に向かって何かをするということ以上の意味が込められているのです。ハイタッチは、自らの人生に対する心身一体的な姿勢を示していると言ってもいいでしょう。人生をコントロールし、それをより幸せに感じ、有意義な変化をもたらす力となる姿勢と考え方を育み、構築することを可能にするのです。本書で学んだツールは、これまでに溜まった糸くずを取り除いてくれるだけでなく、自分自身と自分の未来について、新しくてポジティブな信念を生み出すための大きな助けにもなるでしょう。

私は今、人生の現実について話したいと思っています。誰にでも、ハイタッチが象徴するポジティブな姿勢をくじかれ、どこにも出口がないと感じて悲観したり、もしくは自信を喪失したりする瞬間があるものです。行動を起こそうという気持ちがなくなったとき、自分からポジティブな姿勢が消え失せてしまったことに気づくでしょう。私が皆さんにお伝えしたいのは、どうしても生まれてしまうこうしたネガティブな感情を反転させる方法です。それを理解できたとき、鏡に向かってハイタッチするのと同じくらい簡単に感情をひっくり返せるようになるでしょう。

つまりその時点で、自分の人生を変えるための準備が十分に整ったということです。私はさらに深く掘り下げて、人をいつも感情的にし、精神的に落ち込ませる気持ちとも戦っていこうと考えています。次に記す感情によって、私自身も心情的かつ精神的に落ち込むことがあるのです。

・嫉妬
・罪悪感
・不安定感
・予期せぬ挫折感
・不安や心配

・恐怖

次のチャプターからは、これらの気持ちの根源を段階的に解き明かしつつ、ハイタッチの考え方を取り戻して前進し始めるためのシンプルかつ検証済みの戦略を学んでいきます。さらに本書の最後には、ハイタッチ習慣について学んだ内容すべてを実践し、日常生活でハイタッチが象徴する姿勢を育む方法についてのシンプルなガイドも提供するつもりです。

まずは手始めとして、私自身にとってずっと精神的な縛りになっている考えを皆さんに吐露してみようと思います。

「どうして私以外の人たちは、私が求めているものをすでに持っているの（例を挙げていけば、キリがありません）？　彼らが持っているものや達成したものを私が手に入れることは絶対にないでしょう。そうして私は、ここにただ座り、心の中で嫉妬という感情を煮えたぎらせるのです……」

チャプター8

彼らにとって人生はなぜこうも優しく、私には厳しいのでしょうか？

ずっと長い間、私は嫉妬という感情に悩まされてきました。それによって生じた怒りとフラストレーションは文字どおり私を消耗していったのです。こんなこともありました。私たち夫婦の友人が、とても素敵な家を購入し、お祝いのパーティーを開いたのです。ドアを開き、私たちの家の5倍の広さはあろうかという大きな家に足を踏み入れたとき、私の感情は高まり、自己爆発しそうになりました。当時、私たちには小さな子どもがいて、住宅ローンをかろうじて支払っているような状態でした。私の嫉妬は相当なもので、それに耐えられず、世の中の妻の多くがやってしまうであろう行動に出たのです。その行動とは、夫に当たり散らすことでした。帰りの車の中で、「あんな素晴らしい家を持つことは絶対にできない」と私が嘆くと、その発言が発端となり大きな夫婦喧嘩になりました。「もしも誰かが私の欲しいものを手に入れたら、私はもうそれを手に入れることができない……」

私はこんなにも不健全な信念を持っていたのです。嫉妬という感情について何も理解しておらず、その感情を自分に有利になるように活かす方法も知りませんでした。そのため、嫉妬はいつも私に不安定感をもたらす一方だったのです。

もしもあなたが絶えずしつこく、無理に他人と比較し、いつも何かを欲しているようなら、おそらくあなたはいつまで経っても欲しているものを手に入れられないでしょう。他の人たちがヒーローになっているとき、あなたは脇に逸れて座ったまま、彼らがしていることを見ているだけです。嫉妬に溺れることを許してしまうと、こうした状況に陥ってしまいます。結局のところ、嫉妬は人の気持ちを滅入らせます。ところが、嫉妬は非常に有用で、重要なものにもなり得るのです。

人が嫉妬を感じるとき、次のような言葉を口にしているのをよく耳にします。

「皆が〝人生のゲーム〟に勝ち進んでいるとき、私はいつもどうしようもないカードばかり掴まされる。これはフェアじゃない。他の人たちの新陳代謝の速さ、ゆったりとしたバケーション、自宅の豪華な改築、ソファーに噛み付いたりしない大人しい犬……。私はそれらすべてを欲しいと思っているのに」

「ああ、また彼女の投稿だ。『ダイエットに成功。欲しいものがすべて手に入りました』……。トレーナーさえいれば、私にだってできるのに……」

「『自分にとっては難しいことではないよ』って、もしもあいつがもう1回言い放ったら……」

「ウーバーのようなビジネス、10年前にとっくに思いついていたんだけど。自分にも始められたはずなのに……」

「子どもがいなかったら、もっと楽なのに……」

「夫が私を理解してくれてさえいれば……」

「私なんか、もっと大変な人生を背負っているのよ。それを吹聴したりしないけど……」

「加工すれば何だってできるのよ。現実世界での本当の姿を見せてみたらどうなのよ……」

「誰もが私よりも優っていて、自分が輝ける余地はない」

まだまだ続きます。

「もう私は終わり。彼らの成功がどれだけ私の成功だったらよかったことか……それに今気づいた。だけど、彼らはすべての成功を手にしている。もう何をしても私には勝てない。ここにたたずみ、ただただ劣等感に苛まれるしかない」

実際のところ、誰もが一度は自分の人生の〝夢バージョン〟を誰かに盗まれたと感じた経験があるのではないでしょうか。

この種の独り言では、他の誰かがすでにそれを行っていると思い込んでいるため、自分が望むものに対して精神的に扉を閉じてしまい、何かを始めることをあきらめてしまうのです。望んでいる人生を追い求めている自分に声援を送る代わりに、嫉妬が自らを支配するのを許し、その結果、ネガティブな考えと自分に対するマイナスの感情が連なった死のスパイラルへと追い込んでいきます。

私が皆さんに理解してほしいのは、嫉妬は、あなたが切望しているものを手に入れることができ、それを実際に手に入れるべきとの示唆であるということです。

そこで自分の考え方を切り替えるためのツールをいくつか紹介してみようと思います。これを使うことで、将来にもっとわくわくし、自分が求める人生を築く力を得られるはずです。

ですがその前に、自分がどのように成功を捉えているかについてじっくりと考えてみてください。あなたは、成功や幸福、愛には限りがあると考えていますか。実は私は、長い間、そう信じてきました。そしてその考えが私の手足を縛っていたのです。ところが、成功と幸せに限りがあるなら、それが私に回ってくることはないと考えていました。成功と幸福は無限であり、それらは誰にでも平等に分け与えられると理解すると、自分のための幸福と成功を手に入れるという勇気と確信が築かれ始めたのです。この考えは、縛り付けられていた私の手足を自由にし、そこからは嫉妬で煮えくり返ることもなくなりました。

そしてとうとう、自分の欲するものを手にするために動き始めたのです。私たちは常に「嫉妬してはいけません」と教わり、そうすることが見苦しく、狭量で、間違ったものであり、さらには恥だと思ってきました。しかし、嫉妬というのは、抑え込んできた飾り気のない欲望であるとも言えるのです。もしもその嫉妬を自らを鼓舞するものに転化できたなら、欲望に対する抑制は消えるでしょう。もしも嫉妬を、人生の次の大きなステップへのサインとして受け入れられたら、自分が今感じているフラストレーションと不安のタネをすぐに取り除き、ハイタッチが象徴するポジティブな姿勢を取り戻して前に進めると思います。

嫉妬がどのように機能し、それをいかに自らを鼓舞するものに変えられるのかを理解するには、嫉妬、自己嫌悪、低い自尊心、圧倒的な自己不信という〝暗い沼地〟にはまり込んだ状態から始めるのが適切と言えるかもしれません。

嫉妬について誰も教えてくれない真実

先日、私は娘がＳＮＳの画面をスクロールしているのを見ながら、彼女に尋ねました。

「そうやっているときって、何を考えているの？」

彼女からの返事はこうでした。

「例えば、インスタグラムだったら、他の人たちの生活や職業、していることを見て、『同じことができたらいいな』とか思ったりする。でもすぐそのあとに、『どれだけそれを欲しても、私には絶対に無理だよ』ってなだめてる自分がいる。そうなると、自分に対して嫌な気分になるんだけどね」

私はさらに尋ねました。

「じゃあ、したいと思う経験の中で『私には絶対に無理』って思うのは何なの？」

「この前ね、ＳＮＳでメキシコの島に引っ越した女友だちの動画を見たんだ。彼女はそこで仕事を見つけて、ビーチ沿いでの生活を満喫している。私には絶対に起こりえないわ」

「うーん、その友だちはなかなかやるね。でも、いいと思うなら、あなたもやったらいいじゃない」

私は娘にそう言ったのです。すると彼女はすぐに返事をしました。

「お母さん、『言うは易く行うは難し』なのよ。彼女を見ていると、どうしても嫉妬してしまう。『私もやってみたい』って思うのよ。旅と探索はずっと自分の夢だったし。でも、彼女と同じことをするのを許さない自分がいる。心の奥深いところで、『彼女はすごいわ。でも私は彼女の真似は絶対にできない』って思ってしまう。お母さん、私、自分の時間がどんどんなくなっていく気がするのよ。だって、もう22歳なのよ！」

娘が私に「もう22歳なのよ！」と言ったとき、私が最初に思ったのは「えっ、冗談でしょ！」ということでした。その言葉はどうにか口に出さずに、なんとか押しとどめましたが……。次に思ったのは、「彼女がそれほどまでのプレッシャーを自分に与えているなんて、信じられない。彼女の人生はまだ始まったばかりで、時間はこれからいくらでもある。今こそ、自分のやりたい素晴らしいことをやるタイミングでしょ」ということです。ただし、これも口に出して言いませんでした。そしてただ、彼女の話に耳を傾けたのです。

「私が今したいことのすべては、旅行と仕事。特に旅行は私の夢なの。だけど、目に見えてくるのは、障害と『絶対に無理だ』って自分に思わせる理由ばっかり。『私はそんなことができる人間じゃない』なんて考えちゃうし、実際にうまくいくとは思えないの。ＳＮ

Sの中の彼女が、メキシコで理想の人生を送っているのを見るでしょ。そうすると、やっぱり嫉妬するし、彼女にはできても、自分にはできないって思ってしまうのよ」

そこまで聞いて、私は親として学んだ、自分の子どもに伝えられる最高の言葉の1つを引っ張りだし、娘に言ったのです。

「ちょっといい？　あなたはお母さんにこのまま話を聞いていてほしい？　それともお母さんの考えていることを話してほしい？」

すると私の顔を見た娘は、こう言いました。

「お母さんの考えていることを話してほしい」

そこで私は自分の考えを告げたのです。

「私がね、一番ショックを受けたのは、あなたの自己不信が自分の最も欲している夢や願望を実現するための行動を妨げていることなのよ。やりたいことがそこまではっきりとわかっているのに、動けないのよね。中学2年生のときに、おばあちゃんと一緒にカンボジアに行ったわよね。あのときからずっと、世界を旅して、探索したいと思ってきたんでしょ。もちろん、あなたが抱いている心配や疑念は誰もが持つものだし、珍しくはない。でも、『私には絶対に無理』なんて思ってたら、いつまで経っても夢の実現のために行動できないでしょう。自分が怖がってできないことを誰かがしているのを見ると、嫉妬するわよね。それもよくある。でもね、自分が本当にやりたいことを考えているだけなら、それは夢じゃなくて、単なる思いなのよ。夢の実現には行動が必要。協力者も求められる。それと、一歩踏み出す勇気を見つけられないと何も動き出さないものなの」

もしもあなたがこの会話に共感できるなら、自己不信に陥ったときに理解しなければならない簡単な事実をお教えしましょう。

「この世の中に『あなたには絶対に無理』なんて言う人は1人もいません。それを言うのは、いつもあなた自身なのです」

嫉妬はあなたに何かを伝えようとしている

そもそも、すべての人があなたを打ち負かしているわけではないという事実を知っておくといいでしょう。彼らは、あなたの行く手を照らしてくれるかもしれませんし、もしかしたら、どこかであなたにハイタッチをしてくれる存在かもしれないのです。鏡の中の自分を見て、そこに敗者を見るのではなく、ありのままの姿を見てください。その姿は、自分の行動を支えてくれる味方に見えてきませんか？　自分自身を人生のベストパートナーとして受け入れてください。自分が切望しているものを手に入れるための伴走者として自分が作り出したもう1人のパートナーの存在に驚かされるはずです。人生に秘められた可能性を見つけ、そしてあなたは変わります。あなたは嫉妬に苛まれるのではなく、前に進むために自分自身にハイタッチができる人になるのです。自分を閉じ込めていた障害を取り除き、それを行動するための刺激としてひっくり返していきましょう。

あなたにしてほしい「ひっくり返し」の作業

現在の制限的な信念：他の誰かがすでに成功しているなら、自分にはもうそのチャンスは回ってこない。

ひっくり返した考え：彼らの成功は、自分にもできるという証明に他ならない。

しばしの時間を使って、自分が誰に嫉妬を感じるのか考えてみてください。知り合いの誰かですか？　それとも、遠くから憧れている誰かでしょうか？　それがわかったら、その嫉妬の感情を自分自身の気持ちに注意を向けるための合図だと捉えてみましょう。嫉妬の感情から目を背けないでください。それを隠そうとしたり、怖がったり、恥ずかしいと思ったりする必要もありません。そうではなく、直視するのです。これが自分の欲するものを明確にする最も手早い方法となります。嫉妬はナビゲーションシステムのようであり、好奇心や願望と似ているのです。自分の人生の方向性を教えてくれるものと言ってもいいでしょう。明日、鏡の前に立ったとき、あなたは自分が望むものを得るために行動すると決め、ハイタッチをその決意の象徴として心に刻んでください。あなたなら絶対にできます。欲しいものを得るために、自分自身に力を与えましょう。

私の娘は、メキシコへ行き、そこで冬の期間中、働くことができた友だちを見て、嫉妬を感じました。それは決して悪いことではありません。娘にとって必要なのは、その嫉妬の気持ちを素直に受け入れ、その感情が自分自身を最も欲しているものへと導いてくれるように仕向けることなのです。誰かが自分のやりたいことをしているのを見ると、心はかき乱され、痛みを感じます。私たちの多くは、その心の痛みに耐えきれず、その結果、内にこもりがちです。そうではなく、その痛みをうまく利用してください。痛みを逆手に取って、変化するための刺激とするのです。

私の娘の場合なら、彼女は友だちにコンタクトを取り、「あなたがしていることにとても興味があるので、どうしても話がしたい。どんなふうにすれば、あなたのような旅ができるのか学びたいと思ってる」と相手に伝えるだけでいいのです。そうするだけで、状況は必ず変わってきます。これが欲するものを手に入れる際に必要な姿勢なのです。たった1つの行動が、嫉妬をやる気に変えていくでしょう。

もう1つ娘ができるのは、旅をしながら働いている人たちをSNSで探し、彼らのアカウントをフォローすることです。自分がやりたいことを実現している人がいるとRASに認識させれば、自らの行動変化を早められます。旅と仕事を同時に行っている人が実際にいるのですから、彼女にだってできるはずなのです。まずは自分が求めるものに向かって一歩踏み出してみる。そうすれば、嫉妬の感情は自然に消え、自分にとって意味のある何かが、彼女に向かって一歩近づいてくるのです。

もしも、自分が具体的に何を求めているのかがわからない場合は、次のようにして探すこともできます。

――あなたの周囲の人たちを改めて見てください。彼らの中で、自分に嫉妬を抱かせる人はいますか？

自分が嫉妬を感じるのは、その人の実行力、熱意、ポジティブな姿勢でしょうか？　それとも、その人がやっているYouTubeチャンネルや立ち上げたビジネスに嫉妬しているのでしょうか？　もしくは、その人物が結束の固い友人グループに入っていることだったり、非営利活動を始めたことだったりします。場合によっては、その人物の健康の維持の仕方やライフスタイル、信頼性、住んでいるところ、または、いつも新しい物事に挑み、注目を集めているところだったりするかもしれません。

さらに深く考えて――願望の引力に降参してください

そこにただ座り込み、嫉妬の渦に飲み込まれるのはやめましょう。溺れる前に嫉妬の正体を探ってみるのです。その人の何があなたに嫉妬を抱かせるのですか？

通常、私たちは、嫉妬によって不安定な気持ちになるのを自分に許してしまいます。さらに、他の人が何をしているのか、何を持っているのかを見て、自らを価値のない人間だと思い、自分が欲するものを求めるのは間違いだと信じてしまうのです。この心理状態に陥ってしまうのは、自分には何かを起こす能力がないと勝手に思い込んでいるからです。

友だちがリノベーションしたキッチンを見て、自分の家のみすぼらしいキッチンを思い出し、嫌な気分になる人もいるでしょう。それが尾を引いて、自分のパートナーに怒りの矛先を向ける人もいます。十分な預金をしてこなかったために自宅を改修できず、それにイライラさせられるのです。すでに告白したとおり、私と夫のクリスが経済的に苦しんでいたとき、こうしたことを私はしばしば経験しています。友だちの誰かが、新しい家具を買ったり、増築したり、豪華なバケーションに出掛けていたりすると、自分には絶対に真似できないと感じ、猛烈な嫉妬心に襲われたのです。

「私たちには彼らのような人生は送れない……」

自分自身にそう言い聞かせながら、たまらなく悲しくなりました。

今なら、当時の心の動きを正確に言い表せます。自分が抱いた嫉妬心には、自宅のことも、クリスのこともまったく関係なく、何か素敵なものを手に入れるために十分な成功を勝ち取りたいという私自身の願望と密接な関わりがあったのです。願望ではなく、野心と言ってもいいでしょう。その当時、私は自分の野心にしっかりと向き合っていませんでした。その一方で、クリスに対しては、仕事がうまくいくようにプレッシャーをかけ、収入を増やすことや、欲しいものを与えてくれることを望んでいたのです。しかし、これは大きな間違いでした。自分の願望を果たせるかどうかは、自分の問題なのです。誰かに任せられるものではありません。経済的に裕福になりたくとも、配偶者につらく当たったところで何の解決にもならないのです。そうではなく、鏡の中の自分に向き合い、自分が何を求めているのか正直な気持ちになって考えるほうがどれほど大切か。それをしてこそ、求めているものが手に入るのです。

友だちのキッチンでは、嫉妬はまったく感じないという人もいるでしょう。もしかしたら、自分の弟の健康さが気持ちをざわめかせているのかもしれません。弟のFacebookでの投稿を見ていると、「自分も1年前にエクササイズを始めていればよかった」と思わざるを得ないからです。最初のうちは「自分もやらなくては」と刺激になっていても、弟の体重が減っていく姿を見ているうちに徐々に腹立たしくなるケースもあります。彼がどれだけエクササイズに熱中し、幸せな気分になっているのかを見るために、オンラインの画面に視線が釘付けになっている自分に気づくこともあるでしょう。

弟の投稿を見て嫉妬や嫌悪を感じているなら、自分も同じものを望んでいるという証拠です。にもかかわらず、自分もできるとは思わずに、自己不信によって行動を抑制しているのです。自分の願望を軸とした引っ張り合い（願望の実現のために動こうとすると、今度は疑念や恐怖が大きくなり始め、結局、動けなくなってしまう現象）が始まると、次にそれを至るところで見かけるようになります。自分にとって意味のあるものを強く欲するものの、それをまだ手に入れられていない現実に気づき、痛みを覚えるのです。

仕事やビジネスの局面でも同じことが起きます。例えば、隣人の女性が始めたスキンケアビジネスはうまくいかないだろうと思ったとしましょう。彼女は自分の商品を何度も試してほしいとせがみ、その情熱をあなたは不快に思うと同時に、感心もしています。実際のところ、正直な気持ちになって様子を窺うと、隣人は自分のビジネスをとても楽しみ、また、たくさん稼いでいるようなのです。そしてさらに、ビジネスを通じて彼女が作った新しい友人たちを見るたびに、あなたはとてつもない嫉妬を感じてしまいます。

こんなときは、彼女を突き放すのではなく、その嫉妬の気持ちに近づき、降参すべきです。おそらく彼女のしている行動の中に、自分にとって意味のある何かが潜んでいるのでしょう。そう思いませんか？　だから嫉妬するのです。ただし、この場合、あなたはまだツイています。なぜなら、自分の願望をすでに実現している人間がすぐ近くにいて、直接話を聞けるのですから。もちろん、隣人と同じくスキンケアビジネスを始めたいということではないと思います。それでも彼女の口からどのように自らのビジネスを始めたのかを聞ければ、その会話から自分に欠けているものは何なのかを知る絶好の機会になるでしょう。彼女にアプローチをするというシンプルな行為1つが、あなたが抱える疑念を払拭し、嫉妬から触発された行動へと導いてくれるのです。

別のケースも考えられます。一番下の子どもが大学生になって家を出たため、子どもに巣立たれた親になってしまったとします。子どもたちがまだ家にいて一緒に過ごせたころを思い出し、過ぎ去った時間を大切に思うことでしょう。ところが、子育て中も仕事を辞めずに続けてきた友だちを今になって見ると、何とも言えない不安な気持ちと嫉妬心が湧き上がってきます。何しろ、自分の履歴書には20年にもわたって〝穴〟が開いていて、仕事を見つけるにしても何ができるのか見当もつかないのです。ただし、何をしていいのかわからないといっても、それは何もしないことの言い訳にはなりません。そこで自分がしなくてはならないのは、「感情の引っ張り合い」をうまく利用することです。つまり、子育てをしながら仕事を続けてきた友だちやその他の友だちにコンタクトを取り、人生の次のステージで自分が何をしたいと思っているのか話してみます。

自分の人生には何かが欠けていると認めるよりも、他人をうらやんだり、批判したりするほうが簡単なのです。そんな中、何も行動を取らずにいたら、自己不信や嫉妬はいつまでも消えず、積もる一方でしょう。あなたは、人生の次のステージで自分に課せられた素晴らしい何かを実現することになっているのです。それは自分にとって意味があることであり、それを前にして嫉妬に押しつぶされてはいけません。嫉妬を刺激に変えて、意味あるその何かを探し求めてください。

このアドバイスはあなただけに送るのではなく、私にも送るつもりです

かつての私は、自己不信と嫉妬に自分自身を蝕ませていました。しかし今は、嫉妬は抑圧された願望であるのがわかっているので、それをうまく捉えて自分の欲するものを手に入れるための手掛かりにしています。嫉妬はごく普通の感情であり、私にとって嫉妬の痛みを感じない日はないと言っていいでしょう。例えば、SNSを眺めていると、必ず嫉妬を感じてしまうのです。ただし、その感情が強くなり過ぎる前に、それが私にとって何か意味のあるものだと思うようにし、心の中で「面白そう。嫉妬するなあ」とつぶやきます。

その後、自分の感情を探り、嫉妬を行動を促す合図として受け取るのです。

私のキャリアのことで言うと、周りを見て、私が最も嫉妬を感じたのは、すでにポッドキャストを始めていた人たちでした。例えば、友人でもあるルイス・ハウズは「スクール・オブ・グレートネス」というポッドキャストのホストをすでに7年も務めていたのです。私はルイスに対して極度の嫉妬を感じていました。その他にも何人もの友人がポッドキャストを始めており、私は彼ら全員に対して嫉妬していたのです。彼らの名前を挙げていったら、キリがありません。今まで考えたこともありませんでしたが、振り返ってみると自分はポッドキャストのホストたちに囲まれていました。

当時の私は嫉妬を感じ、自分がまだ始めていない状況を責めていました。私の武器は声です。誰かと面と向かい、人生について話すとき、私は自分の能力を最大限に発揮します。私はこれをステージ上で行い、コーチングをするときに行い、オーディオブックで行い、ラジオで昼のトーク番組をしていたときにも行っていました。私は読み書き障害とADHDの当事者なので、何かのコンテンツを作る際、書くことで行うのが最も苦手です。しかし、マイクに向かって話すのは何ともありません。

そのため、ポッドキャストをするのは、コップの水を飲むのと同じくらい簡単なはずだったのです。

「私は絶対、ポッドキャストを気に入る。それなら、どうしてすぐに始めないの？」

娘が世界旅行を始める計画を立てないのと、私はまったく同じことをしていました。数年にわたって自分の耳に響いていた夢なのに、娘と同様の理由でその夢を追うことから逃げていたのです。それを心から求めているのに、自己疑念が「自分には絶対に無理よ。もう遅すぎる。他の誰かがすでに始めているし、始めたってどうせ二番煎じになるだけでしょ」と語り掛けてきて、それに納得してしまう……。本当のことを言うと、今これを書きながら、まったく筋が通っていなかったとつくづく感じるのです。ラジオ番組をやっていたころに使っていたマイクを引っ張り出し、録音機材につなげる動作を止めるものや、実際にポッドキャストを録音する行為を邪魔するものは何もありませんでした。iPhoneのボイスメモを開き、録音マークをタッチするだけでよかったのです。私を止めるものは身の回りに何一つなかった。なのに、「私」がそれを止めていました。

このとき、私は自分にこう言い聞かせていたのです。

「もう遅すぎる。完全に好機を失った。誰もがポッドキャストを始めている。今さら始めても自分のポッドキャストが成功するわけがない。これほどたくさんの人が私より先に始めているのに、どうやって彼らと異なるプログラムを提供できるっていうの?」

そうつぶやきながら、自らのRASにポッドキャストを始められない理由を探すように命じていました。その命令に従うかのように、果たしてどれくらいの数のポッドキャストが存在するのかに興味を抱いた私は、実際に調べてみたのです。

私の予想は、10万でした。さっそくグーグルで検索してみると、いいですか、何と200万近い数が存在し、4300万本のエピソードが公開されているのがわかりました。

200万ですよ！　糸くずを少しも出さずに乾燥機を回すことができないように、ネガティブな考えを一度も持たずに1日を安穏と過ごすなんて、やはり不可能なのです。200万ものポッドキャストがすでにあると知ったとき、「うわぁ、ダメだ」と思い、私の気持ちは一気にしぼみました。

同じような状況があなたにも起きたら、詰まったフィルターをきれいにする情景を想像し、自分にとって意味あるものをいつでも受け入れられるように気持ちを開け放っておく必要があります。心の中で「うわぁ、ダメだ」という気持ちを払いのけ、「それでもとにかくやってみよう」と考えるのです。

嫉妬の感情に注意を払い、自分の魂がどこに向かうべきなのかについて、それが何を教えようとしているのか探ってみてください。それをしないと、嫉妬は強く、大きくなっていくばかりです。しまいには、あなたの心を飲み込んでしまいます。そうなると、自分が進むべき行く先を見渡すのではなく、自分よりも勝っていると思う人たちすべてを眺め始めるようになるでしょう。

嫉妬に心を飲み込まれないようにしよう

嫉妬の気持ちをうまく活用して行動に結び付ける際に、自らに語り掛けるべき質問のいくつかを紹介しておきます。

・誰に嫉妬を感じているのか？
・嫉妬を感じるのは、その人自身に対してなのか、それともその人がしていることなのか、もしくはその人が持っているものなのか？　そもそも何がそんなに気になるのか？
・嫉妬を感じる相手のどの部分に気持ちを刺激されるのか？
・嫉妬を感じる相手のどの部分が嫌いなのか？
・嫉妬心に向き合い、それを自分のためにうまく利用するには、どうすればいいのか？
・どんなネガティブな考えが、手に入れたいものを追い求めることを自分自身に許さないのか？

これらの質問をすると、自分の心が自らに何を伝えようとしているのかが非常に明確になります。私の場合、ポッドキャストを始めることが自分にとっての一番の目標であるのはわかっていました。そして私がすべき物事の1つは、この本の原稿を書き終えたらすぐに、ポッドキャストをスタートするための計画を練ることでした。そのために私は友だちに声を掛け、アドバイスしてもらったのです。それによって、オンラインでの始め方を学び、ポッドキャスト業界のイベント参加用に自分の名前を登録できることを知りました。

驚いたことに、これらの行動を取った瞬間、嫉妬の気持ちは消えたのです。私に起きたのですから、あなたにも必ず同様のことが起きます。

事実、私の娘にも同じことが起きました。娘との会話から数日後、彼女はメキシコにいる友だちにコンタクトを取り、自分自身の計画を立て始めたのです。彼女は旅のスケジュールを練り、ＳＮＳでフォローしている人を変更し、より多くの刺激を得られるようにしました。さらに彼女は就職先の上司に連絡し、大学卒業後、当初の予定よりも数カ月遅れで仕事を始められるかどうか尋ねたのです。それはまるで秘薬を飲んだかのような変わりようでした。突如として彼女はエネルギーと活力に満ち溢れ、嫉妬を刺激として利用し、自分が望むものに向かって実際に行動を起こし始めたのです。これ以上に人にエネルギーを与えるものはないと言ってもいいでしょう。

それから、もう1つ忘れてはならない点があります。もしもあなたが、状況を変えたり、または何かを実現するための努力をする気がないのなら、あなたには嫉妬する権利はないのです。そもそもあなたには、自分に欠けているものや、本当に望んでいないものに焦点を当ててしまう癖があるのだと思います。

嫉妬を刺激に変えるという考え方を私が気に入っているのは、シンプルでありながら、とても〝美しい〟からです。この考え方は、私が信じている「本質的な人間性」の存在を肯定してくれます。

いいですか？　こんなふうに考えられないでしょうか？　私たちは皆、この輝かしい人生の共同創造者であり、お互いに深く、そしてどこかで力強くつながっている……。1人の成功は、私たち皆で共有できる成功になり得ます。私たちは、誰かが成し遂げた事柄によって勇気づけられ、さらには刺激されるのです。そうであるならば、同じ方向に進む人たちと競うのは止め、彼らを自分が望むものを手に入れるのを助けてくれる仲間として捉えたほうがいいとは思いませんか？　そして、あなた自身に前を向いて進む自信が出てきたら、次はあなたが現時点で心を閉ざしている後進たちの光となり、道を照らしてあげればいいのです。この姿勢をどうか忘れないでください。

チャプター9

何も言わずに黙っていたほうがいいのかしら？

罪悪感は、人にとって最もパワフルな感情の1つです。もしもあなたがそれを感じやすいタイプなら、それから抜け出す方法を知っておいたほうがいいでしょう。罪の意識は、馬を操る手綱のようなものです。本来の自分の気持ちを、力や強さ、スピードを備えた美しい雄馬のように考えてください。この雄馬は、太陽の光を背中に浴び、たてがみで風を受けながら、野原を駆け抜けたいと切望しています。ところが、罪の意識という名の手綱は、この雄馬を締め付け、自分の気持ちを抑えつけてしまうのです。そして最後には、今いるところから動けなくしてしまいます。仮に自分の夢に向かって走り続ければ、愛する誰かを傷つけたり、失望させたりしてしまうかもしれない……。そんなふうに考え、従うだけになってしまうのです。

もしもマラソンの練習をしたら、夫（妻）が怒るかもしれない……。

もしも副業で週末に不動産を売り始めたら、上司はそれを見つけて、怒るだろう……。

この地域から引っ越したら、昔からの友人たちは、あたかも私が「自分はあなたたちよりも裕福で優っている」と考えているかのように受け取るだろう……。

ロンドンでの仕事のオファーに快諾したら、子どもたちを今の中学から転校させることになり、彼らはそれを恨みに思うだろう……。

もしくは、これらとは違う、もっと些細なパターンも考えられます。

「グルテンフリーをしようとしてるんだけど、わかったわ。せっかく作ってくれたんだから、おばあちゃん、一切れいただくわ」

「そうですか、いいですよ。すでにオーバーロード気味で倒れそうだけど、あと1つ、仕事を引き受けます」

「子どもたちが家から出ていくのを望んでいるなんて、私は悪い母親かしら？」

「私のピックアップトラック、借りたいの？　うーん、どうしようかな……」

「今年のクリスマスイブに義理の姉の家にまた行くのは嫌。そんなふうに思う自分は、モンスターかなあ……」

「もしも私がマラソンのためのトレーニングに出掛けたら、子どもたちは街をうろつくだろうな……」

「私は黙って、もう何も言わないほうがいいのかな……」

罪悪感は人を殺します

私が興味深いと思うのは、罪悪感がいかに間違って理解されているかということです。おそらく多くの人が、他人によって罪の意識を感じさせられていると思っているのではないでしょうか。ところが、そうではなく、罪悪感は自分自身が植え付けているものなのです。罪の意識は、自分の価値観と感情のトリガー（きっかけ）に結びついています。何かについて「罪悪感を抱く」のは、自分が望むことをしたり言ったりすることで、誰かを傷つけたり、誰かが自分に腹を立てたりすると信じているからです。誰かが自分に怒ったり、失望したり、腹を立てたり、イライラしたりするのではないかという考えは、自分の罪悪感を強めます。

また、「関わらないほうが楽」と思うのは、「自分に腹を立てている人に関わらないほうが楽」ということです。仕事で他の人のシフトをカバーすることに「ノー」と言ってしまったことへの罪悪感、しつこい友人を食事会に誘わなかったことへの罪悪感、義母がいつも感謝祭の食事会を開くので、今年は自分が準備をしたいと思ったことへの罪悪感……。これらの罪悪感を抱く一方で、自分がしたい物事をわかっているため、つらい思いをします。あなたはただ、自分自身と自分のニーズを最優先することで生じるであろう感情的な影響に直面したくないだけなのです。罪の意識は自分を不快にするため、それによって心が折れないように逃避を試みようとします。

カリフォルニアに引っ越したいのに、両親が悲しむのを知っているから、罪悪感を抱いてしまう……。せっかく昇進したのに罪悪感を抱いてしまうのは、本来なら同僚のメアリーも昇進するのにふさわしい仕事をしているのに、彼女は昇進できなかったから……。本当は看護学校に行きたいけど、代わりに家事をする人がいなくなってしまうから、罪の意識を感じる……。

私も同じ思いをし、しばしば葛藤します。他人に失望を感じさせながらも、自分自身を尊重する方法を学ぶのは容易ではありません。しかし、それは可能ですし、それをすることで人生を変えられるのです。

ビリヤード台に関する話があります

私の父は、ガレージセールなどで見つけたアンティークのビリヤード台を購入し、それを修復するのが趣味です。私とクリスが結婚したとき、父からの結婚祝いは、私たちがボストン郊外に購入した古い農家と同じ時代の1870年代に作られたブランズウィックのビリヤード台を丹念に修復したものでした。結婚後、私たちの家には置き場がなかったので、そのビリヤード台はミシガン州にある両親の家の地下室に何年も眠っていました。

その後、私のビジネスが軌道に乗ったので、プレイルームが付いた新しいガレージの増築が実現します。その話を父にすると、彼はとても興奮して言いました。

「ビリヤード台を置く場所がやっとできたね！」

えっ、待って、ビリヤード台⁉

こうして、人を喜ばせるためのドタバタ劇が始まったのです。

父は、お金を払って私の家にビリヤード台の専門家を派遣し、輸送のために分解した台を慎重に組み立ててもらいました。専門家は、スレートを平らにし、フェルトを滑らかにし、革の編み込みポケットを1つずつ取り付けていったのです。ビリヤード台はとても豪華なもので、そして、私たちの新しいプレイルームの半分のスペースを占有しました。罪悪感はどうやら、奥行きの感覚を麻痺させ、それを正確に測定する能力を著しく損なうようです。巨象のようなビリヤード台がプレイルームの中央に収まっているため、子どもたちは隅っこで遊ぶしかありません。しかも私たちはめったにビリヤードをしないので、台の上はブロックのおもちゃのピースで埋め尽くされていました。子どもたちが成長すると、もはやプレイルームはいらなくなり、今度は私のビジネスが成長し始めたので、オフィスが必要になったのです。しかし、私にはビリヤード台を動かす勇気がありませんでした。

罪悪感が自分を〝八方美人〟にしてしまう

さらにそれから2年間、ビリヤード台はフェルトの空母のようにオフィスに置かれ、部屋のこちら側から向こう側に移動するために全員がその周りを迂回しなくてはなりませんでした。私は自宅をオフィスにして仕事をしていました。しかし、そのオフィスには机を置くスペースはなく、スタッフたちはアイランドキッチンとリビングルームに座っていたのです。

オフィスとして使えるスペースを必要としていましたが、私（いわゆる罪の意識の塊）は、ビリヤード台を動かすことができません。なぜでしょうか？ 私は父を誰よりも愛していて、そのため父をがっかりさせるなんて考えられなかったからです。台を見るたびに、私は父のことを考えました。近くに住んでいないせいもあり、私はミシガン州の実家から持ってきた物をマサチューセッツ州の自宅に置いておくのが大好きだったのです。

両親ははるか遠くに住んでいて、私たちを訪れる機会は1年に数回しかありません。仮に私がビリヤード台を移動させたとしても、父は事情を理解してくれるでしょう。そうは言っても、ビリヤード台を倉庫に移動させるという行為は、愛情のしるしとしてそれを贈ってくれた両親に対し、恩を仇で返すようなものだと感じたのです。

台を移動するアイデアは毎日、頭に浮かびます。しかし、電話を手に取って、父にその考えを話そうと思っても、なかなかそれができません。そのわけは、自分の役目は人を喜ばせることだと思っているからです。つまりは八方美人。事実、誰かを失望させてしまうかもしれないという考えが頭に浮かんだだけで、体に不調をきたすこともあります。

注意！ これから伝える内容は心地のいいものではないでしょう。しかし、聞く必要があります

人を喜ばせたいと心から望み、それが自分の気持ちを満たしてくれるのなら、とても素晴らしいことです。ただし、誰かがあなたに腹を立てるのを恐れるあまり、自分自身の気持ちとは裏腹の行動を取り始めると、問題が出てきます。私は今、「父をがっかりさせない」という話をしていますが、実はその裏にはもっと大きな意味が潜んでいるのです。八方美人の私は、人の反応を操るためなら何でもしてしまいます。ちなみに、私がここで「操る」という言葉を使うのは、少しでも耳障りな響きを持たせたいからです。

そもそも八方美人は、自分を「いい人」だと思っています。しかし、それは勘違いです。例えば、あなたが八方美人なら、相手が自分をどう思うかを常に気にし、自分に対する相手の気持ちを「操る」ように行動するでしょう。その証拠として、周囲に溶け込み、そして好かれ、誰からも怒られないように振舞うことにエネルギーのほとんどを費やします。そうすることで、自分に対する反応を操ろうとしているのです。自分らしく振舞うと同時に、自分にとって最適な判断をするのではなく、他人が自分に腹を立てないように本当の気持ち（私のケースで言うと、ビリヤード台を移動させたいという気持ち）をねじ曲げていくのです。

罪悪感を晴らすのは勇気と自信です

前著『5秒ルール』の編集作業のために、私はビリヤード台を作業台として使っていました。途中、話の流れを調整するためにすべての章の原稿を台の上に並べてみたそのとき、読者に自分の人生をコントロールするための勇気と自信の見つけ方を教えるのであれば、私自身が勇気と自信を持って父親に向き合わなくてはならないと気づいたのです。

私は、父に自分の考えを伝えるのが怖いあまり、しっかりとしたオフィス空間を作るという目下のニーズを蔑ろにし、自分の成功さえも犠牲にしようとしていました。電話をする必要があるのは明らかだったのです。

父との会話を1日先延ばしにしてオフィスに入ると、その日はずっと心の葛藤を感じなくてはなりません。そのたびに私は消耗していきました。そんな状態を続けるのは、父を裏切る行為だと言ってもいいでしょう。父は、娘の私に葛藤を強いるためにビリヤード台をプレゼントしてくれたのではなく、楽しんでもらいたかったのです。

先ほど述べたことをもう一度言います。他人を喜ばせるというとき、実際には、他人は関係ないのです。むしろその行為は、自分の心の不安定さの表れと捉えたほうがいいでしょう。私のケースで言うと、他人が自分に対して怒っていないかどうかが気になり過ぎて心が不安定になり、他人を喜ばせる行為によってその不安定さを払拭しようとしていました。

私が今の状態にたどり着けたのは、窮屈な信念をひっくり返せたからです。

あなたにしてほしい「ひっくり返し」の作業

現在の制限的な信念：もしも自分の決断が誰かを失望させたり、怒らせたりしたら、その人は自分を嫌いになるだろう。

ひっくり返した考え：自分の決断を巡って誰かを失望させたり、怒らせたりしてしまうかもしれないけど、それでもその人は自分を好きでいてくれる。

3人の子どもの親としていえるのは、彼らはいつも私を怒らせ、悲しませ、失望感を引き起こさせるということです。ただし、それが彼らに対する愛情に大きな悪影響を与えたことは一度もありません。その一方で、父と母の娘としての私は、いまだに子ども時代の考えを捨てきれず、私の行動のすべてを認めてくれた場合にだけ、両親は私を愛してくれるものだと思っていました。

『5秒ルール』の時のように、「5、4、3、2、1と数えればいいんですよ」と手早く自分に説明をし、それによって八方美人になってしまう癖や失望感を魔法のように消せればいいのですが、今回はそうはいきません。人間関係はギブアンドテイクであり、数をカウントしてどうにかできるものではないからです。しかし、愛と失望の共存は可能ですし、実際に共存する場合は多々あります。そのことに気づくまでに、私は45年もの歳月を費やしました。

親思いの子どもは決してこんなことはしないでしょう

どうしても避けたい会話は、自分がそれをすると決意しないと始められません。私のときもそうでした。ある日、私は思い切って受話器を取り、父に電話をかけたのです。最初はたわいもない話をして時間を稼ぎ、その後、しばらくしてようやく本題に入りました。

「お父さん、あのね、あのビリヤード台、すごく好きなんだけど、私のビジネスがどんどん大きくなっていって、家にオフィスが必要になったの……」

するとと彼はすぐに言いました。

「そうか！　あの台はオフィスに置いたら、すごく見栄えがいいだろう」

それを聞き、私の罪悪感は屋根を突き抜けるほど高まります。世界全体が総力をかけて私にプレッシャーをかけてくるように感じました。しかし、デスクを置くスペースが必要なことをどうしても説明しなくてはなりません。ところが父は、「仕事中は薄板を台の上に置いて仕事のために使えるようにし、夕方と週末はそれを取って、ビリヤードをすればいいじゃないか」と提案してきます。悪いアイデアではないのですが、それでは私が考えているオフィスのレイアウトができません。

この時点で私の心臓は高鳴り、手のひらに汗がにじんできました。父は私が問題を解決するために助けを求めていると思っていましたが、私はそのとき、父が嫌がるであろう解決策を告白しようとしていたのです。

私はそこで大きく息を吸うと、ビリヤード台を扱う専門業者を呼び、丁寧に分解してもらって、温度調節ができる倉庫で保管しようと考えていると伝えました。さらに私は、オフィスを移転したときか、家を増築したとき、もしくはもっと大きな家に引っ越したりしたときは、ビリヤード台専用の部屋を用意すると約束したのです。

そこまで言い切ると、私はどん底へと堕ちていきました。

このとき、私は父を失望させたでしょうか？　答えはイエスです。罪の意識を感じたでしょうか？　それもイエスです。専門業者が家にやって来て、ビリヤード台を倉庫に運んで行ったとき、自分をこの世で最悪の娘だと思ったでしょうか？　もちろんイエスです。ビリヤード台を撤去したあと、父が初めて我が家を訪れ、ビリヤード台がないオフィスを見てがっかりしたでしょうか？　これもイエスです。そのときの父の表情を見て、私は泣きたい気持ちになったでしょうか？　当然です。父はビリヤード台の話を持ち出したでしょうか？　はい、持ち出しました。それだけでなく、その後、両親が私たち一家に何かをプレゼントする際には、母が必ず一言付け加えるようになりました。

「あなた、本当にそれ使ってくれる？　まさか、私たちがプレゼントした他のものと一緒に地下室に放置したりしないわよね？」

ああ、お母さん、ホント大好き！　私が母からそう言われても仕方ないのはわかっています。そう言われても、気分を害しません。なぜなら、母が私を愛しているのはわかっているし、彼女だって生身の人間ですから自分の感情を表に出します。色々な思惑はありつつも、私たちはお互いを大切に思い、気にかけているので許せます。

孝行娘の殻を破る

本音を言うと、この話を書いていることも含めて、両親の気持ちを傷つけている気がします。皮肉めいたことを記しているので、母を傷つけているのは確かです。彼らには何度も謝りました。それでも愛する人を傷つけるのはいい気がしません。それに、誰かを失望させるというのも嫌なものです。このようなひどい感情を抱いたときは、私はただそれが湧き上がるのに任せ、胃がねじれるのを感じて、それが通り過ぎるのを待ちます。これは胃けいれんのようなものなのかもしれません。肉体的に苦痛であるため、罪悪感の「痛み」と呼ばれたりもするようです。しかし私は、自分自身の気持ちを「私は悪い娘だ」とか「私は利己的で最低だ」という状態に追い込まない方法を学んでいきました。

私を助けてくれるもう1つの方法に、自分自身の意図を思い出すというものがあります。私の意図は、決して両親の気持ちを傷つけることでも、感謝の念を持たないことでもありません。あのときに私が考えていたのは、オフィスをしつらえ、自分のビジネスを成長させることでした。あなたの両親、もしくはあなたに失望させられた人も、生身の人間です。

だったら、人間らしくしてもらいましょう。彼らにも好きなことを感じてもらい、言いたいことを口にしてもらうのです。それが簡単ではないのはわかっています。それでも試してみてください。

愛する人を失望させず、または傷つけずに人生を過ごすことはできません。だからと言って、自分以外の人たちを最優先にすれば、今度は自分自身を傷つけ、失望させるでしょう。人生の目的は、それを走り抜ける中で、幸せ、不幸せ、感謝、罪悪感、悲しみ、愛といったすべての感覚を経験することなのです。いい人生には、たくさんの悪い日があります。いい人間関係には、思い出すだけで心が痛む瞬間がいくつも存在します。それらが、本物で、誠実で、嘘偽りのない人生を形作るのです。

人は時に失望させられるものです。もしくは誰かがあなたに腹を立てることもあるでしょう。だからと言って、あなたをすぐに嫌いになるわけではありません。お母さん、お父さん、もしこの本を読んでいたら、そうきっと、読んでくれているわよね? 今、私たちが建てているオフィス兼倉庫には、あのビリヤード台を堂々と飾り、同時に楽しめるスペースを用意しているから……。

正直になって父と向き合ったあの日、私は貴重なレッスンを学びました。愛する人を失望させるのが怖いと思うのと同じくらい、自分が何を欲しているかについて正直であることには価値があるのです。

女性がこのように正直になるのは、男性よりも確実に難しいのですが……。

罪悪感から解放されましょう

数年前、私は、銀行業務部門用のワークショップを立ち上げるために、JPモルガン・チェースに雇われたことがあります。最初の年、私は24都市を訪れ、小規模ビジネスオーナーの方たちのためにセミナーを開催しました。2年目も同じ業務をこなしつつ、特に力を入れたのは、女性経営者が直面する問題を解決するためのセミナーでした。当時、私は各セミナー会場を巡り、合計して約1万人の参加者の前に立って話をし、さらに数百人と1対1で会話を交わしました。

これらのセミナーでは、罪悪感がどこから生まれ、なぜそれは生じるのかという話もしています。それをする中で私が最も驚いたのは、罪悪感に対する参加者の反応でした。男性と女性のビジネスオーナーが参加するセミナーでは、罪悪感を覚えたときにどのように対処すればいいのかについて、アドバイスを求められたケースは一度もないのに、女性のビジネスオーナー限定のセミナーを行うと、罪悪感にどう対処すればいいのか必ず聞かれたのです。夢や志について話をしたときは、特にその傾向が強まりました。

複数の研究結果によれば、実は女性は男性より1000倍も強く罪悪感を覚えると言います。セミナーでの反応を見た私にとって、この研究結果はとても納得のいくものでした。私たち女性は、新たに追加された汚れた靴下のように罪悪感を〝感情の洗濯かご〟に放り込み、それを当たり前のように引き受けてしまいます。そうしてしまうのは、育てられ方が影響しているからです。例えば私の場合、母が悲しんでいるのを見ると、無性に罪悪感を覚えてしまいます。どうしてあれほどまでの罪悪感に襲われるのか……。いつも驚かされます。その一方で、私の男兄弟は、母が悲しんでいるのを見ても、肩をすくめるだけなのです。

母に何をしてあげようが、十分という状態には達しません

もしもあなたの母親が、あなたに罪悪感を抱かせるようなら、彼女も同じように罪悪感を抱かされてきたと思って間違いありません。何か悪いことが起こると責任を感じてしまい、つらい気持ちになるのです（例えば、今朝、うっかりして2台の車のキーを持ったまま家を出てしまったので夫のクリスは車を使えず、それに責任を感じました）。

母親と娘は、バケツリレーか何かのように罪の意識を引き継いでいきます。多くの母親は「自分が何か悪いことをしたに違いない」と感じていて、だから娘は電話をかけてきてくれないと考えているのです。そんなときにあなたが電話をすると（自分からはかけてこないのに）「どうしたの？　しばらく音沙汰がなかったけど」と言われ、嫌な思いをします。さらに言うと、母親の側もあなたが何をどれだけしようが十分な状態には達しません。あなたに対して「十分にやってあげられていない」と感じているのです。

私たちは誰もが、愛されたいし、支えてほしいと願っています。これはごく当たり前の

感情で、見守られたい、話を聞いてほしい、応援してほしいと思っているのです。ただし、自分が必要とする精神的なサポートの求め方を知らないと、「どうして電話してくれないのよ？ 実の母親にちょっとだけ時間を割くこともできないくらい忙しいの？」などと言い、相手の気持ちを傷つけてしまいます。母親は、自分がまだあなたにとって大切な存在であることを知りたくて、こんな言葉を口にしてしまうのです。すると、ついあなたも言い返してしまいます。

「お母さん、電話ってこっちからだけじゃなくて、そっちからもつながっているんだよ」

そう言いながら、「忙しく働いているだけなのに、どうして罪の意識を感じなければいけないの？」と戸惑いを覚えるのです。あなたは自分の子どもたちの世話でも忙しいのに……。そして「罪悪感を覚えている」と周囲に話し、オフィスの同僚たちからの「大変ね」という同情を求めるのです。

罪悪感はあなたを萎縮させ、愛は伸び伸びとさせます

罪悪感（つまり、これを手に入れようとしてはダメ……、これを欲しがってはダメ……、もし私がこれをしたら、彼らを傷つけるだろうな……といった感情）が心の中に横たわっていると、何かをしたときだけでなく、何かをしなかったときにも、ひどく嫌な気分になってしまうでしょう。一方、愛が心の中に横たわっていると、世の中には可能性がいっぱい

詰まっているように感じられ、やりたいことをやるのに何かを犠牲にする必要はないと考えられるようになります。例えば、昇進のオファーを受けると同時に、子どもたちの発表会にも出席できますし、相手が遠くに住んでいたとしても、その人を深く愛せると思えるのです。

また、毎日のように電話をしなくたって、素晴らしい娘でいられます。今、こう書いているのは、私自身が両親との関係について色々と悩み、どうにかしようとしてきたからです。両親に会いたいと毎日のように思うのですが、遠く離れたところに住んでいるので、彼らにはなかなか会えません。それがつらいのです。今、私ができるのは、罪悪感を抱く代わりに、両親への感謝の気持ちを大切にし、彼らがどれだけ自分に対して愛情深く、協力的であるかをしっかり胸に刻むことだと考えています。それでも彼らを思い出し、会えない状況に罪の意識を覚えたときは、「そのことは今、考えない!」と自分に言い聞かせるのです。するとすぐに、気持ちを転換でき、自分にハイタッチをするときのポジティブな姿勢を取り戻せます。そして最後に心の中で「お母さん、お父さん、愛してるから」とつぶやくのです。

罪の意識を感じないの?

女性たちの多くが、これまでに何度も何度も私に尋ねてきた質問があります。

「頻繁に講演のための出張に出掛け、キャリアを積み重ねていくとなると、3人のお子さんと夫を家に残さないといけませんよね？　その際に抱く罪悪感にどう対処していますか？」

この問いに対する私の答えは実にシンプルです。

「罪悪感は抱きません。代わりに抱くのは感謝の気持ちです」

こう答えると、女性たちはいつも次の2つのうち、どちらかの反応を見せます。まず1つ目は、同意の意味で頷きながら笑うというもの。もう1つは、大きな衝撃を受けた顔をするというものです。

質問に即答したあと、私はさらに力強い言葉を継いでいきます。

「罪悪感を抱かないのは、そうしないと決めているからなんです」

出張中、子どもたちに会いたくなって、寂しくならないかって？　もちろんなります。移動中、孤独を感じて、「クリスが一緒にいてくれたらな」と思ったりもします。ただそれよりも、彼が私を支え、出張中に子どもたちと家で一緒にいてくれることに感謝の気持ちを強く抱くのです（彼は彼で、自分のビジネスである「ソウル・ディグリー・リトリート」をスタートさせた自分を私が支えていることに感謝しています）。

ずっとそうだったわけではありません

家を空けることが多くなってきたとき、私はいつも罪悪感を抱いていました。当時の私は、自分のキャリアと志について、今とはまったく正反対の考えを持っていたのです。まず、ホテルの部屋で目を覚ますと、ボストンの自宅で朝食を用意していない自分に罪悪感を抱きました。飛行機に乗るために急いで移動しながら、子どもたちとビデオ通話で会話するたびに、私の心は沈んでいったのです。子どもたちの「ママ、寂しいよ」という声を聞くと、涙を抑えることができませんでした。こうなるともう、自分は世界で最悪な母親のように感じました。もちろん、子どもたちと家にいたいといつも願うものの、生活していくためには私が働くしかなかったのです。

「自分は世界で最悪の母親（娘）である」と繰り返し考えていると、自分のRASはそれが正しいことであるのを裏付けるために全力で証拠探しを始めます。Facebookを開けば、家にいるか、働いていたとしてもボストンの会社に勤めている友人たちの投稿が目につくようになるのです。それらを見ていると、自分は完全に仲間たちの中で浮いている存在に思えてきました。

罪悪感は、ときに重苦しく、向き合うのが困難なものですが、悪い側面ばかりではありません。罪悪感には、2つの種類が存在します。1つは「生産的な罪悪感」、もう1つは「破壊的な罪悪感」です。罪悪感を生産的に利用できるようになると、自分の周りの世界とその中での自分の立ち位置について、とても深く気を配れるようになります。そうなるのは、自分の行動が他人にどのような影響を与えるかについての認識が高まるからです。人間関係を守ると同時に、自分に優しくなるように導き、変化のための動機を与えてくれるでしょう。

例えば、あなたが自分の兄弟の誕生日をいつも忘れてしまう場合、生産的な罪悪感として利用できます。その罪悪感を動機にして兄弟に謝罪をし、埋め合わせとして週末にお祝いをする計画を立てればいいのです。また、カレンダーに家族や友人たちの誕生日を記して、二度と忘れないようにします。活動家で詩人のマヤ・アンジェロウの有名な言葉を紹介しておきましょう。

「もっとよくわかるまで、最善を尽くしなさい。そしてよりわかったら、さらに最善を尽くしなさい」

ところが、私の場合、罪悪感を「最善を尽くす」ために使えませんでした。そうではなく、自分を痛めつけるハンマーのように使っていたのです。これが「破壊的な罪悪感」に当たり、心理学の世界ではこの種の罪悪感を「恥」と呼んだりします。

破壊的な罪悪感にとらわれると、「私の出張のスケジュールは、本当にひどい」と言う代わりに、「私はひどい」と考えるようになるのです。夫のクリスもレストランビジネスが暗礁に乗り上げたとき、これをやっていました。「ビジネスがうまくいかなくなった」と言う代わりに、「自分は失敗者だ」と決めつけていたのです。これをするメリットは、まったくありません。例えば、自分を「悪い人間だ」と言えば言うほど、RASはそれが真実であると裏付けるための証拠を自分に見せつけるようになるのです。

もしもあなたが罪悪感と戦っているのであれば、力のこもった次の質問に答えるようにしてください。

「この罪悪感は、自分をより良い方向に変えようとするための動機になっているだろうか？

それとも自分は、自分自身を貶めるためにこの罪悪感を利用しているのではないか？」

あなたは自分の人生をどのようにしたいですか？

私は自分自身に次の質問をよくしていました。

「あなたは自分の人生をどのようにしたいですか？」

この質問は、私の目を見開かせるものとなったのです。自分が何を求めているのかがわかっていると、それを手に入れるために自分に力を与えることができ、嫌な気分にもなりません。逆に自分が求めているものがわからないなら、この質問を自分にしてみてください。

「自分の人生で、こうなってほしくないと思うのはどんなパターンですか？」

私の場合、自分の夢を追い、さらに子どもたちと一緒にいたいという思いがありました。また娘たちには、世界中の人々に大きな影響を与える母親の姿を見せたいとも考えていたのです。そして息子には、彼の父親であるクリスがそうしているように、パートナーを支えながら自分の夢を追い続ける人生がどんなものか見てほしいと思いました。自分自身のことでは、出張を減らし、もっと家族のそばにいたいと考えていたのです。ただし、罪悪感はこれらの夢や願望を叶えてくれる手助けにはなりませんでした。

人生は二者択一で割り切れるものではありません

誰でも立派なキャリアを築きながら、同時に素晴らしい母親になることが可能です。より多くを求め、同時に自分の成功に感謝することもできるでしょう。幸せな結婚をし、同時に今よりも豊かな性生活を欲してもいいのです。また、精神的に落ち込んでいる一方で、人はフルマラソンを走ったりもします。私たちは1つの層でできているわけでなく、もっと複雑な生き物で、決して単純ではありません。そんな自分を罪悪感で打ちのめすのは止めましょう。それよりも、自分が求めているのは何かを見極め、求めているものを手に入れるために動き出し、その過程で自らにハイタッチをしながら前に進んでいってください。

1年間に100日も出張する必要はありません。必ずしも自宅の外で働かなくてはいけないこともないでしょう。子どもたちの生活の変化のすべての段階を見守り、年老いた両親との残りの年月を共に過ごしながら、彼らにできるだけ寄り添って暮らすことも十分可能なのです。罪悪感が自分の夢を追い求めるのを妨げているのであれば、それによって生じる自分自身への失望や痛みを黙って受け入れてしまうのではなく、まずはしっかりと現状に向き合ってください。自分に対して悪感情を抱いたところで、自らを変えることはできません。変えることができるのは、正直な気持ちになって自分が何を欲しているのか明確にし、必要なサポートを求める姿勢です。

多くを望みながらも、いざ行動を起こそうとするとどうしても自分の気持ちを抑えつけてしまう女性経営者たちに会うようになってから、私はそれに対処する方法についてよく考えるようになりました。そこで私は、罪悪感による苦しみをうまく利用できる簡単な習慣を思いつき、彼女たちに伝えるようになったのです。今から皆さんにもその習慣をお伝えしていきます。これはきっと、人生を変えることを妨げている破壊的な罪悪感を少しずつ取り除き、幸せになることを自分自身に許すための最も簡単で最善の方法になるでしょう。

まずは謝ることをやめましょう

破壊的な罪悪感を抱くとき、あなたは何度も「私が悪いからだ。ごめんなさい」とつぶやいているはずです。まずはこれを止めましょう。代わりに「ありがとう」と言ってみるのです。では、その理由を説明していきます。

理由① 「私が悪いからだ。ごめんなさい」という言葉は、不快感を引き起こすだけだから。

自分自身は謝っていないとしたら、友だちの中にいつも謝っている人はいませんか。私の大親友にも1人います。彼女はずっと罪悪感に悩まされてきました。そしていつも次のような言葉を口にするのです。

「わざわざ送ってくれるなんて、ごめんなさい」

「迷惑かけちゃって、ごめんなさい」

「こんなこと頼んじゃって、ごめんなさい」

「じゃましちゃって、ごめんなさい」

「私がヴィーガンじゃなかったら、私のためだけに特別なメニューを用意する必要なかったのにね。私、ナプキン食べてればいいんだよね。ごめんね」

これらの言葉に私はいつも困惑してきました。そしてある日、その理由がわかったのです。実はいつも謝っている人は、自分自身のことばかり考えていて、謝ることで安心感を得ようとしています。罪悪感の正体は、結局のところ、自分自身であると言っていいでしょう。自分が何か間違ったことをしている、もしくは相手を不快にさせていると勝手に思い込み、罪の意識を抱きます。それに対して謝罪し、相手からの〝許し〟を得ようとしているのです。

理由②　自分を助けてくれた人に「ありがとう」と言うことで、相手に自分の愛情と感謝の気持ちを伝えられるから。

実は私たちの誰もが、困っている人をサポートし、助けたいと思っています。もしもあなたが自分自身のことばかりを考えて謝罪を繰り返すことを止め、代わりに私たち全員が望む「ありがとう」という言葉を口にし始めたら、周囲の人たちは嬉しく思うはずです。ですから、次に母親がヴィーガン用の食事を作り、冷蔵庫にオートミルクを買いだめし、お気に入りのバラを買い、空港まで迎えに来てくれ、犬の世話をしてくれたときには、「やたらと手がかかって、ごめんなさい」と言うのは止めましょう。その代わりに「いつも思いやりを持ってサポートをしてくれてありがとう。感謝してるし、愛してる」と伝えてください。

理由③「ありがとう」と言うことで、自分の力を取り戻せるから。

感謝の気持ちを伝える行為は、相手に重きを置くだけでなく、さらにいい効果として、あなたに力を取り戻してくれるのです。そもそも自分には必要なものがあると認識していると、周囲の人たちはそれを感じ取ります。そして、その必要なものを手に入れるための手助けをしてくれるでしょう。このときに「ありがとう」と言って、感謝すればいいのです。これをやり始めると、その効果の大きさに驚き、何度も実践したいと思うでしょう。

謝るという行為は、「自分自身を良く思っていない」と相手に伝えているのと同じです。また、助けやサポートを求める行為は悪だという意識があり、謝ってしまうのでしょう。いいですか？　もしも次に何か悪いことをしてしまったら、単純に「悪いことをした」と言ってください。ただし、自分のためになることをしているのなら、それは悪でもなければ、謝る必要もないという認識を持つべきです。「ありがとう」という言葉によって、自分のために手を差し伸べ、助けてくれた人を褒め称えられるのです。そして、自分自身も称賛や助けを受ける価値のある人間として認めてあげてください。

私はクリスや子どもたちに「いつも家にいなくて、ごめんね」と言うのを止め、代わりに、次のように伝えるようにしました。

「いつも私に愛情を注ぎ、支えてくれて、ありがとう。そうしてくれるから、私は仕事ができる。自分の夢を追い求める私の助けになってくれて、いつも感謝してます」

さらに、仕事を通じてその日に起きた素晴らしい出来事を話し、彼らが私の仕事と決して無縁ではないと感じてもらえるようにしています。

理由④「ありがとう」という言葉は、ハイタッチをするのと同じだから。

「ありがとう」と言うとき、あなたは自分の人生で出会った人たちと称賛を分かち合っているのです。

自分の子どもたちに「ハイタッチの姿勢」を示せるメリットも

ところで、少しも悪びれる様子を見せず、自分の夢に向かって進む姿を私に見せてくれたのは誰だと思いますか？　実は、それは母でした。私は、母が自分の思いに従い、いかに自分の夢を追い続けたのかについて話すのが大好きです。私はこの話をまさに伝説的な物語だと思っています。

1981年の夏、母と親友のスージーは、ミシガン州マスキーゴンのダウンタウンに小売店を開くことにしました。開店準備のために資金が必要だったので、彼女たちは口座を持っている小さな地元の銀行を訪れ、1万ドルの個人融資を求めたのです。その時点で2人はすでに店舗の貸契約を結んでおり、さらにはシカゴのギフト展示会に行って商品を買い付けるという大きな計画を立て、とても興奮していました。また、銀行での面談では、融資担当のマネージャーが2人の財務諸表に目を通し、その後、融資を承認することに同意してくれたのです。しかし、「夫が署名するのなら」という条件がついていました。

それを知った母はすぐに、自分名義の口座を持っているだけでなく、すべての共同口座の署名人でもあり、住居の所有権にも自分の名前が載っている事実を伝え、十分な信用があると訴えます。ところが、それでもマネージャーは連帯保証人が必要であると言いました。それを聞いた母は、罪悪感の欠片も抱かないまま席を立ち、窓口まで行くと、母と父がその銀行に開設していたすべての口座を閉じるように告げ、別の銀行で融資を受けたのです。さすが、私のお母さん！

この話を思い出すたびに、どんなときでも自分自身への忠誠心を最も大切にしなければいけないと感じます。自らの忠誠心は、銀行や配偶者、子どもや両親に対してでなく、自分自身に向けられるべきなのです。自分を最優先させることをできるだけ早い段階から始めれば、周囲の人たちにもいち早く彼ら自身を優先順位のトップに据えるべきだと教えることができるでしょう。

私のRASは今、夢を追い求めることについて罪悪感を抱く必要がないことを示すために、あらゆる種類の証拠を見せてくれます。と同時に、クリスはクリスで罪悪感を抱くことなく、自分の夢を追い求めているのです。この状況を私は嬉しく思っています。私は今、「自分は悪い母親である」ということを示す証拠を探したりはしません。子どもたちは子どもたちで、私たち両親がやっているように、自分たちのゴールや夢を追い求めればいいのです。

私たちはしばしば、他人を助けることはとても気持ちがいいという事実を忘れてしまいます。自分を助け、支えてくれる人たちに感謝の気持ちを伝えることによって、私たちは彼らを称賛し、素晴らしい気分を感じさせてあげられるのです。自分自身と周囲の人たちに少しの愛を注ぎ、人生を謳歌しましょう。人々が感じたいと思っていることをそのまま感じさせてあげ、自分からは感謝の気持ちを伝えるのです。それによって罪悪感を捨て去り、ハイタッチがもたらすような楽しい気分に満ちた人生を送ってください。

チャプター10

明日から始めてみてはいかがですか？

失敗してしまうかもしれないと思ったとき、もしくは何かを始めるのが怖いと感じたとき、あなたは自分自身に次のような言葉を投げ掛けているのではないでしょうか。

「まだしっかりとした準備ができていない。タイミングが良くない。というか、タイミングは今なのかもしれないけど、完璧なタイミングとは言えそうにない。そうそう、これをするには、十分な時間が必要だし……。最低でも2時間取れないなら、今はやらないほうが良さそうだ」

「ひとまず、食器洗浄機から食器を取り出そうかな。それからちょっとだけ洗濯をして、机の上をきれいにして……。ああ、でもそれをする前に、ネイルの甘皮をきれいにして、おへそもきれいにしないと」

「午後になったら、絶対にやる。夜じゃない。でも、明日にしようかな。来週とか、来月でもいいか。来年かも。取り敢えず、もう1回、洗濯しようかな。眉毛のワックスもしないといけないし……」

こんな独り言が、しばしば私の頭の中に渦巻いたりします。おそらくあなたの頭でも似たような独り言が繰り返されたりするのではないでしょうか。

このあとに続くストーリーには、エドゥアルドという男性が登場します。私たちの多くがそうであるように、彼も大きな夢を胸に抱いています。しかし、彼はその夢に向かって行動することができません。私たちの多くがそうであるように、〝準備ができていない〟のです。エドゥアルドはずっと、頭の中のサークルをぐるぐる回り続けています。もしも私が彼の頭の中に潜り込めるとしたら（実のところ私は〝潜り込んだ〟のですが……）、おそらく次のような彼の声が聞こえてくるのでしょう。

「有名な俳優になりたいっていう自分の夢は、刺激的だし、素晴らしいと思う。でも、今は家賃を払わなければならないし……。何というか、今のこの仕事で結構いいお金を稼いでいるから、なかなか辞められないしね。やっぱり現実を見ないとダメでしょ？　だから、演技の世界に飛び込む絶好のタイミングが来たと感じるまでは、こうやってタクシーのウーバーの運転手を続けるつもりなんだ。この仕事をしていれば、もしかしたら有名なプロデューサーを乗せることになって、それがきっかけで自分の夢が叶うかもしれないし。そうだよ、本当にそうなったらすごいよね。『そうなったらすごい』っていうか、そうなってほしいんだよ。というか、絶対に夢を叶えたいんだ。でもさ、オレは今、自分の夢を追っていない……。生活費を稼がないといけないからね。でも、絶対に夢を叶えようとは思ってる。それにはひとまず待ってみることも必要だし。絶対に有名になってみせる。ただ、それは今ではないだけ。もしかしたら来月かな。来年かもね。何もやらないのは、別に怖いからってわけじゃない。単にいいタイミングだと思えないだけ。それにさ、家に帰ったら、すぐに片付けなきゃいけない洗濯の山があるしさあ……」

先延ばしと完璧主義は、最も残忍な〝夢殺し〟です。これらはハイタッチの精神とはまったく相容れません。これら2つは、時間を掛けてあなたの野心を窒息させていき、ある日、目が覚めると失望に包まれ、憤りを感じながら、「自分はまだ何も始めていない」ことに気づかされるのです。こうならないように、まずは1つはっきりとさせましょう。あなたは先延ばしをする人でもなければ、完璧主義者でもなく、考え過ぎてしまう人でもないのです。

「私は、彼の夢の実現のために彼以上に熱くなりました」

自分が先延ばししていたり、完璧を求めたりするのに気が付いたら、それは気持ちが少し麻痺しているのかもしれません。そのような場合は、麻痺状態からの脱却を図り、物理的な進展が起こるように仕向ける必要があります。もしかしたら、考えが空回りしているのかも……。私のケースで言うと、次にお話しするように、何年もの間、同じところを堂々巡りしていました。

その前に、先ほど触れたエドゥアルドの話から始めましょう。今から2年前のこと、テキサス州ダラスの空港に降り立った私は、移動のためにウーバーに乗りました。乗ってすぐ、ドライバーに挨拶をする間もなくスマホが鳴り出したので、私はその電話に応答したのです。その電話は、ソニー・ピクチャーズ テレビジョンの役員からのもので、話の内容は私のトーク番組をスタートさせる件についてでした。

電話が終わると、エドゥアルドは私に挨拶をし、こう言いました。

「あなたが僕の車に乗っているなんて、信じられません。お話ししたいと思ってたんです！」

するとそれを聞いて私はすぐに答えたのです。

「えっ、そうなの？　で、いったい何を話したいの？」

彼は話を続けます。

「あなたはとても素晴らしい女性です。だから、僕を助けてくれるんじゃないかと思って……」

「あら、『とても素晴らしい女性』だなんて、いいこと言ってくれるじゃない。私にできることなら、してあげましょう。どんな助けが必要なの？」

私がこう返すと、彼は語り始めました。

「実は、僕はアカデミー賞をもらえるような俳優になって、僕と同じように俳優になる夢を持っている貧困層の黒人やヒスパニック系の人たちにチャンスを作ってあげたいんです」

「それって、すごいことじゃない！」

そう言ったあと、私はすぐに頭に浮かんできたあからさまな質問をエドゥアルドに返したのです。

「でも、それだったらどうしてダラスなんかにいるの？　俳優になる夢を追いたいんなら、ニューヨークかロサンゼルスにいるべきじゃない？」

「確かにそうなんですけど……」

そう言って、彼は言葉を継げなくなります。

「ところであなた、今いくつ？」

私が尋ねると、「25歳です」という答えが返ってきました。

「オーケー。あのね、あなたには今、2つの選択肢があるわ。このままダラスに残り続けるか、自分の夢をより実現しやすい場所に引っ越すか。今、25歳なのよね。私の勝手な想像だけど、おそらくマイホームも持ってないし、結婚もしてないでしょう。つまり、50歳の私が背負っている一切の責任ってものがあなたにはまったくないってこと。わかる？ということは、あなたを縛り付けているものは何もない。私のことを降ろしたらね、仕事先に『2週間後に辞めます』って知らせて、そのあとすぐにニューヨークかロサンゼルスに引っ越すのよ」

私はそう伝えたのです。

「えっ、そんなあ……。今、700ドルしか貯金ないんですよ……」

エドゥアルドは弱気でした。

「700ドル？　上等じゃない。それだけあれば、目的地にたどり着けるでしょ。で、どうするの？　ニューヨークにする、それともロサンゼルス？」

少しの間、押し黙ったあと、彼は言いました。

「ロサンゼルスに1人、友だちがいるんです。彼女の旦那さんは、映画のセット用のグラフィックデザインをしてて……」

「何よそれ、とっかかりがあるんじゃないの。もう行くしかないでしょ。700ドル持ってロサンゼルスに行って、そこでまたウーバーかリフトのドライバーをやればいい。すぐにその友だちに電話して、『ロサンゼルスに引っ越すことにした。自分の夢を実現するのに、いつまでもグズグズなんかしていられないからね。で、お願いなんだけど、最初の2週間だけ居候させてくれないかな？　ソファーがあれば、寝床はそこで十分。2週間以内にその後のことはちゃんと決めるから』ってお願いするのよ。

最悪なシナリオは、何も実現できないままその700ドルを使い果たしてしまって、またここに戻ってきてドライバーをしてるって展開よね。で、それまで以上に夢の実現を渇望するようになりながらも、再びダラスにいるってパターンじゃない。やっぱり、トライしてみなきゃ。後悔ほど最悪なものってないのよ。もしもロサンゼルスに行かなかったら、それを一生後悔することになると思う」

私はこんなふうに一気に話したのです。

「わかりました。アドバイスはしっかりと受け取りました」

「本当は、『受け取りました』以上のものを感じてほしかったのよね。私が投げたボールを受け取ったら、すぐに走り出すくらいの衝撃をね……」

これを聞くと、エドゥアルドは笑っていました。その笑い声を耳にした瞬間、私は考え始めてしまったのです。

（どうして彼は笑っているの？　これって、笑うような話じゃないわ。悲し過ぎる。私は彼の夢のために彼以上に真剣になっているっていうのに……）

「何もしないこと」があなたを苦しめています

10年にわたってコーチングをしてきましたが、その経験から言えるのは、この世の中には2種類の人がいるということです。

「いつでも障害を見つけてしまう人」

「いつでもチャンスを見つけられる人」

ハイタッチの姿勢が身に付けられれば、当然ながら、後者のようなタイプの人に変われるでしょう。自分を行動的にし、いつでもどこでもチャンスを見つけられるようになるのです。そして、この姿勢がさらなるチャンスを生み出すでしょう。

私のような人物にとって、今回のように車の後部座席に座りながら、目の前にある現実の状況だけしか目に入ってこないエドゥアルドのような若者のためにチャンスを見出し、相手が戸惑うくらいのポジティブさで対応するというのは難しいことではありません。これはRASの〝魔法〟と言ってもいいでしょう。「700ドルと夢」というまったく同じものを見ているのに、私は「行動あるのみ」と感じる一方で、エドゥアルドのほうは「ダメだ。身動きが取れない」とあきらめの境地に陥っているのです。

その人物が自分の状況をどう感じ取っているのかがわかれば、口だけの人なのか、行動を起こす人なのかはすぐにわかります。決め手は、その人の信念の強さとかではなく、すべてはRASなのです。見えてくるのが「貯金が700ドルしかない」という「障害」なのか、それとも「居候させてくれるかもしれない友だちがロサンゼルスにいる」という「チャンス」なのか……どちらになるかですべてが決まります。

エドゥアルドとの会話でわかったのは、ハイタッチの姿勢を持っていたのは私であり、その一方で彼は、自分の夢の実現を妨げている障害についてしか語れなかったということでした。こうなった理由は、私のRASが目詰まりを起こしていなかったためです。エドゥアルドが彼の夢を語ってくれたとき、私は完全にハイタッチの姿勢を保っていました。ところがエドゥアルドは、過去に築き上げたくだらない言い訳を最後まで捨てられなかったのです。彼は長い間、「俳優にはなれない」と自分に言い聞かせてきたため、彼の脳は行動を起こせない理由を見つけるようにプログラムされていました。彼自身のマインドセットのせいで、彼の夢はもはや風前の灯火だったと言っていいでしょう。エドゥアルドに必要なのは、まさにハイタッチの習慣だったのです。

これは単に、カリフォルニアに引っ越すことに怖気づいた25歳のウーバードライバーとの1エピソードとして収まる話ではありません。私はこれまでに、数千人を相手にコーチングをし、自分のトーク番組では数百人と話をしてきました。また、オンラインコミュニティを通じて送られてきた数多のメッセージを読んでいます。

もしも今、エドゥアルドのRASが目詰まりを起こしている理由がわからずに、「なぜなんだろう」と自問しているのであれば、あなたのRASもエドゥアルドが抱えているのと同じ理由で目詰まりを起こしていると考えてください。

「考え過ぎ」と「先延ばし」は自分を傷つけるだけ

人生において、心の底から何かを求めるのは恐ろしい行為なのかもしれません。だから1日中、それが欲しいと考えているにもかかわらず、それに近づこうとせず、遠くて安全な場所から眺めているだけなのでしょう。それを熱心に見つめ、切望しているのに、第一歩を踏み出そうとしません。それをするには〝痛み〟を伴うからです。かつての私もそうでしたから、その気持ちはよくわかります。今現在の私は、胸を張りながら大きな声で話をし、誰の心にも言葉を届けられる自信があります。しかし、怖気づいたときにどのように行動を起こせばいいのかわからず、「遠くて安全な場所から眺めている」だけが精一杯だった時期が私の人生には何年間もあったのです。私が心の底で望むゴールを思い出すたびに痛みを覚える一方で、まさにエドゥアルドのように恐怖で縮み上がり、自らのゴールに向かって足を踏み出せない自分がいました。考え過ぎることと先延ばしにすることで、自分自身を守っているように感じるのですが、実は何もやらないことで自分を傷つけていただけなのです。

あなたには人生を変えるためのチャンスを掴む力があることを私は知っています。あなたが恐れているものは、カリフォルニアへの引越に比べれば、小さいかもしれません。例えば、子どもや年老いた親の世話のために仕事から5年間ほど離れ、どうにかひと段落したので再び働こうと考えているのに、5年間というブランクが恐怖となり、添え状や履歴書の作成をなかなか実行できないといったことかもしれません。人の心は変化を脅威と受け取るようにできています。そのため、チャンスを掴みに行くのが怖いのです。一度「考え過ぎ」という罠に陥ってしまうと、自分自身について気づきを得るのがとても難しくなります。

そんな罠から逃れるため、もう少しだけこの話について説明を続けましょう。誰であれ、今いるところにいる限り、そこが安全に感じるものです。エドゥアルドの話を読み進めながら、おそらくあなたもエドゥアルドがどうしてなかなか行動に移せないのか理解できるのではないでしょうか。他人の状況を理解するのは、とても簡単です。自分の愛する人が、自尊心や自己肯定感について問題を抱えているのがすぐにわかるのと似ています。厄介なのは、他人の状況はわかっても、自分の状況となるとさっぱりわからなくなってしまうことです。

あなたとエドゥアルドに必要なのは、今の状況を「ひっくり返す」こと

ここで1つ、皆さんにやってみてほしいことがあります。本を読むのを一瞬止めて、変えたいもの、挑戦したいもの、やりたいものについて考え、それを声に出して言ってみてください。

もしかしたら、それはかなり前に一度あきらめたもので、にもかかわらず、いまだに頭の片隅に残り続けているものかもしれません。私の父のケースで言うと、ボーイスカウトをしていた18歳のときから夢見てきて、まだ果たせていないアパラチア山脈の南北縦走が当てはまります。それとも、単に興味を持っている何か、もしくは理由はわからないのに惹かれてしまう何かという場合もあるでしょう。では、それらのものを求めて行動を起こすのを自分に許したことはありますか？　そうした機会を見つけるように自分のRASを鍛えていますか？　もしかしたら、ハート形の石を見つけようともしていないのでは……？　そうでしょ！　せっかく自分の意識を変える方法があるというのに……。

おそらくこれまでのあなたには、自分の夢を否定する癖があったのではないですか？　あなたの夢の実現は、自分が思っているほど難しくないのです。自分の夢を否定する癖な

んて、すぐに捨て去ってください。
それができるように、次のように考えてはいかがでしょうか。

あなたにしてほしい「ひっくり返し」の作業
現在の制限的な信念：今は自分の夢を叶えるタイミングではない。
ひっくり返した考え：実際に行動しさえすれば、絶対に実現できる。

ここから再びエドゥアルドの話を続けますが、それを読みながら自分の夢を心のど真ん中で明確に意識するようにしてください。いいですか、あなたがこの本を楽しむだけでは十分ではありません。それよりももっと深く、そして心に長く残る何かを提供したいと私は思っています。この本があなたの刺激となり、行動を起こすきっかけになってほしい。それが私の願いです。

エドゥアルドとの後半の会話の中で、私は、非常にシンプルな心のトリックを使ってできる「ハイタッチの姿勢」の取り入れ方を彼に伝えました。これは誰にでもできる簡単な方法なので、あなたも実行してみてください。

その方法とは、「期限を決める」という実に単純なものです。

期限の存在は、あなたを確実に真剣にさせます。ハイタッチの姿勢が優れている理由の1つは、自分自身を「さあ、やろう！　さっそく始めよう！」という気持ちにさせてくれるからです。その気持ちが夢の実現のために自分を駆り立ててくれます。鏡の中で自分自身を見つけ、「期限」を決めた瞬間から〝ゲーム〟は始まるのです。期限を設定すると、それまで心の奥底に潜んでいたゴールが表に引っ張り出され、いつでも見える状態に変わります。こうして自分の夢がより鮮明になると、自分自身の行動にも変化が現れてきます。

では、エドゥアルドとの後半の会話を始めましょう。

「オーケー。じゃあ、いつ引っ越すつもりなの？」

私はこう尋ねました。

「1年後、いや2年後かな」

エドゥアルドの答えが返ってきます。

「えっ⁉　1年も待つっていうの？」

ほぼ叫び声だったと言っていいでしょう。

「はい……」

「私、あなたがてっきり私のアドバイスを聞いてくれて、すぐに引っ越すとばかり思ってたのよ。それが1年後って……。何よそれ。どれだけバカげた話なの！」

「そんなにバカげていると思いますか……？」

エドゥアルドは聞き返してきます。

「そうよ、完全にどうかしてる。あなた25歳なのよね。何かを待つ必要ってある？　早くダラスから出て行きなさいって」

「でも、やっぱりお金のことが気になってしまうというか……。カリフォルニアって、物価が高いでしょ？」

相変わらず、煮え切りません。

「カリフォルニアの何を知ってるっていうの？　あなた、そこに住んだことないじゃない。友だちに電話して、聞いてみたら。実際に聞かないと、お金が実際に障害になるのかどうかもわからないでしょ。難しくも何ともないじゃない。電話して、『2週間だけ居候させてくれないか？　俳優になる夢を追ってみたいんだ。だけど今、貯金が700ドルしかない。だからすぐにアパートは借りられない。ソファーで寝るから、2週間だけお願いできないかな？』って話すだけ。そう説明したあとは、すぐに相手から答えが返ってくるでしょ。で、『いいよ』って言われたら、すぐに引っ越して、まずは仕事を見つける。そうやって少しずつ前に進んでいくだけ。これしか方法はないのよ」

私はエドゥアルドの反応を待ちました。

「はい。わかりました」

「わかった？　じゃあ、いつ引っ越すの？」

「できるだけ早く」

「『できるだけ早く』？　私の前で今、期限を決めて」

「えっ？　『いつ』って言えばいいのかな……」

エドゥアルドは戸惑っていました。

「特定の日にちを決める必要があるのよ。そうすればもう、余計なことを考えずに、とにかく夢に向かって行動できるから。だから、期限を決める。これはね、私のではなく、あなたの夢のことなのよ、エドゥアルド！」

彼は先ほどから何かを考えています。

「いい？　この瞬間も時は流れている。1日が過ぎるごとに、あなたはまた1日歳を取っていく。あなたの人生には、まだまだ多くのことが起きる。待ってる必要なんてないでしょ。今は9月の中旬。『10月の初めまでに引っ越す』って、自分自身に約束するの。3週間もあれば、準備はできるはず。あとは天に祈るしかない。今度、私がダラスにやって来て、もしも再びあなたのウーバーに乗ることがあったとしたら、あなたはもうかなりヤバい状況にまで堕ちてるってことだからね、わかった？　あなたは簡単にあきらめちゃうかもしれないけど、あなたの夢に関して言えば、私はあなたにあきらめさせるようなことはしないわ。10月初旬までにはどうにかしなさい、わかった？」

次はあなたの番です

あなた自身が今直面している問題は、もしかしたら〝絆創膏を傷口からはがす〟ようなもので、ただ単に思い切れないだけなのかもしれません。それとも、ハードルを上げ過ぎているため、一歩踏み出すことから自分を留めている可能性もあります。そんなときは、行動を起こすまでにほんの少しの時間を与え、自分自身を励ましてみてください。準備が整うように、毎日ちょっとした小さな行動を取ってみるのです。あなたが変えたいと思っている事柄を想像してみましょう。夫婦関係を改善してみたい、フィットネスジムに通い始めてみたい、転職したい、ずっと先延ばしにしてきた計画に取り掛かってみたい、自分の人生を改めて見つめ直してみたい……。様々なパターンがあるでしょう。

想像できたら、今度はそれを実際に始める期限を設定するのです。期限の設定は〝ゲーム開始〟の確実性を高め、それまでとは異なる焦点を持たせてくれ、行動のための準備を促します。

私の娘の1人は、不安感によって学校に行けなくなった時期がありましたが、期限を決めることで自分から恐怖を取り除き、再び学校に通えるようになりました。当時、彼女は次のようなことを話していたのを覚えています。

「長い間、学校に戻る決心がつかなかった。『考えを変えなきゃ』って、いつも自分を追い詰めていた。だけど、自分を追い詰める代わりに、少し先の期限を決めてみたの。そしたら、その期限が来るまでに、変わるためのルーティンを始める余裕が出てきたし、自分の中に一貫性も生まれた。それから自分が受ける授業についても整理できたの。そのおかげで、自分の現状に自信が持てる前にあわてて何かに飛びつくのではなく、自分にとって健康的な習慣を身に付けられるようになった。実際に学校に戻ってみると、心の動きや感じ方を変化させなくても、単に昨日までとは居場所が切り替わっただけだと思えた」

少し先に日にちを設定することで、自らが強くなっていくのを感じながら自分自身をコントロールできるのです。ここで重要なのは、行動に出るための助走を自分の力で行えること。目標に向かって毎日小さな一歩を踏み出しつつ、勢いを付けるための時間とスペースを自分に与えることができます。このようにして自分自身で目標達成のために進んでいけるのです。助走と期限までの時間の余裕を利用して、目標にたどり着くための小さな変化を日々起こしていきましょう。自分自身にハイタッチをする行為は、人生に勇気ある変化を起こすと決めた自分の選択を支える小さな変化の1つと捉えてください。

大きな変化を起こすのが怖くて逃げているのなら、まずは期限を決めてみましょう。私はいつも、今から3週間先に設定する方法をお勧めしています。それだけの余裕があれば、期限までに何をするかについてのミニ計画を十分立てられるからです。期限がやって来るまでに小さな変化を毎日起こし、いよいよその瞬間が近づいてきたら、あたかもジェット機が離陸するときのような力強さとスピードを蓄えておくようにします。

車を降りる前に、私は再度、3週間後の10月初旬にロサンゼルスに引っ越すつもりがあるかをエドゥアルドに確認しました。

「そうします」

彼はこう答えたのです。しかし、彼の言い方には含みがあり、それが私を苛立たせました。彼の心がそこにはないと感じたのです。そこで私はさらに言葉を継ぎました。

「私の夢の話をしているんじゃないってことは、わかってるでしょ？　あなたの夢なのよ。

なのに、それについて熱心に語り、戦おうとしているのが、どうしてあなたじゃなくて私なの？」

「はい、そのとおりです。僕の夢の話をしているのはわかっています。できます。やってみます」

彼の声は震えていました。何かが彼の中で響いたのでしょう。エドゥアルドは顔を拭いながら、涙が流れてくるのを押し留めていました。

「絶対にできるわよ。あとは決意して、やるだけだから。考えているだけの状態から脱して、実際に足を踏み出してみる。仮にカリフォルニアがダメだったとしても、ダラスでのこの仕事は消えないのよ。わかる？　カリフォルニアが好きになれなかったら、いつだって戻ってくればいいじゃない。気に入らなかったら、別のことをやればいい」

流れ落ちる涙

考え過ぎるのをやめたとき、涙が止まらなくなることはよくあります。目の前の障害を取り除き、インスピレーションや希望、夢が自分の心から自由に放たれるようになると、感情が一気に解放されるのを感じるのです。カタルシスと言えばいいのでしょうか。エドゥアルドの心の中でも、ほんの一瞬の間に同じことが起こり、それまで自分がすがり付いていた言い訳のすべてを消し去ったのです。曇りもなく、広く開け放たれた心とハイタッチの姿勢を手に入れたエドゥアルドは、カリフォルニアにいる自分をはっきりと想像できたと思います。懸命に働き、ソファーで眠り、オーディションを受けている自分の姿が頭の中に浮かび上がってきたはずです。その先もあきらめずに行動を続ければ、俳優として演じている自分、アカデミー賞を受賞している自分、そして、ずっと憧れてきた理想の自分にだってなれるのです。

頭に描いた夢を自分自身はどれだけ強く欲しているのか……。その思いを実感するのを自らに許したとき、あなたは猛烈な感覚に打たれるはずです。人によっては、熱波が体に押し寄せるのを感じるかもしれません。もしくは全身がチクチクする感じを覚える人もいるでしょう。周囲の騒音がすべて静まるのを感じる人もいるはずです。自分の夢は実現可能であり、自分自身に挑戦することを妨げているのは自分だと気づいた瞬間、エドゥアルドのように涙を止めることができなくなるかもしれません。先ほど、自分の夢について考え、それを声に出して言ってみてくださいとお願いしたのを覚えていますか？　では、ここで少し立ち止まり、自分がどれだけその夢を求めているのか感じてみてほしいのです。あなたはその夢を実現するにふさわしい人間だと思いますか？

「自分の人生をどのようにしたいのか？」

そう自問し、その人生をイメージしてみてください。その人生の実現に向けて、行動している自分を想像するのです。自分が欲する変化から目を逸らさず、しっかりと感じられるようになると、変化は確実に起こります。理想の人生を想像し、心がかき乱されるようなら、変化は可能であると自分に信じ込ませている証拠です。希望を見出し、チャンスは十分あると気づいたのです。

流れ落ちてくる涙は、気づきの結晶と言っていいでしょう。内に秘められていた自信が「あなたならできるよ。絶対にできる！」と訴えかけているのです。また、これまでに何度もあきらめてきた自分に正直に向き合う場面もあるかもしれません。そんな自分を変えるには、たった1つのことをするだけでいいのです。

「チャンスを逃さない」

これに尽きます。リスクを冒して自分に賭け、挑戦しなければなりません。それを実行したとき、まさにハイタッチの姿勢との合致が起こるのです。

「チャンスを掴むために、やってみよう」

こんな姿勢に変わっていくでしょう。

私はさらにエドゥアルドに言葉を掛けました。

「このままダラスにいて、考えているだけで何もしなければ、自分を失敗者だと思うだけだからね。そうなると、あなたは恐怖に負けたことになる。あなたは他人を車であちこちに移動させるためにこの世界に生を受けたわけじゃない。あなたは『俳優』。それはもうわかっているはず。運転手をしているのは、現時点でお金を稼ぐための手段だと思って。だからと言って、一気に舵を切らない。運転手と演技、両方やったらいいじゃないの。だけど、もしも演技のほうを怠れば、あなたはきっと自分は敗北したと思う。自分にとって大切な道から逸れてしまったと思う。そのせいで、きっと本当の自分から切り離されたと感じるわ。自分の夢を無視しただけでなく、心の中で疑念を持とうとしたんだから、当然よね。

毎日のように『もう1年待とう』って自分に言い聞かせるたびに、あなたの脳はそれを当然のことだと信じるようになって、チャンスを掴みに行こうとしなくなるの。そうなると、やらない理由ばっかり探し出し、気が付いたら『えっ、オレもう31歳かよ⁉』ってなる。そしてまた何もやらずに、『もう47歳だ』って。結局、その時になってもあなたはまだダラスにいる。それまで何年もの間、あなたはずっと自分が失敗者だと思い続けるの。だってそうでしょ。自分のしたことは、人生で最も欲しいものを手に入れることができない言い訳を考えてただけなんだから。このままダラスに自分を引き留めておくのではなく、ロサンゼルスへ向けて背中を押せるように自分を元気づける方法を手に入れたら、何が起きるか想像できる？

いい、エドゥアルド？　これからは障害ではなく、目の前にあるすべてのチャンスを見つけるための心のトレーニングをするといいわ。今日起きたことで、自分が今すぐにでもカリフォルニアに引っ越すべきだという根拠となった出来事の1つって、何だった？」

「たった今しているこの会話……」

これがエドゥアルドの答えでした。

チャンスはいつも目の前にある

今ここで、私が皆さんにお願いしたいのは、エドゥアルドと私のやり取りを自分の状況に置き換えて、深く考えてみることです。まずは障害を探すのをやめて、チャンスを見つけられるように心を鍛えていきます。ここまでは簡単でしょう。次にあなたがしなければならないのは、偶然の一致や何らかのサイン、形跡を書き留める作業です。私はまったく同じことをエドゥアルドにも伝えました。この作業は、すでに触れた「ハート形を探す」ゲームに基づいています。自分が望むものを手に入れるために、あなたの心に力になってもらうのです。

どういうことか説明しましょう。これまで車で長旅をしたことはありますか? 例えば、コロラド州のデンバーに車で向かう計画を立て、道路を走り出したときに、「デンバー400マイル」と書かれている標識を見たとします。その後、「325マイル」と書かれた標識を通り過ぎたとしましょう。さらにどんどん近づいてきて、「215マイル」地点にまでたどり着き、いよいよ残すところ「75マイル」に迫ります。これらの標識は、あなたが正しい道を走っていることを知らせ、進展を測るのに役立つものです。こうした標識は、生活の中でいつでもどこでも見つけることができます。標識は自分の周りの実に至るところにあり、目標までの距離をカウントダウンするのに役立つのです。

現時点では、あなたのRASは目の前に存在するあらゆるサインをブロックしているかもしれません。その場合、ノートを用意し、夢に近づく「サイン」を書き留めることで、RASを変化させ、より早く自信を築くことができるのです。

私がエドゥアルドに伝えたのは、次のようなことでした。

「ノートでも、ノートパッドでも、日記帳でもいいから、まずはそれを用意して。それをいつも携帯して、偶然の一致とか、何らかのサイン、形跡、もしくはカリフォルニアに引っ越すことを後押しするようなポジティブなサインを見つけたら、書き留めていってほしいのよ。この宇宙があなたにカリフォルニアへ行くよう促すヒントをあちこちに残してくれているゲームが始まったと思ってみて」

書き留めていくことで、どれだけ自分のゴールが重要なのかを心に刻めます

ポジティブなサインを書き留めていくと、いわゆるツァイガルニク効果を活性化させると言われています。この効果が活性化されると、心の中でチェックリストが作成され、心の門番がそこから目を逸らさないように監視してくれます。ゴールに到達しようとしている自分を勇気づけてくれる何らかのサインや根拠を見つけ、それらを書き留めていくたびにRASが鍛えられ、さらに再構築されていくのです。

すでに述べましたが、このトレーニングは、身の回りの至るところに存在するハート形

の物を探す習慣に基づいています。身の回りに散らばるハート形の物を探すように心に指示すると、精神的な柔軟性が生まれるのです。これは、自らの心を用いた良質の実験と言っていいでしょう。身の回りの物事の中から自分の夢に関係すると思われるすべてのサインを書き留めていくと、精神的な柔軟性と心のトレーニングの質は一段上のレベルに上がっていきます。

私はさらにエドゥアルドとの会話を続けました。

「じゃあ、教えて。いつ引っ越すの？」

「10月1日です」

エドゥアルドはそう答えます。

「素晴らしい。ようやく使命を担った男のようになってきた。しっかりと計画を立てて、10月1日には引っ越すこと。いい？」

「はい……」

ここで少し、考えてみたいと思います。ここまでの会話を読んできて、エドゥアルドが何をすべきなのかは、皆さんにはわかっているはずです。実際のところ、私と同様、エドゥアルドに向かって、「今すぐカリフォルニアに引っ越しなさい！　どうしてそれに気づかないの？」と叫びたくなったことでしょう。しかし、ここに重要なカギが潜んでいます。他人にとっては明白な事柄でも、時としてそれは、自分にとって最も認識するのが困難なケースがあるのです。バーに行くと、そこにいる女性たちの中で、一番醜いのは自分だと思ってしまう私の娘の話を覚えているでしょうか？　私や皆さんには「そんなことはない」と簡単に否定できるのに、心が完全にブロックされている彼女には、どうしてもそう思えないのです。自らが縛られている心のブロックに気づくのは、容易ではありません。

あなたが飛び立つための滑走路を築いてください

それではここからは、あなたの番です。自分のRASのトレーニングをさっそく始めましょう。現時点では、自分のRASは身の回りの障害にばかり目を向けているのではないでしょうか（時間がない、お金がない、どこから始めていいのかわからない、罪悪感を抱いている、心配ごとがある、未経験のことをやろうとしているなんて、人を欺いているのと同じじゃないか……などなど）。

これらの障害はすべて拭い去りましょう。まずは5日間、High5Challenge.comにアクセスし、私と一緒に鏡の前で自分自身にハイタッチを行うことに挑戦してください。すでにスタートさせた人も、もう一度一緒にやってみませんか。私があなたを応援しますので、自分のゴールをしっかりと意識しながらハイタッチをしてみてください。

次に必要なのは、期限を設定することです。今から3週間後、行動に出られる準備をします。スポーツジムに通い始める、セラピーを受ける、仕事を辞める、関係を終える、不動産会社に電話をしてアパートを探す、小説を書き始める、健康的な習慣を始めるなど、それぞれのゴールを目指していくのです。これから3週間は、飛び立つための滑走路を築く時間だと考え、準備を進めてください。毎日、自分にハイタッチをし、一歩一歩前に進みながら態勢を整えていきます。

途中で迷ったとき、電話ができる相手はいますか？　メールを送れる相手はいますか？　これまで避けてきたものに向き合う覚悟はできていますか？　助けやアドバイスを求められる相手はいますか？　もしも助けやアドバイスを求められる相手が誰もいないとき、参考にできる本やブログ、YouTubeなどはありますか？

そして最後に、ノートや日記帳などを用意して自らのRASのトレーニングを始め、サインや根拠を探しましょう。それぞれの行動による相乗効果を感じたら、この挑戦が自分にとって意味あるものだとわかるはずです。ゲームをしている気持ちを保ち、自分の夢の存在やその夢の実現を感じさせるサインを見つけたら、それらをすべて書き留めていきます。

サイン

再びエドゥアルドの話に戻りましょう。彼は、私たちの会話が何らかのサインであることに気づきました。そこで私は、彼にこう伝えたのです。

「エドゥアルド、いい？　あなたの夢の話をするとね、おそらく私は、あなたがどうにかコネクションを持ちたいと願っているタレントエージェントに最も近い存在だと思う。私は今、昼間のトーク番組を持っていて、ハリウッドで働いている人間だから。隠さずに本当のことを言うわね。あなたを見出してくれる人なんて、どこにもいないの。あなたは、いつかハリウッドのタレントエージェントをダラスの空港で車に乗せることになって、奇跡的にその人物が自分にチャンスをくれるという展開を期待していたでしょ。でも、そんなことは絶対に起きない。その代わり、何の因果かあなたは私に出くわし、お尻を散々ひっぱたかれた挙句、情け容赦のない真実を聞かされることになったってわけ。

車のハンドルにしがみついてシートに座っている限り、傷つくことはないと思っているかもしれない。でもそれは大きな間違い。毎朝、このダラスで目を覚まし、あなたはこの車に乗って、お客さんを目的地に連れていく。自分の夢のことを考えながらね。でも、そうしているうちにあなたの内面はゆっくりと死んでいく。あなたの魂は確実に窒息していくのよ。考えてばかりいて、待ってばかりいて、批判ばかりしている……。これがあなたを殺していくの。

ダラスからさっさと出ていかなかったら、あなたがどれだけいい演技をするかどうかなんて、何の意味も生み出さない。だからね、覚悟を決めて、カリフォルニアに行かなきゃダメ。どれだけあなたが面白い人であろうとも、いかに才能豊かな人であろうとも、この勝負に乗り出していくことを拒んでいたら、すべてがムダになってしまう。この勝負は、演技がどうのとかいうものじゃないのよ。まずは勝負をするのかどうかを決めなくちゃ。

そして、最初は負ける。そしたらまた勝負をする。そしてまた負ける。そしてまた勝負をする。その繰り返しなの。これが俳優になるための本当の道だと思って。この勝負に出られるのは、今しかない。だから行動して。どう、勝負したい?」

私は念を押すように尋ねました。

「はい、勝負したいです」

「素晴らしいわ」

「本当に勝負がしたい」

エドゥアルドはもう一度繰り返し、いきいきとした声で言葉を付け加えました。

「仕事を辞めると伝えて、ロサンゼルスに引っ越します」

「あのね、10年後にアカデミー賞を取ったとき、あなた私に感謝しなさいよ」

「もちろんです。えーとですね、僕ってちょっと異常なくらい、この手の会話を絶対に忘れないタイプの人間なんで」

「そうしてね。私も忘れないタイプの人間だからね」

数分後、目的地だった私のホテルに到着しました。そこで私は彼にハグをすると、頭を揺らし、手を振りながらロビーに入っていったのです。自らの夢を追うのを必死で引き留めていたのは、彼自身でした。そして、これと同じことを多くの人がしているのです。

今も忘れないこの会話をしたのは、2年前でした。これを読んだ人は、彼が本当に引っ越したのかどうか気になるはずです。彼は果たして行動に出たのか……。それは私にはわかりません。引っ越さなかったかもしれないし、引っ越したかもしれない。ただ、そこを今探っていっても仕方ありません。それよりも、この会話が教えてくれる大事な点は、私たちは日々、選択肢を与えられているという事実なのです。あなたは自分の夢に目を向けることも、それから目を背けることもできます。心に潜む願望を抑えつけ、「絶対に叶うわけがない」と自分に言い聞かせようとすれば、かなりのストレスを抱え込む結果になるでしょう。

この会話の重要な点は、自分の夢があなたを恐怖から引き離すのを許したときに初めて、自分にとって本当に大切なものは何なのかを見つけられるということなのです。追い求める価値のある夢はたくさんありますが、それをしっかりと掴める確率は高くありません。そうであってもいいのです。なぜなら、追い求める夢が何であれ、傷つくのを恐れて挑戦しなければ、残りの人生の間、ずっと後悔することになるからです。さらに私が苦労しながら学んだのは、夢を追い続ける勇気を持つことは、実際に夢を達成することよりもはるかに重要だという事実でした。自分の中に存在するものに敬意を払うために挑戦し続ける行為こそが尊いのです。

そうした理由から、エドゥアルドが実際にロサンゼルスに引っ越したのであれば、彼に何が起きようがさほど大きな問題ではありません。大切なのは、彼が自分自身を信じ、ロサンゼルスに引っ越したという事実なのです。彼は自分の能力を信じ、どこまでできるか挑戦する決心をした……。それだけで素晴らしいことではないでしょうか。彼は、自分自身を羽ばたかせ、リスクを取ることでのみ得られる勇気を手に入れたのです。

さて、ここから重要なのは、エドゥアルドの話に触れたあなたが今後どうするかです。あなた自身の中にも、〝カリフォルニアへの引っ越し〟に匹敵する「課題」が存在していませんか。私の課題を紹介すると、それは「ポッドキャストを始めること」になります。私自身、やりたいのに、なかなか足を踏み出せないこの課題を背負っていたからこそ、エドゥアルドの痛みが我が事のように感じられたのです。また、ポッドキャストを始めたら始めたで、考え過ぎてしまい、それまで私が羨ましがっていたポッドキャスターたちとの競合に怖気づいてしまうに違いないと思ったりもします。しかしこうなると、かごに閉じ込められた鳥のように、恐怖におののき、創造性を発揮できなくなってしまうのです。そんなときに自らを解放しようと思ったら、行動するしかありません。こうした心の揺れは、人生という名のゲームの中の流れの1つなのです。攻略するには、その中に飛び込み、ゲームに参加するしかありません。

「失敗」はあきらめた瞬間にやって来ます

実は、この会話が生まれたのは、エドゥアルドにカリフォルニアへ行く決心をさせるためではなかったと私は考えています。では、何のためだったのか……。もしかしたらそれは、誰の目にも明白であり、心の底から実感でき、自分事のようにも受け止められるエドゥアルドとの会話を通じて、この本を読んでいる人たちに残念さや憤りを感じてもらうためだったのかもしれません。また、エドゥアルドの頑固さや心に宿る恐怖心についてってもらい、誰もが抱える頑固さや恐怖心の存在に気づいてほしかったとも言えます。

もしもあなたが、私の代わりに後部座席に座っていたとしたら、エドゥアルドに対して怒り、じれったい思いにとらわれたでしょうか？　もうそうであるなら、恐怖心に打ちひしがれて、行動を起こせなくなっている自分について考え直してみてください。何もしないことも、それは1つの決断かもしれません。待つことも、確かに決断の1つでしょう。しかし、これらはどちらも間違った決断です。最も危険な決断は、何もしないことなのです。何かを始めて失敗したとしても、いつでもスタート地点に戻ってこられます。ある研究結果によれば、もしも何かに失敗した場合、次の挑戦では成功する確率が2倍にも跳ね上がるそうです（私が得た現在の成功は、まさにこれを証明しています）。

そう、あなたも〝エドゥアルド〟なのです。車を運転しているとき、シャワーを浴びているとき、机に座っているとき、この本を読んでいるとき、お皿を洗っているとき、犬の散歩をしているとき……。いつも考えている夢がありますよね？　まさにエドゥアルドのように、考えながら、完璧なタイミングだったり、誰かが自分を見つけ出してくれたり、許可を与えてくれたりするのを待っている。もしくは、すべての条件がそろうまで待っているのかもしれません。しかし、あなたの夢はそうした姿勢によって破壊されていくのです。

どんな期限を自分自身に設定しますか？

あなたは、今すぐに期限を決められますか？　これからの3週間で、自分が望んでいるものを掴み取るための行動に出られるように準備を始めてください。ノートや日記帳を用意して、何らかの意味が込められた兆しを見つけ、書き留めていけますか？　夢を実現させるまでのステップを視覚化できますか？

エドゥアルドは、私が彼の車に乗り合わせた偶然を何かの「予兆」だと感じました。では今度は、あなたが今この本を手にしているという事実を「目覚め」であると受け取り、人生が変わる「予兆」と捉えてみてください。そう考えた瞬間から、何かが実際に変わるのです。毎朝起きて、鏡の中の自分に向き合い、ハイタッチをするだけで前向きな姿勢はすぐに得られます。それさえもできないのならば、「あーあ」とため息をつき、堂々巡りをする日々がこれからも続くだけです。自分自身の人生の舵取りをし、自らを鼓舞しながら夢に向かって進んでいけるように願っています。

私は皆さんを信じています。夢を実現させる能力はすでに十分に備わっているのです。あとはすべてあなた次第。行動できない言い訳をしようと思えば、いくらでも列挙できるでしょう。どうしてもやる気が起きない、自分を信じられない……など。

しかし、行動しない限り、あなたの人生は少しも変わりません。反対に、絶えず行動を起こせば起こすほど、自分はただじっとしているだけで、何の価値もない人間とは違うという証拠が次から次へと見えてくるため、より早く自分を信じられるようになるのです。完璧なタイミング、完璧なプラン、完璧な一瞬なんてものは、存在しません。あるのは今。そしてあなたは「今」という瞬間にいるのです。時は今も刻まれています。車を運転しつつ、自分が望む人生について考えているだけなら、その夢はどんどん頭の片隅に追いやられていく一方です。しかも厄介なことに、夢に対するあなたの思いはいつまでも消えません。そしてその思いが、確実にあなたを悩ませ始めるでしょう。

自分の夢の実現に責任を持てるのは、あなただけです。代わりに叶えてくれる人はいつまで待っても現れません。ダラスでじっとしながら、俳優になるという夢について考えていたら、カリフォルニアからエージェントがやって来て、自分を探しだしてくれる……なんてことは絶対に起きないのです。ロンドンの自宅のソファーで寝そべっていたら、誰かがやって来て自分のために期限を設定してくれる……こんなことも起きません。

シドニーで自分のビジネスをスタートし、売り上げアップを期待しているうちに奇跡的にお客さんがやって来て、スキンケア商品を買ってくれるでしょうか？　買ってくれません。

もしも新しい将来を望むなら、それが手に入るように行動しましょう。どれだけ恐怖を感じようが、今すぐにスタートするのです。毎朝起きたら、鏡の中の自分にハイタッチをする。次に期限を設定し、動き出す。必要なのは、たったそれだけなのです。

チャプター11

だけど……私のこと好き？

集団に溶け込むのは、つらかったりしますよね。特に中学校に行くころから、多くの人が周りに溶け込むのに苦労するのではないでしょうか。実は、私も苦労した1人です。そこで提案があります。これからは、相手を気遣って彼らの内の1人になろうとせず、自分らしく振舞ってみませんか。

「私がこれをしたとしても、これを着たとしても、これを言ったとしても、私を嫌いになりませんか？」

こんなつまらない問い掛けをするのは止めましょう（実は、私がかつてボーイフレンドに対していつも考えていたのは、「私を好きになってもらうためには、何をしたらいい……？」ということだったのです）。

大人になったら、気にかけるのは自分の意見だけにすべきです。どこかで聞いたようなアドバイスかもしれませんが、周囲の人たちの承認を求めてしまう習慣から抜け出すのはとても難しいので、改めてお伝えしました。

私と似たようなところがあなたにもあるのなら、これまでにこんなやり取りをした経験はないでしょうか?

「モンスタートラックレース（アメリカでよく行われている大型のバギーがダートコースを走るレース）が好きかって? あ、ええ、もちろん好き……」

「皆がもう1杯飲むなら、私も飲むわ……」

「この会社の雰囲気だと、自分のヘアスタイルをもっと自然な感じにするのは、あと1、2カ月待ったほうがいいかも……」

「私自身が学生社交クラブなんて好きでもないのに、どうして他の学生を勧誘してるんだろう……」

「ブランド品のジーンズやスニーカー、ハンドバッグを持ってなかったら、ダサいよね……」

「あともう少しだけファンデーションを重ねて、ちょっとだけブロンザーを使ったら、友だちと似た感じになるかな……」

なぜ私たちは皆、不安になるのでしょうか？

学校に通い始めたその瞬間から、いかに周囲に溶け込めるかが私たちの人生の原動力になるなんて……。こうなったら、人生そのものを責めるしかないのかもしれませんね。単に社会性の問題というだけではなく、生き残れるかどうかの問題になってしまうのですから、本当にどうかしています。学校のカフェテリアで、ある特定のグループの同級生たちと同じテーブルに座ることを切望した経験は、誰にでもありますよね。もし自分がそのグループに入れたら、自分が十分に裕福だったら、もっと良い服を着ていたら、周りの皆にもっと似ていたら……。もしもサッカー選抜に入っていたら、ミュージカルの出演者に選ばれていたら、成績優秀者になっていたら……。もしももっと背が高かったら、肌が小麦色だったら、自分にもっと何かがあったら、自分にもっと何かがなかったら……。もしももっと賢い人間に生まれていたら、もっと運動神経が良かったら、絶対音感を持っていたら……、自分はもっとマシになれたのに。

こうして不自由な状況が始まっていくのです。あなたは、「自分が所属するグループ」と「自分が所属していないグループ」の間に線引きをし、その視点で世界を見るようになります。また、自分が所属するグループに溶け込むために、自分自身や自らの発言、感じ方を変え始めていくのです。

するといつしか、あなたは鏡に映る自分を受け入れるのを止め、自分に関するすべてのものを拒否し始めます。自分の歯は大きすぎる……。肌が荒れている……。背が低すぎる……。体が大きすぎる……。そばかすだらけだ……。髪が縮れすぎている……。こんなふうに感じるようになると、「自分自身でいるよりもグループの中に溶け込んでしまったほうがいい」という人生における最大のミスを犯すようになるのです。

私たちは皆、このミスを経験します。そうやって中学校生活を生き残っていくのです。残念ながら、このミスを避けることはできません。問題は、「自分自身でいるよりもグループの中に溶け込んでしまったほうがいい」という考え方を、高校に入ってからも、社会人になってからも、郊外に住むようになっても保持し続けてしまうことです。大人になってからもずっと、私たちは常に周囲に溶け込むことばかり考え、他の人たちと同じになったほうが楽だと自らに言い聞かせるようになります。就職し、昇進の階段を登り、家庭を持ち、犬を飼い、家を買って、子どもを作り、地元のサッカーチームに子どもたちを入団させる……。子どものころからの思考パターンは、大人になっても基本的には変わらず、何もかも周りに合わせた人生を過ごすようになっていくのです。

周りを見回し、自分がどこに溶け込めるかを探す習慣を続ける一方で、人生のどこかの段階で、自分にはまったく居場所がないと感じる経験をすることもあるでしょう。その経験が小さな傷となって蓄積すると、生きている感覚を奪っていくことさえもあります。母親が常に自分に批判的で、日々細かく干渉してくれれば、それが傷になるでしょう。演劇に興味があるのに、父親がスポーツや法律の世界に進むよう押し付けてくれば、それによっても傷を負います。その他、貧しい生活から生じる過酷なストレス、友だちグループからの執拗な陰口、オフィス内で唯一の黒人であることによって感じる周囲からの無意識的な差別、自分がいても意味がないと感じる職場に適応するために行う追従なども傷を刻んでいくのです。

これらの傷が浅かろうが、深くなろうが、あなたは「自分の本当の美しさや自分らしさを保つより、周囲から好かれたほうがいい」と考えてきたのではないでしょうか。実際のところ、自分であることにこだわって周りとの軋轢を生むよりも、溶け込んでしまったほうが自分にとって安全だったのかもしれません。自分には拠りどころがないと感じるとき、世界はやたらと大きく映ります。そうなると、自分がとても小さく思え、「自分の声」という世界中で一番大切なものを打ち消してしまうのです。

自己適応と不安の関係

本来の自分自身でいられないとき、私たちはどう振舞えばいいのかわからなくなるため、不安を感じます。常にその場の〝空気〟を読もうとし、何をして、何を言えばいいのか、自分では判断が付かなくなるのです。こうした状況は自分を追い詰め、すべての行動に疑問符を投げかけると同時に、思ったとおりに動けなくしてしまいます。

「さっきの文章、ちゃんと書けたかなあ……?」

「あのメール、本当に送るべきだったかなあ……?」

こうして自信をなくしていくのです。女性は特に、この種の不安に苛まれやすいと言えます。その理由は、女性はいつも何らかの役割を演じるように期待されているからです。いい娘、いい姉妹、いい女子学生、いい女子選手、いい女友だち、頼りになる女性従業員……。挙げていったら、キリがありません。幼いころから母親の機嫌を窺い、父親が怒っていないことを確認し、成長するにつれて今度は、身だしなみに気を遣い、教室での発言に注意し、パーティーに出掛けたときには可愛く見えるように神経を使うのです。子どものころは、周囲の人が自分を好きかどうかを気にしてもさほど不自然ではありません。ただし、成長していくうちに、周囲に溶け込み、道を踏み外さないようにするというプレッシャーが異様なくらい大きくなってしまうのです。

プロムの話になると、状況はもっとひどいことに……

私の2人の娘たちが高校生になると、彼女たちはプロム（学校で行われるダンスパーティー）に参加する年齢を迎えました。ところが、この伝統的なイベントについて、私は驚くと同時に、怒りを覚えてしまうのです。

男子生徒のパートナーがまだ決まっていないというのに、女子生徒たちはプロムの4、

5カ月前からFacebookでグループを作り、どんなドレスを買おうかと相談し始めたのです。誰かとドレスが被らないように、「私はこれにする！」と早々に宣言している生徒もいました。毎年行われる驚くべきこの儀式は、高校教育というシステムを通じ、「自分自身でいることは許されない」という子どもたちの考えを強化していくかのようです。そのせいで、「私はこれが着たい！」というドレスを着ることも許されません。こうして「物事には〝正しい方法〟があるんだよ」というメッセージが頭に刷り込まれていくのです。

「もしかしたら誰かのドレスと被ってしまうかも……」

こんな思いにとらわれると、もはや自分自身で判断することは難しいでしょう。

さらに良くないのは、もしも自分が〝正しい方法〟を無視し、好きなドレスを着ていった場合、学校全体が自分に牙をむくことです。しかも、それがどれだけ理不尽なのかを考える人もいません。

私の娘たちは、Facebookのグループ参加者たちがドレスを〝先約〟し始めたのを見て、自分たちや私に相当なプレッシャーをかけ、すぐにノードストローム（アメリカの有名デパート）に出掛けることを強いたのです。プロムというせっかくのイベントを、素敵な思い出、または高校時代の貴重な通過儀礼とする代わりに、デパート内の試着室では、不安に煽られた母娘間での叫び合いが繰り広げられました。娘の1人が気に入ったドレス（合計3着）をせっかく見つけたというのに、誰かがすでにそれと同じデザインのドレスを〝先約〟していると言うので、私は「違う色なんだから、いいじゃない！」と娘に反論したのです。

　ところが彼女は、「それでもダメなの。もしもこれを着ていったら、先輩たちが皆、怒り出すわ」と主張して、一歩も譲りませんでした。念のために言っておきますが、娘はまだこの時点で一緒にプロムに参加する相手さえ決めていません。ノードストロームで費やしたあの2時間は、3カ月間のセラピーコースで、私のアンガーマネジメントの脆弱性について娘が論じられるようになるのではないかと思うほどストレスに満ちたものでした。あのとき私は、プロムを直前に控えた娘が仲間内でどんな役回りを演じなくてはいけないのかを明白に理解していることを実感しました。彼女は自分が着たいと思ったドレスさえ選べず、仲間たちが決めたルールに従って自分のドレスを決めるしかなかったのです。

　プロム用のドレスにまつわる不安のすべては、完璧な役回りを演じなくてはならないというプレッシャーから生じていました。実のところ、不安はドレスについてだけに留まらず、メイクやヘアスタイル、マニキュア、日焼け具合、リムジンのレンタル、脱毛などにも及んでいたのです。

　こうなると、「自分自身であること」がどういうものなのかを私たちが知らないのは当然だと思えてきませんか。私たちは、場面によって様々な社会のルールに永遠に従うように教え込まれてきたのです。そして、それらのルールと本当の自分の間のギャップに不安が忍び込んできます。私の娘や彼女の友だちは、プロム用のドレスを見つけられるか不安だと言います。しかし、彼らにとって真の心配のタネは、このようにルールがたくさんある世界の中で「自分」を見つけられるかどうかなのです。

彼女たちが本気で考えるべきなのは、「友だちは私のドレス（ヘアスタイル、職業、決断）を気に入ってくれるかな？」ではなく、「私はこれを本当に好きだろうか？」という問い掛けでしょう。どうでもいいFacebookのグループページで誰かが先約したのと同じドレスをあえて着用する際に必要な勇気を想像してみてください。子どもたちはそれを、社会的な自殺に相当すると考えているのです。

自分にとってうまくいくことを堂々と行い、他の人たちには自分について好き勝手なことを言わせておく――。私はこれが、いい人生を送るための秘訣だと思っています。周囲の人が何を言おうが、そもそも自分には関係ありません。本当に重要なのは、「自分は自分のことが好きか？」なのです。

他人がどう思うかを気にせずにはいられない……

しかし、仮に「自分のことが好き」という態度を表明したら、うぬぼれが強いナルシストだと思われてしまうかもしれません。確かに、周囲の人たちの意見を気にする必要はあるでしょう。では、彼らの意見にいつも耳を傾けなければならないかというと、実際はそうではありません。あなたが人生を変えたいと思っているのなら、他の誰よりも自分の感情を尊重する方法を学ぶべきなのです。

また、人々が自分に対する感情を抱く余地を与えつつ、その一方で、彼らの感情を自分が深刻に受け取らないでやり過ごす方法も学んだほうがいいでしょう（もしもあなたが他人の感情に振り回されているようなら、チャプター9をもう一度読んでみてください）。自分自身に価値を見出せなくなったとき、人は周囲の人たちからの評価を気にするようになるため、これらの方法を事前に学んでおくことはとても大事です。

私自身も、かつては周りの目が気になって仕方ありませんでした。他者との関係を築く際は、いつも〝人間カメレオン〟になり、必要に応じて自分の姿をころころと変えていたのです。この傾向は恋愛関係になると特に顕著になりました。何かを好きでもないのに「好き」と言うだけでなく、それらが本当に好きかのようなふりをして、どうにか相手に合わせようとしていたのです（グレイトフル・デッドを〝好き〟って言っていた時期が懐かしい……）。本書の冒頭で、ハイタッチの習慣は、自分自身との関係を発展させると私は言いました。自分自身との関係は他者との関係を築く際の土台となるので、これを確立しておくことはとても重要なのです。自分自身との関係に安心感を抱いていれば、他者との人間関係で不安にはならないでしょう。また、上手に相手との境界線を引いてスペースを保ちつつ、必要なときには愛情やサポートを求められるはずです。

反対に自分自身との関係が良くないと他者との関係も不安定になり、その不安定さを相手とのやり取りの中に持ち込んでしまう可能性が高くなります。

あなたに伝えたい話があります

私がまだ30代だったころ、自己啓発にのめり込んだ時期があります。それは、初めてパッタイ（タイ料理の焼きそば）を試したときのように刺激的でした。いったい私は今までどれだけの物事を見過ごしてきたのかと思ったほどです。自己啓発の心地良さに味を占めてからは、クリスと私は、食べ放題でメニューを注文するかのように、あらゆる修練や研修プログラムに参加し、人生を変えるような様々な経験を求め歩きました。瞑想やヨガを行い、野外災害救命士の講習を受けるなどして、生産性とコミュニケーション力を向上させようとしました。胸に名札を付けた大勢の見知らぬ人たちとの数多くの体験を通して、私たちは自分たちの仲間を見つけ、自分自身やパートナー、そして自分たちが求める目的とのより深いつながりを見つけていったのです。

約20年前、オプラ・ウィンフリーの「リブ・ユア・ベスト・ライフ」ツアーの観客席に座っていたことは今でもよく覚えています。ディスクジョッキーがボストン・コンベンション&エキシビション・センターをダンス音楽で満たすと、私は立ち上がり、名札を付けた数千人の他の女性たちと踊りながら、周囲の人たちにハイタッチをしたのです。しばらくして着席すると、オプラのライフコーチであるマーサ・ベックが次のスピーカーとしてステージに現れました。当時の私は、彼女をまったく知りませんでした。それまでその名前を耳にしたこともなかったのです。ところが、彼女が話し始めた瞬間、その場の空気が静まり返りました。

このとき私は、「彼女と同じことをしてみたい」と自分自身につぶやいたのです。それが何を意味するのかもわからないのに、そう直感しました。今振り返ると、あの瞬間に私は「ライフコーチ」になると決意したのです。

その後、私が最初に取った行動の1つは、コーチングの訓練をしてくれる人を雇うことでした。そうして知り合ったのが、マサチューセッツ工科大学のスローン経営大学院で「ライフデザイン」のコースを教えていた兼任教授だったのです。私はすでに人生改善のためのセミナーを行う企業で週末にボランティアとして働いていました。しかし、いざ自分自身のビジネスとしてスタートさせるとなると、何から手を付ければいいのかさっぱりわかりませんでした。

日中の仕事を6カ月続けながら、コーチングのトレーニングを積み、週末にはセミナーのコースリーダーを務めるという生活を送っていると、兼任教授は私に「コーチングをする準備はすべて整った」と告げ、コーチング料を払ってくれる顧客を募ることを勧めてくれました。このとき私は、「資格証明書か何かをもらえないか」と彼女に頼んだのを覚えています。

「何て言うんでしょうか……。自分の資格を証明する免状みたいなものはありませんか?」

こう尋ねたのです。

すると彼女は間髪をいれずに、それまで私が耳にした言葉の中で最もライフコーチ的な完璧な答えを返してくれました。

「あなたにその資格がある事実を証明するのに、1枚の紙っぺらなんて何の意味も持たないわ、メル。あなたは怖がってるだけよ」

彼女がそう言ったとき、私は自分の中で不安が高まっていくのを感じました。

「あなたに課題を与えるわ。今から2週間で、3組の顧客を見つけなさい。もしも彼らのうち1組でも、『資格証明書』がないと契約できないと言ってきたら、私はすぐに文房具店に行って、証明書用紙を買い、あなたのために署名してあげる。いいメル？　あなたは人生改善のためのセミナーに何年も通い、トレーニングを積んできたのよ。数年にわたるコーチングの経験もあって、法律の学位も持っている。しかも危機管理カウンセラーとしてもトレーニングを受けてきた。もう十分、他の人をコーチングするだけの力を持っているわ。実際、もう何年も前から準備は整っていたの。でもスタートできなかったのは、怖がっていたから。あなたに資格証明書は必要ありません。今すぐスタートして、顧客を集めなさい」

彼女から受け取ったのは、それから15年後にまさに私がエドゥアルドに授けることになる叱咤激励でした。授かる側の立場としては、何を言われても耳が痛く、決して心地良いものではありません。しかも彼女の言っていることは、すべて正しかったのです。その時点で私はすでに数年にわたってトレーニングを行っていて、自分の夢を実現するために努力をしていました。

彼女から受け取った刺激は、その晩に参加したカクテルパーティーまで残り続けました。

「お仕事は何をしているんですか?」

参加者の1人にそう聞かれた私は、「ライフコーチをしています」と答えました。2001年のことであり、当時はまだ「コーチング」という言葉は一般に普及していませんでした。

「ライフコーチ? それっていったい何ですか?」

その反応を見て、私はすぐに固まってしまいます。こんなときに、「溶け込みたい」「どうか私を好きになって!」という、あの気持ちが人の心に忍び込んでくるのです。会話相手の頭の中で「ライフコーチ」という言葉が渦巻いている様子が容易に想像できました。

そしてこのとき、「恥ずかしいな」と感じたのです。私の首筋は熱くなり、頬が赤くなるのがわかりました。私が考えていたのは、「どうせ彼は、ライフコーチなんて自分の叔母世代が落ち着いた人生を送るようになってから就くような職業か、もしくは23歳の女性ルームメートが大学を卒業しても仕事がないときに就こうとする職業だと思っているんでしょ」というものでした。

もしも私が、兼任教授が文房具店で買ってきた証明書用紙で作ってくれた「ライフコーチ」としての免状をそのときに携えていたら、私はそれを引っ張り出して、彼の目の前に付き出していたはずです。ただし、それをしたところで私の恐怖は消え去らなかったと思います。私をトレーニングしてくれた兼任教授は正しかったのです。資格証明書があったとしても、何も変わらなかったでしょう。私は不安感に押しつぶされそうになり、取り乱しました。自分が不安に思っている対象が何であれ、もしくは最も恐れているものが何であれ、自らをしっかりと保てないと、それらの不安や恐怖はすべての会話、気まずい沈黙、もしくはメールでのやり取りに投影されてしまうのです。

あなたをジャッジしているのは自分自身です

自分自身についてネガティブな考えが頭に浮かんできたとき、周囲の人たちも自分に対してネガティブなことを思っていると考えてしまうかもしれません。私個人の話をすると、誰かが私を嫌いになったり、私のしていることを認めてくれなかったりすると、不安と恐怖を覚えます。しかし、自分が感じる不安とネガティブな独り言に関して言うと、これらはすべて自分の頭の中で生じ、繰り広げられているもので、外部からの関与は一切ないのです。それをわかっていてもネガティブな気分になってしまうとき、私はすぐに次のように自分に言い聞かせるようにしています。

「相手は私について考えているかもしれないけど、決してジャッジしようとはしていない。ジャッジしているのは自分のほうだ」

皆さんも、自分をジャッジしようとしていないでしょうか。自分で自分を非難しているだけなのに、周囲の人たちがそれをしていると勝手に思い込んでしまうのです。先ほど触れたカクテルパーティーでの会話を例にすると、私と会話をしていた相手が私をどう思っているのか、ライフコーチという職業についてどんな印象を持っているのか、私にはまったく想像もつきませんでした。その会話相手の表情を見て、「何かを考えている」と思ううちに徐々に不確かな気持ちになってきて、自分の不安や恐怖を自動的に相手に投影してしまっただけなのです。自分の身長が低すぎる、うるさすぎる、あまり魅力的ではない、イライラさせる、変な人だ、と思われるのが怖かったり、自分の職業がくだらないと受け取られるのを恐れたりし始めると、相手がそう考えていなくても、「きっとそう思っているに違いない」と信じ込んでしまいます。しかし事実を言うと、あなたのことをそこまで考えている人なんていません。彼らは彼らで自分のことを考えるだけで精一杯なのですから。もしかしたら相手が、私と同じように自分に不安を抱いている可能性だってあります。「ライフコーチという単語を知らないのは、もしかしたら自分だけ……」と思い、不安になっているのかもしれないのです。

そうは言いつつも、カクテルパーティーでのあの沈黙の瞬間、私が勝手に解釈したのは、彼が私を愚かな人間であると思い、さらには「ライフコーチ」なんて今まで聞いた中でも最もバカバカしいものだと感じているはずだということでした。「ライフコーチなんて、地に足の着いた職業に就けない人がやる仕事だろう」と彼が思っているに違いないと受け止めたのです。

もちろん今となっては、コーチングがバカげた仕事だなんて私は少しも考えていません。コーチングは、世界で最もカッコいい職業だと思っています。そもそも自分がそう信じられれば、十分ですよね？　しかし、当時の私にはそれだけでは十分ではなかったのです。私はさらに、相手に好かれることを欲しており、そのため会話の相手に迎合し、溶け込もうとしました。こういう姿勢でいると、自分をジャッジし始めて、「ああ、彼は私の仕事をバカバカしいと考えている……」と勝手に思い込むようになるのです。

でも結局のところ、私は間違っていました。彼はそんなことを少しも考えていませんでした。その証拠に、気まずい沈黙のあと、彼はこう尋ねてきたのです。

「真面目な話ですが、ライフコーチっていう言葉を今まで一度も耳にしたことがありません。何をなさるんですか？」

それを聞いて、私は「行き詰まったと感じている成功者たちのために働くのがライフコーチです」と説明しました。すると彼は言ったのです。

「そうですか。私もその1人かもしれません」

このとき、脇で聞いていた彼の奥さんが私たちの会話に加わってきました。

「コーチングしてもらうには、どのくらいの費用がかかりますか？　私の夫は、あなたのような人を必要としていると思うんです」

こうして彼は、私の最初の顧客となったのです。

この話はポジティブな結果に終わりました。しかし実際は、何度も周囲の人たちからライフコーチであることを揶揄され、冷笑されたりしたのです。女性だけの友人グループに自分が始めた職業について初めて話したとき、ある1人の友だちは私に言いました。「ライフコーチ？　一体誰がコーチングを受けにあなたのところにやって来るっていうのよ？」

これを聞いて驚いた私の表情を見た彼女は、たった今私に投げつけた乱暴な言葉を和らげようとしたようです。

「何て言うかさ、真面目な話、あなたはセラピストではないでしょ？　何をすればいいのか、どうやってわかるの？」

もっともな質問かもしれません。実際のところ、彼女がそんな質問をした意味もわかります。そもそもそれまで、私は人としての成長を遂げるという自らの目標にどれだけ情熱を注ぎ込んでいるのか、友人たちに話したことがありませんでした。そうしなかった理由は、批判されるのが怖かったからです。質問を投げ掛けた友だちは、ライフコーチになるために私が5年間にわたってトレーニングを積んできた事実を知りませんでした。そこで私は、トレーニングの内容やそれを始めた経緯について彼女に話をしました。そしてそれから数カ月が経ったころ、彼女の大学時代の友人という人物から「コーチングをしてほしい」という連絡をもらったのです。結局のところ、あのとき「ジャッジされている」と感じたのは私の勝手な思い込みで、彼女は単に質問していただけでした。その証拠に彼女は私を友だちに紹介してくれたのです。

より重要なのは自分自身の幸せ

自分がどんな変化を求めているのかがよりはっきりしてくると、次のような言葉を口にしたくなるでしょう。

「他人なんて、もうどうでもいい。仕事なんて辞めてやる！　私はライフコーチになりたいんだ。誰に遠慮するでもなく、気に入ったプロム用のドレスを着るんだ。自分にとってベストな人生を歩み、好きなことをしてやる！　世界なんて、クソくらえ！」

女友だちと交わした会話は、幸い、いい結果を私にもたらしてくれました。ただし、他人からの承認欲求は、友人たちに十分配慮したドレスを着たり、自分を証明するために免状を必要としたりすること以上の重みがあります。好かれたい、自分が下した判断を他人に認めてもらいたいという絶え間ない欲求は、自分自身と自分の人生をねじ曲げ、さらに仕事や交友関係、結婚生活を惨めなものにする危険性をはらんでいるのです。

あなたにしてほしい「ひっくり返し」の作業

現在の制限的な信念：他の人たちはどう思うだろう？

ひっくり返した考え：他の人たちがどう思おうが、私自身の幸せのほうが何よりも重要だ。

アイルランドから私にコンタクトをしてきたキャサリンという女性がいます。彼女は広告会社の役員として成功を収めていましたが、不幸せな結婚生活を送っていました。

「これまでずっと、『私はこうすべきなんだろうなあ』と思うことをしてきました。その考えに従って、アイルランドで一番の大学に通い、修士号を取るためにロンドンに行き、そして彼氏を見つけ、婚約したんです。しかし、私たちは一緒になるべきではありませんでした。それなのに結婚してしまったのは、『30歳までにやるべきことはすべてやらなくてはいけない』と考えていたからです」

キャサリンはそう告白してくれました。

彼女の結婚生活は、〝進むべき方向〟から急速に逸れていったと言います。それでも彼女はどうにかやり直そうと試み、6人の結婚カウンセラーに相談するなど様々な努力を重ねたそうです。彼女は自分たちの結婚生活を〝アイルランド式離婚〟と表現し、「夫はイギリスにいて、私はアイルランドの故郷に帰っている」状態だと説明しました。彼女によれば、アイルランドにいる彼女の友人たちの中で離婚をしている人は1人もいないそうです。それでも彼女は離婚したいと願っていましたが、友人たちは彼女の決断をよく思わないだろうと考えると、どうしても離婚に踏み切れないと言います。キャサリンが離婚について母親に相談すると、母親はこう言ったそうです。

「子どもたちはどうするのよ？　かわいそうじゃない」

（お母さん、至極真っ当なご意見をありがとう……）

彼女はそう思うしかありません。母親の言葉は彼女の心に突き刺さり、離婚を踏みとどまったまま2年の歳月が過ぎていきました。

心の中に懸念があると、人は必ず不安になるものです。こうした懸念は、主に次の2つの要素から生じます。1つ目は、周囲の人を不快にさせないことが自分の行動規範になっている場合です。どう行動すればいいのか自己判断できなくなり、それが懸念となっていきます。2つ目は、自分の気持ちに正直ではないと心の奥底で理解している場合です。自分に嘘をついて生きていると、真実が明らかになったときに膨大な罰を受けなくてはいけないという考えが浮かぶため、不安が生じます。毎日目が覚めると、その瞬間から、いい娘、いい妻、勤勉な社員を演じてなくてはいけない……。そう自分に言い聞かせる一方で、そんな自分の人生を毛嫌いしているとしたら、ハイタッチの姿勢に満ちた人生とは言えません。きつい言い方をすると、地獄のような人生だと思います。

おそらく、彼女の母親や彼女の友人たち、またカトリック教会、アイルランドという国が、「キャサリンがどういう人間であるべきか」について意見を押し付けてくるのでしょう。それらの意見を発した人たちは、彼女に幸せになってもらうよりも、彼女が結婚した状態であることに心地良さを感じているのです。結局、彼女は6年にもわたって離婚を望んでいましたが、それができずに惨めな結婚生活を送り続けました。他人からの承認が得られないせいで、彼女は嘘の人生を生きざるをえませんでした。

真実の瞬間

「ある晩、ベッドに横たわりながら、私はあることを思いついたんです。夜中に刺すような痛みに悩まされているのは、私が勝手にストレスをため込んでいるからであって、私が耳にしたくない意見を投げつけてくる人たちのせいじゃないって。だって彼らは、私を夜の闇の中に閉じ込めようなんて思ってもいないのだから。同時に彼らは私を助けてくれもしない。だったら、どうして彼らの意見を恐れる必要があるんだろうって」

キャサリンはこう話してくれました。

翌日、彼女が夫と一緒にセラピーに出掛けると、セラピストは「今から2年後のあなたたち2人の人生を考えてみてください」と言ったそうです。セラピストは2人を部屋の両端に離し、1人になったキャサリンに「これが離婚したときの状態ですよ」と伝えました。するとキャサリンは、離婚したら母親や友だちがどう思うだろうと考え、泣き出してしまったと言います。

その後、セラピストはキャサリンに部屋の反対側にいる夫のすぐ隣に寄り添うように伝えました。そしてこう言ったそうです。

「今から2年後、自分たちがまだ夫婦のままだと想像してみてください」

このときキャサリンは自分が何を望んでいるのかを考えました。夫とこれから2年先まで一緒にいたいだろうか……？　そう自問した途端、彼女はヒステリックに泣き始めてしまったのです。そしてすぐにその場で、彼女は夫に離婚を求めました。

あなたが自分や自分の人生を優先させようとした際には、自分の母親や子どもたち、友人、所属する教会だけでなく、自分の国にも嫌な思いをさせるかもしれません。事実、自分にとって正しいことをするのは、最初のうちは困難が付きまとうものなのです。眉をひそめられたり、噂話をされたりするかもしれません。しかし、それが何だというのでしょうか。今の自分の人生はつらく、きっと人はすでに自分について噂話をしているのです。そして今、あなたは幸せではない。そんな中、あなたがすぐにでも手放す必要があるものは、他者の意見の重圧や自分を惨めにする仕事、自分に重くのしかかってくるだけの人間関係なのです。これらを手放すことで、あなたは確実に自由や幸せを実感できます。それだけでなく、自分を第一に考えているという揺るぎない自信が生まれるでしょう。

キャサリンの話を聞いて、「ああ、そうなのかあ……」と自分の人生に重ねられる側面があるのなら、自分を優先するタイミングを知る簡単な方法をご紹介します。もしもあなたが、パートナーや友人、自分のライフスタイル、仕事、現状に関して、ハイタッチをするようなポジティブな気持ちになれないのだとしたら、それが自分を優先させるべきタイミングであり、変化を起こすときなのです。

折に触れて、パートナーや友人、自分のライフスタイル、仕事、現状などに対して「ハイタッチしたい気分？」と自分に尋ねてみてください。もしも答えが「ノー」なら、それらの状況を変えるために力を注ぎましょう。もしくは、新たなものに目を向けるためにそれらを手放す選択を考えてみてください。

たった1つの変化が限りない可能性を呼び起こします

離婚をしてからというもの、キャサリンの人生はすべてにおいて状況が好転していきました。とても素晴らしい新たな仕事に恵まれただけでなく、家の購入を叶えたのです。

「2年前、私がどうにかベッドから起き上がれたのは、子どもたちに食事をさせて、着替えさせ、学校に送っていかなくてはならないからでした。でも今は、自分のために起き上がっています。毎朝起きると、ランニングマシーンに乗るんです。今はまだ、自分自身を第一に考える方法を学んでいるところですけど。過去を振り返ってみると、『どうしてもっと早くそうしなかったんだろう』って不思議に思います」

彼女は私にそう話してくれました。

キャサリンがもっと早く決断できなかったのは、自分を最優先させる術を知らなかったからです。このチャプターの冒頭でお伝えしたとおり、周囲に溶け込みたいという欲求や承認されたいという欲求は心の奥深くに根付いているため、それがどれほど自分の日常生活をコントロールしているのか気づくのはそう簡単ではありません。

ただし、変化はいつも些細なものから始まります。毎朝起きて、鏡に映る自分にハイタッチをするといった小さな行動が、変化をもたらしてくれるのです。自分自身の捉え方、向き合い方を変えることができたとき、あなたは自分の将来に関する新たな可能性が目の前に広がっているのを発見するでしょう。その変化を起こすには、まずは自分自身を応援し、自分を第一に考えることです。それが自分の人生のすべての局面で雪だるま式にポジティブな効果をもたらします。

「私はやっと、自分自身が自らの人生の舵取り人だと感じられたのです」

キャサリンが最後に綴った言葉には、私たち全員が共有すべき思いが記されていました。

チャプター12

どうして私はすべてをめちゃくちゃにしてしまうの?

聞いてがっかりするかもしれませんが、人生はあなたに試練を与えるものなのです。自分の人生を変えようとしているとき、目標を達成しようとしているとき、もしくは夢を追いかけているとき、必ずあなたは障害にぶつかるでしょう。残念ながら、それから逃れることはできません。入試に落ち、夢の仕事から解雇され、さもなくば病気になる……。自分のビジネスアイデアを誰かに打ち明けたり、売ろうとしている商品を紹介したり、書き溜めた原稿を見せたりすると、数え切れないほどの否定的な意見が返ってくる……。もしくは、選挙に落選するなんてこともあるかもしれません。自分の例を紹介すると、最初の書籍を出そうとしたとき、私は何度も何度もミスを繰り返しています。

あのとき、私はネガティブな考えと感情が渦巻く死のスパイラルにとらわれ、空に両手を投げ出して降参したくなりました。

「何もかもが思いどおりに運ばない……。何かが起きるって、わかってたのに……。どうしてこれを続けないといけないの……? 失敗しかけているよね? うまくいっていない……。私には複雑過ぎる……。間違ったやり方をしてしまった……。『できる』なんて思った私が愚かだったんだわ……。私はいつも巨岩を山に押し上げようとしているみたい……。数学の先生、幼稚園の先生、ピアノの先生、陸上部のコーチ、お父さん、彼らは全員正しかった。私は何ひとつものにできないのよ……」

十分わかった、もうやめる

失敗の瞬間にどう対応するか……。それが勝者と敗者を分けると言っていいでしょう。辛辣になるつもりはありませんが、それが事実なのです。詳しくはのちほど触れますが、ひとまずはこの事実を受け入れ、「失敗はいい兆候以外の何物でもない」と考えるようにしましょう。もしもあなたが何かに失敗してしまったら、「私は正しいことをしているに違いない」と捉えるのです。これについては、どうか私を信じてください。失敗に関しては、1つか、2つ、私には自信を持ってお伝えできるアドバイスがあります(実際の私の失敗についてはチャプター14で語っています)。何もかもがうまくいっていないとき、どう感じるかについても私はよく知っています。なぜなら、私自身がそんな境遇に陥った過去があるのですから。

2017年に私が『5秒ルール』を書き始めたときは、とにかく悲惨な状況でした。初の書籍だったので、とにかくいい本にしたい……。これが私の思いだったのです。私は6カ月という時間をかけてベストセラー作家がしていることを研究し、さらにはマーケティングキャンペーンを綿密に計画しました。発売前のキャンペーンを行い、ランディングページを作り、SNSでの宣伝に力を入れたのです。そしていよいよ発売当日がやってきました。ニュースレターの登録者にオンラインで本を買ってもらえるようにメールでURLを送ったところ、驚いたことに数千人の方たちが実際に本を購入してくれたのです。しかも、そのメールを送ってから数時間後、「メル。アマゾンの表示が『在庫切れ』になってますよ」という返信が届き始めました。あのときは、本当に興奮したのを今でも覚えています。ほんの数分で在庫を売り切ってしまったのだと思ったのです。それは私にとって、「大それた夢の実現」以上の意味がありました。

ところが、在庫切れの苦情を伝えるメールが次から次へと届くうちに、ニュースレターの登録者数は在庫を売り切るほどの多さではないと気付くのです。そこでようやく何かがおかしいと思い始めました。あとで知ったのですが、あまり知られていない商品に注文が殺到したとき、アマゾン側はそれらの注文が本物なのか、ボットが大量注文しているのではないかを確認するために、その商品を自動的に〝在庫切れ〟にしてしまうケースがあるそうなのです。このシステムは私にとって痛手となりました。在庫切れになっている間、本を売ることができなかったのです。この状態はあろうことか発売後2週間も続きました。

読者が買いたくても、買うことができなかったのです。

ベストセラー作家になるのは、私の長年の夢でした。私のビジョンボード（自分の夢や願望を表した写真や文字などがコラージュされたボード）には、「ナンバー1・ニューヨークタイムズ・ベストセラー」や「出版における驚異現象」といった文字が切り抜かれ、貼られていたのです。また、自費出版を選んだため、出版界における〝破壊者〟と呼ばれ、雑誌に取り上げられる自分の姿を想像していました。ところが、私は単なる世間知らずでした。自費出版の場合、いかなるベストセラーリストからも相手にされないという現実を私はまったく知らなかったのです。しかも、自費出版の本は、リアル書店の棚に置かれることはほとんどありません。こうして私は現実的な障害に直面するのですが、実際に私を押しつぶし、焼き尽くしたのは、私自身のマインドセットでした。

このとき私は、自分自身をネガティブな考えで攻めまくったのです。

「どれだけ私は大バカなの？　すべてをめちゃくちゃにしたのよ。アマゾンのシステムが元に戻ったころには、誰もこの本を買おうとしないはず。どうして私はいつも物事を難しくしてしまうんだろう……？　最初から出版社とやり取りしていればよかったのに。どうしていつも私はうまくできないんだろう？」

私は精神的に急降下するような状態でした。似たような経験をしたことがある人もきっといるでしょう。すべての希望と夢がかなったと思ったのにもかかわらず、実際にはそうではないとわかったのです。あの瞬間はまさに、誰かが自分の志望校に入学したり、レギュラーの座を獲得したり、自分を差し置いて昇進していったりするのを見ているかのようでした。他の人たちが、それらに値しないと言いたいのではありません。しかし、あの瞬間を自分自身を痛めつけるための材料とするのは実に容易いことでした。そして実際に、私は自分自身を痛めつけていたのです。

トム・ビリューとストレス性の下痢

私は打ちのめされた気持ちになりました。しかし、そのまま倒れてしまうわけにはいきませんでした。出版キャンペーンとして、イベントやポッドキャストのインタビューなどをセッティングするのに力を注いでいたからです。そのため、それらの予定を消化していく必要がありました。私は、自分で自分を引っ張り上げ、どうにか立ち上がったのです。

そして自分が聞きたいと思った言葉を自らに投げ掛けました。

「メル、こんなに頑張ったのだから、報われないはずがない。今は何も見えないかもしれないけど、何か素晴らしいことが起きているって信じなきゃダメ」

そう言い聞かせて、状況を反転させていったのです。

あなたにしてほしい「ひっくり返し」の作業

現在の制限的な信念：私は何をやってもうまくできない。

ひっくり返した考え：今は見えない素晴らしい何かが起きている。だからやり続けるしかない。フンの臭いがしてきたら、それは近くにポニーがいる証拠。

人生は時に最悪な様相を呈します。いくら頑張っても流れをつかめないと思うこともあるでしょう。それでも私たちは前を向いて進むしかないのです。

「今は何も見えないかもしれないけど、何か素晴らしいことが起きているって信じなきゃダメ」

この言葉を、ハーフタイムのベンチ裏のロッカールームでマントラとして自分に言い聞かせるしかありません。思いっきり泣き、涙を拭い、自分が望むもののために戦い続けましょう。あきらめると決めたときは、自分を見捨てたときだと思ってください。何かいいことが起きそうだと自分に囁き、前進するしかないのです。初めての本を出したときの私は、まさにそうしていました。精神的なハイタッチを自らに向けてし続けていたのです。

来る日も来る日も、自分の頑張りはいつか報われると思うようにしていました。今は見えないけれど、私のために何かが用意されていると信じることにしたのです。求められていたのは、忍耐強く、粘り続けることでした。そうすれば、何かが明らかになるだろうと思うようにしました。このハイタッチの姿勢を保てば保つほど、「何かが用意されている」という確信は強くなっていったのです。

出版から2週間が経ち、ロサンゼルスでトム・ビリューのYouTubeチャンネル「インパクト・セオリー」への出演が決まります。このとき私は、「彼のインタビューにうまく答えなくては」と意気込んでいました。そのインタビューが数百万にもおよぶ彼のファンに公開されるころには、私の本は〝在庫切れ〟状態から脱していることでしょう。となれば、興奮して当たり前ですし、トムが自分のチャンネルに私を呼んでくれた好意に感謝すべきでした。

ところが、私にはそう思うことができませんでした。緊張のあまり、ストレス性の下痢に襲われそうだったのです。これまでと同様、何もかもが悪い方向に行きそうだ……。そう考え始めていました。このネガティブループに陥らないためにも、鷹のように目を光らせて、自分の心を監視しなくてはなりません。1つの物事に懸念を抱かせるのを許してしまうと、あとは芋づる式に次から次へと懸念が積み重なっていきます。ほんの少しの糸くずでも、積もれば目詰まりを起こすのです。

トムとのインタビューは、3年を費やした私の仕事上の最大の失敗から自らを救い出す絶好のチャンスでした。しかし、そのチャンスをものにできる可能性は、ひどく低いように感じられたのです。出演前、私はバスルームを使わせてもらいました。バスルームの鏡の前に立つと、私の真っ赤なシャツの脇の下の辺りがすでに冷や汗で濡れ、シミができているのがわかります。それを見て、私は無性に恥ずかしくなりました。ストレスで顔は赤くなり、まるでサルのお尻のようです。ファンデーションを塗って隠そうとしても、隠し通せそうにありません。

その当時、すでにハイタッチの効果を知っていれば、鏡の前ですぐにそれをしたでしょう。しかし、そのときはまだ、ストレス体質を抱えながら必死に頑張っていました。そのうちに、カメラの前で凍りつき、何を言うべきかを忘れ、そんな自分を嘲笑う自分を想像し始めます。一方、脇の下の汗をトイレットペーパーで拭き取りますが、大した効果はありません。消防車のように真っ赤になった頬をただの赤ら顔に戻すため、冷水を顔にかけましたが、これも効果はありませんでした。どうにか見られる格好にするための私の虚しい試みは、ドアをノックする音で中断を余儀なくされました。

「メル、皆さん、準備ができていますよ」

そこで、世界トップレベルのスピーカーがするのと同じように、私は鏡に映った自分を見て、もう一度深呼吸し、「気を引き締めて、メル」とつぶやいたのです。最後に再び深く息を吐き、「5、4、3、2、1」とカウントして、ドアを開けました。

ドアの向こうでは、クリップボードを持った制作チームのスタッフが待っています。私は彼女に従い、トムの美しい家の中を歩き、撮影のためにリビングルームに設けられたセットに入って行ったのです。トムと彼の妻であるリサは、とても温和で親切でした。私はすぐに彼らを好きになります。私は、彼らも自分を好きになってほしいと切実に願いました。

「深く息をして、メル。深呼吸するのよ」

そう自分に言い聞かせます。

撮影がスタートする前、リサが私に尋ねました。

「本の調子はどう？」

一瞬、嘘をついてしまいそうになりましたが、私はその衝動をこらえ、微笑みながら本当の状況を伝えたのです。

「想像していたよりも大変です。だから、この機会をいただけて感謝しています」

そしていよいよトムが、冒頭の挨拶を始めました。彼はチャンネルを視聴している何百万ものファンに向かって語り掛け、緊張をさらに高めるような言葉を使いながら私を紹介します。

「今日のテーマはモチベーションです。モチベーションの達人と言ったら、やはりこの人でしょう。メル・ロビンズ、ようこそいらしてくれました」

モチベーションについて触れ始めた彼は、「ジムでのエクササイズで最後の5分間に室内バイクのインストラクターがもっと速くペダルを漕ぐように叫ぶと、モチベーションは急上昇する」と話しました。さらには、「高校の部活の顧問がハーフタイム中のロッカールームで映画みたいな檄を飛ばしたときに生徒たちが感じるのがモチベーションだ」とも言ったのです。

「泣くのはやめろ！　何なんだ、あの無様な動きは？　おまえら、気合を入れ直して、勝ちをもぎ取りに行くんだ！　いいな！」

続けて、「後ろ髪が逆立ち、人生が変わってしまうほど感動的な説教を教会で聞いたときに湧き上がってくるのがモチベーションだ」とも話します。モチベーションは、ボディービルダーたちが朝食に食べるようなもの……。カーダシアン・ファミリーがベッドから飛び起きるときにおそらく感じるもの……。

じゃあ、収録前にトイレにこもっていた私を引っ張り出してくれたのもモチベーションだって言うの？　あれは単に私が力を振り絞っただけなのに……。

トムが私を〝モチベーションの達人〟と紹介したのは、褒め言葉だったのはわかっています。そのフレーズを口にした気持ちも理解できます。私のことを調べると、ウィキペディアでさえ、世界で最も成功を収めている「モチベーショナル・スピーカー」の1人と書かれているのですから。したがって彼は、何も知らなかったわけでもないし、でっち上げを言っているわけでもありません。ただし彼が知らなかったのは、モチベーションという言葉ほど、私が吐き気を催すくらい忌み嫌っている単語はないという事実でした。

その理由は、ここぞというときにモチベーションはまったく役に立たないからです。何かをするのを恐れているときはどうかって？　もちろん何もしてくれません。こんなときは体が警報を発し、目の前の状況に抵抗したり、その場から逃走したりすることを考え始め、自分の意識を本来向かうべき方向とは逆の方向に向けてしまうものなのです。モチベーションが助けてくれるなんて絶対にありません。

トムとリサの家のバスルームで鏡を見ていたとき、私に見えたのは、本の発売に失敗した女性、脇の下にディナー皿ほどの大きさの汗ジミを作っている女性、サルのお尻のように頬が赤くなっている女性でした。汗ジミを見ているとき、モチベーションなんか少しも湧いてこなかったし、冷水を顔に振りかけたときも、モチベーションは湧いてこなかったのです。もしも私が「自らを元気づけるためにモチベーションが湧いてくるまで待ってみよう」と決めていたとしたら、私はまだバスルームの中にこもり、自信を持って行動できない自分に不安を覚えつつ、その一方で本の販売数が急降下している状況を思い悩んでいたでしょう。

人生は、決断の連続です。恐ろしいニュースに触れたとき、予期せぬ請求書が届いたとき、「もう愛していない」「解雇だ」という言葉に直面したとき、せっかく埋め込んだインプラントが不良製品だとわかったとき、下腹部にしこりを見つけたとき、もしくは、鏡に映った自分に視線を向けたとき、そこに想像していたとおりの不安げな表情をしている自分がいたとしましょう。これらすべての場面で、あなたは決断を下さないといけないのです。

ただ茫然としてそこに立ち尽くし、不安や懸念に打ちひしがれてしまうのか、それとも、それらに立ち向かい、自分の気持ちをコントロールするのか……。折に触れ、人生は自分に背を向けます。そんなとき、私たちは自らの力で立ち直る方法を見つけなければなりません。そして自分自身にどんな言葉を投げ掛けるのか、常に選んでいくのです。

リサとトムの家のバスルームにこもっている間、私は鏡に映った自分を見ながら、「またヘマをしでかして、まったくもう」なんて言葉を軽々しく浴びせることもできました。しかし、そうはせずに「とにかく今は、前を向こう」と言い聞かせたのです。本当はそこで自らにハイタッチをすべきだったのでしょうが、少なくとも私が必要としていた最低限の救いの言葉はどうにか投げ掛けられたようでした。

その証拠に、脇の下のシミと不安というコンディションを抱えながら、私はやっとのことで落ち着きを取り戻し、収録現場に向かったのです。

撮影が始まり、トムが私の実績を紹介している間、私が考えていたのは、どれほど本の売り上げが不調に陥っているかということでした。その瞬間に私が本能的に感じたのは、インポスター症候群（名声や成功を手にした人が、自らの能力は高くないのに過大評価されていると感じ、周囲をだます詐欺師のような気分になるという心理状態）だったのです。

（私はここにいるべき人間ではない……。そんなに立派な人間じゃないんだから……）

それはあたかも、中学生のときに、周囲から注目されているタイミングで先生に名前を呼ばれたような気分でした。

（彼女はいったい、何を話し出すの？）

そんなプレッシャーを感じたのです。

（このあとに何か驚くほど素晴らしい瞬間が自分を待っているはず。そのための試練だと思って、自分らしくして）

そう自分に言い聞かせて、私はトムに歩み寄ってハグをしました。するとトムは、私を「モチベーションの達人」と改めて紹介したのです。ところが私は、その呼び方を聞いて笑い出し、その後の私の評判を変えてしまう辛辣な答えを返していました。

「モチベーションなんて、ただのゴミくずみたいなものなんですよ」

「ゴミくず」でしかないモチベーション⁉

私の発言を聞いて、トムは身を乗り出しました。

「えっ？　どうしてゴミくずなんて言うんですか？」

その問いを受け、私は多くの人たちが苦悶しているであろう事実にさらに触れたのです。「私たちは皆、自分が変わるには『準備ができている』と感じる必要があるという〝嘘〟を信じています。そして、それを感じるにはモチベーションが不可欠だと思い込んでいるのです。しかし、私たちの脳や心の仕組みを考えれば、それが事実ではないことがすぐにわかります。

そもそも人間は、不快なこと、怖いこと、難しいことをするようには作られていないのです。私たちの脳は、自分たちの生き残りを常に考えているため、生命に少しでも危害を及ぼしそうなものからは距離を置こうとします。

ビジネスを立ち上げること、ベストな親やベストな配偶者になること、自分の人生をより良いものすること、仕事で成果を出すこと、夢を実現すること……。これらはすべて重要な事柄です。これらを成し遂げるために変化を起こすには、難しいこと、不確実なこと、怖いことをしなければなりません。ところがそれらは、私たちの脳にとって危険極まりない行為なのです。したがって、私たちはいつになっても変わろうとはしません。こういう仕組みになっているのですから、モチベーションなんて何の役にも立たないのです」

自分が信じていることを言葉にするようにしましょう

あなた自身の本心から発せられた意見は、あなたが想像する以上に人々の関心を引き寄せます。それを裏付けるように、私がゲスト出演した回は、トムのチャンネルの中で最も人気のあるものの1つとなり、数カ月のうちに1000万回以上の再生回数を記録しました。その後、誰かが「この女性はモチベーションなんてただのゴミくずに過ぎないと見破った」というミームを作ると、それが爆発的に広まり、再生回数はなんと2000万回を超えていったのです。さらに嬉しかったのは、私が知る限り、視聴者の中には私の脇の下のシミに気づいた人はいなかったことでした。

多くの人の目に留まったこの対談のおかげで、私の元には次から次へと対談の申し入れが届くようになります。さらにポッドキャストのプロデューサーからも声が掛かり始めました。それらの申し出に対する私の返答は、いつも「イエス」でした。露出を増やして本の売り上げに好影響を与えようとしたのです。ところが、在庫切れという状況はなかなか解消されず、実際の売り上げは相変わらず伸び悩んでいました。それでも私は、鷹のように鋭い目で自分の心を見つめ続けたのです。「気持ちが落ち込んでいるな」と感じたときは、「すべては理由があって起こっているに違いない」と自分に言い聞かせ、前に進み続けました。

あのときの私の判断は間違っていませんでした。なぜなら、その後、信じられないような出来事が起きたからです。

アマゾンは依然として「在庫切れ」のまま。しかし、オーディオブックは購入可能でした。紙の本の出版と同時に、私はオーディオブックも自分で作っていたのです。とはいえ、制作しながら、いったい自分たちが何をしているのかまったくわかっていませんでした。録音時、目の前の書類をごちゃまぜにしたり、ペンを落としたり、水を飲む音を立ててしまったりと失敗を繰り返しました。しかし、それらのミスは修正せず、すべてオーディオブックに収録したのです。もっと上手に作れたと思いますが、当時はその方法を知りませんでした。私の夫が音源をオーディブルにアップロードすると、私はスクショした本の表紙をカバー写真としてアップロードしました。

結果を振り返ると、入手可能な唯一のバージョンだったこともあり、コロナ禍でトイレットペーパーを買い求めるよりも素早いペースで、多くの人がオーディオブック版の『5秒ルール』を購入してくれていたのです。実は、オーディオブックをアップロードしてから約1カ月が経過し、オーディブルから「月次レポートが出ました」という件名のメールが届くまで、好調なセールスを達成しているとはまったく知りませんでした。リポートをクリックして開いたとき、あまりの結果に乗っていた車から落ちそうになったくらいです。売り上げ成績は天井を飛び抜け、オーディブルのレビューには数千の5つ星が付けられていました。そのとき、最初に頭をよぎったのは、「ああ、これで自宅に付けられた抵当権を外せるかもしれない」という考えでした。そして次に「オーディオブックだなんて、冗談でしょ⁉」という思いが浮かびました。

多くの購読者が気に入ってくれたこのオーディオブックの際立った特徴の1つは、専門的な編集がなされていないため、まるで私が購読者の隣に座って語っているかのように聞こえる点でした。ちなみに、私がこの話をお伝えするのは、私が犯したすべての〝ミス〟が非常に貴重な教訓となり、行きつくところ、私の成功の秘密となったからです。1カ月の間、私は自分に「私は失敗者だ」と言い聞かせていました（これをすると、自分のRASにそれを裏付ける要素を探させる結果となります）。当然ながら、このマントラは、ハイタッチの姿勢を私から削ぎ落としていきます。

皮肉なのは、もしも紙の本が在庫切れになっていなかったら、オーディオブックでの地滑り的な売上は達成できなかっただろうということでした。結局、『5秒ルール』は、2017年のオーディブルの全作品の中で最もダウンロードされた本となりました。その後、アマゾンはアルゴリズムによって引き起こされていたシステムの問題を解消し、紙の本の販売を再開すると、2017年にアマゾンで発売された本の中で6番目に好調な売上成績を達成した作品になったのです。

他にもう1つ、私があなたに知ってほしいことがあります。世界中で100万部以上売れ、10万以上の5つ星のレビューがついた（本当です）作品にもかかわらず、『5秒ルール』

は従来のベストセラーリストに一度も取り上げられなかったという事実です。このことは、あなたが抱いているゴールや夢の実現を私が深く信じている理由とも重なります。

つまるところ、いかなる夢の存在も、あなたを突き動かす燃料を提供し、進むべき方向を示す地図の役割を果たしてくれるのです。その存在が、あなたの望む最終目的へと導いてくれるかどうかは実際にはわかりません。ただし、到達点ばかりが重要ではないのです。私の例で言うと、ベストセラーリスト入りを果たすことが夢でした。しかし、それを実現することが、私の夢の究極の目的ではなかったとも十分に考えられます。

懸命な努力が自らをどこかに導いてくれると信じられれば、自分の人生に奇跡を起こせると受け取れないでしょうか。しかも私のケースのように、奇跡は自分が想像したものとはまったく異なる形になる場合もあります。私は、ニューヨークタイムズのベストセラーリスト入りをついに果せませんでした。しかしそれでも、それを凌ぐほどの奇跡が起こったのです。『5秒ルール』を自費出版したことで、私はあきらめない姿勢の大切さを学びました。また、著者として、まったく新しく、革新的なビジネスモデルについても学べたのです。結局、これがオーディブルとのパートナーシップにつながり、その後2年間で4本の新しいオーディオブックを刊行できました。これらはどれも、それまで想像もしなかった展開でした。それらをすべて達成できたのは、なかなか実現できなかった夢を私があきらめずに追い続けてきたからです。

立ち止まらずに前へ進み、驚くべき結末にたどり着こう

自らの能力を信じ、あきらめずに前進し続けるように励ませば、人生は素晴らしい場所にあなたを連れて行ってくれるでしょう。人生は必ずあなたに試練を与えてくる。しかし、夢の実現をあきらめず、鏡の前に毎日立ち、ハイタッチの姿勢を維持し続ければ、最終的にはあなたが本来いるべき場所にたどり着けます。目指していた目標を達成できなかったら、それは本来達成すべきものではなかっただけ。あなたの人生にはもっといいことが待っているはずです。それはきっと驚くくらい素敵なものに違いありません。

それを信じてください。

人生は、いつもあなたに何かを教えてくれます。例外はありません。あなたの人生は、次に起こるすべての物事（本当にすべてのこと）をあなただけのために用意してくれているのです。鏡の中に映る自分自身に毎朝ハイタッチをする行為は、その事実を心から信じるためのトレーニングだと考えてください。息をしているうちは、手遅れとはなりません。時間はまだ残されています。

止まらずに、前に向かって歩を進めましょう。

チャプター13

実際のところ、私にできるでしょうか？

時に、例の〝あれ〟が心の中で沸き立ってくるときもあるでしょう。予期せぬ形で自分にはどう見ても釣り合っていないことが起き、にもかかわらず、それから逃げられない状態に陥ってしまう……。すると、例のこんな考えにとらわれて、それを何度も心の中で反復してしまうのです。

「どうして私に、こんなことが起きているのだろう？　私には絶対にできるはずがないのに……」

こうなると、あなたはベッドから起き上がる前から白熱した独白を始めます。

「私にとってこれは重荷でしかないし、圧倒されてしまう……。こんなこと望んでもいないのに……。あと少しで押しつぶされそう。もしそうなったら、私を病院に入院させて……。こんな状態じゃ、今日はもう子どもの世話はできそうにない……。どうしても我慢できないから、そのニュースは消して……」
「自分自身が誰なのか、もうわからない……。すべてのルールに従い、全部うまくやってきたと思っていたのに……。子どもの担任から届いたメールを泣かずに読めるかしら……? どうして私はまたこんなことになっているんだろう……? 私、もう崩壊する寸前なのかしら……?」

このように、人生がひっくり返ってしまいそうなときにこそ、鏡に映る自分を見て、「私はあなたが不安なのをちゃんと知ってる。でも、心配しないで。しっかりとできる」と語り掛ける必要があります。何か恐ろしい事態に向き合っているとき、人は真実の言葉と優しい愛を求めるものなのです。しかも、恐怖を感じた瞬間に自分が何をするかによって、その後の状況に違いが生まれてきます。試合に負けることを恐れながら、それでもまだ一発逆転を狙えるのです。不安を抱えつつも、自分の能力に自信を持ち、目の前の状況に立ち向かうことだってできます。地球全体が自分の肩にのしかかってきたと感じても、背筋を伸ばして立ち上がれるのです。

あまりに怖くて、体が真っ二つに裂けてしまいそう……

新型コロナウイルス感染症の流行が始まり、それまでの生活が変わろうとしているのに気づいたとき、自分がどんな状況に追い込まれたのかを正確に覚えている人は多いはずです。会社からメールが来て、「事業所の閉鎖が決まった」と知らされた人もいるでしょう。自分の住む町が、薄気味悪いくらいに静まり返ってしまった様子に驚いたかもしれません。大好きな祖母が入所している施設が面会者を受け入れなくなってしまったという話もよく聞きました。子どもたちが家に戻ってきて、隔離生活を送ることについて大声を上げて言い合ったりした家庭もあったのではないでしょうか（我が家だけの話かもしれませんが……）？

新型コロナウイルスが私の人生を一変させたのは、ある水曜日のことでした。その日、ニューヨーク市内にあるCBSのスタジオで自分のトーク番組の収録をしていた私は、「建物内でウイルスが発見されたので、直ちに建物から退去してください」と告げられたのです。あまりにも急で、10カ月もの間、一緒に仕事をしてきた番組スタッフにお別れの挨拶さえもできませんでした。放送局の建物を出ると、目の前には複数の消防車が停車し、マンハッタンの57丁目の向こう側の通りには、私の番組のスタッフだけでなく、「60ミニッツ」や「ラストウィーク・トゥナイト」「エンターテインメント・トゥナイト」のスタッフの姿が見えました。その後、自分の車に乗り込んだ私は、ボストンの自宅に帰るためにウェストサイド・ハイウェイへと向かいながら、「いったい何が起きたのだろう」と思ったのです。

このような突然の変化が起こるときは、必ずと言っていいほど、何らかの一線が引かれます。その一線が引かれる前と後では、自分の人生は大きく変わり、二度と同じところには戻れません。

例えば、恐ろしいほどの健康上のリスクに直面したり、愛する人が突然亡くなったり、裏切られたり、好きだった仕事をクビになったり、やってもいないひどいことを自分のせいにされたりするなどし、人生はズタズタにされてしまいます。それまでの人生、仕事、人との関係は一気に消滅し、かつての自分も共に消え失せるのです。そして突然、まったく未知の新たな世界に自分が放り込まれている事実に気が付きます。私はこれまでの人生で、ここに挙げたケースをすべて経験してきました。さらに新型コロナウイルスの流行が始まると、新たな困惑に直面したのです。

「かつての人生を取り戻したいだけ」

変化はいつも成長のチャンスを与えてくれる……。人生での困難な体験や痛みを伴う経験をそのように捉える選択ができたら、確実に人は成長を手に入れられます。私の大好きな言葉があるので、紹介させてください。

「新たな人生の代償は、自分の古い人生」

この言葉が本当に大好きな私は、しばしば気軽にソーシャルメディアで紹介しています。だからと言って、実際の人生でこの概念を簡単に受け入れられるかというと、決してそうではありません。ポジティブであり、自信を持ち、楽観的な私ですが、正直なところ、コロナ禍が発生したとき、新たな人生をまったく望んでおらず、かつての人生に戻りたいとばかり思っていました。あのとき私は、世界の頂点に立つような気分でテレビ番組の司会を務める立場から、ほんの数分で精神的な壁に叩きつけられたような状況に陥ります。〝天国〟から〝地獄〟へと堕ちるのは、これほどまでに簡単なのです。コロナ禍は当初、私たち全員に恐怖を引き起こし、天から地へと引きずり落とされた人がたくさんいました。死の恐怖、失業の恐怖、孤独に陥る恐怖、愛する人を失う恐怖に多くの人が苛まれたのです。

私の場合は、少し前の過去に抱いた恐怖が蘇り、さらには再び経済的な苦境に陥るのではないかという恐怖に悩まされました。具体的に言うと、まずはトークショーが打ち切られたのです（実質、クビを言い渡されたのと同じ）。それから、その他の仕事も傾いていきました。予定されていた講演会が、1つ、そしてまた1つと中止になっていったのです。さらには、今皆さんが手に取っているこの本の出版契約が白紙となり、前受金を返す必要に迫られます。しかし、そのお金はすでに手元にありませんでした。

自分にはどうしてもハイタッチが必要だった……

古い恐怖が呼び起こされたとき、私たちは本能的にかつてのパターンを繰り返してしまいます。私は泥沼にはまった気持ちになり、無力感に襲われました。不安が猛スピードで舞い戻り、精神状態を麻痺させるためにお酒に手を伸ばし始めたのです。と同時に、自分の夫にくどくどと同じことを言い続けました（コロナ禍が発生した責任は、誰が何と言おうと、彼にあるのですから！）。この時期の私に必要だったのは、勇気づけてもらうことでした。誰かに「大丈夫だよ」と言ってほしかったのです。私が欲していたのは「過去の真実」でした。

「このような試練には過去にも直面した経験がある。試練を乗り越えるのは簡単ではない。だけど私は乗り越えられる。この試練と向き合うことで私は成長し、自分の人生をより意味あるものにできる」

ただし当時51歳だった私には、再び自分自身を蘇らせるだけの気力が十分になかったのです。そしてそれが私を苛立たせました。これまで私は、何度も自分を蘇らせてきたのです。

事の違い、程度の差、回数の違いはあっても、似たような経験を潜り抜けてきた人もいるでしょう。思ってもいなかった離婚、交通事故、不景気、家族の死、病気の診断、予期していなかった請求書……。これらに直面しながら、誰もが立ち上がってきたのです。

しかしここに来て、コロナ禍が襲い掛かってきました。毎朝、私はとてつもない恐怖感に包まれながら目を覚ますようになります。お腹はへこみ、心臓は高鳴り、足元で生じた不安の波が胸まで押し寄せてきたのです。目が覚めると、私は不安に飲み込まれていました。

かつて不安に襲われたときは、ベッドの上に横になったまま、天井をずっと眺めているなんてことは許されませんでした。いくらつらくてもベッドから出て、どこかに出掛けたり、誰かに会いに行ったりする必要があったのです。

ところがコロナ禍は違いました。以前と違って何もやることがなく、仕事場に行く必要もありませんでした。飛行機に乗る機会はなく、子どもたちは学校には行かず、家にずっといました。友だちに会いにコーヒーショップに行くこともなければ、その他の用事もありません。ジムも閉まっているため、どこにも逃げ場がないのです。私は1人取り残された気分になり、不快さは体の中に蓄積する一方でした。

コロナ禍の前は、私はいつも次の2つの方法のいずれかによって気持ちを落ち着かせていました。とにかく1日をスタートさせる、もしくは寝返りを打ってクリスに手を伸ばす……。彼の存在は、私を安心させてくれたのです。ところがコロナ禍の生活では、目が覚めるとすでに、私は不安定な状況に対する心配で疲れ果てていました。

一方クリスは、コロナ禍が私たちの活動の休止を強いていたにもかかわらず、前向きに過ごしていたのです。彼は、コントロールできないことを心配する代わりに、地に足を着けながら充実感を得られる習慣を強化していきました。早朝にベッドから出ると、自分を優先的に考え、瞑想やハイキングをしたり、日記を書いたりしていたのです。彼は、私たちがしなければならない対応をしていました。つまり、心の最も深いところに横たわる感情的なニーズに配慮していたのです。

私は、かつて自分の心を落ち着かせてくれた2つの方法に頼れなくなっていました。どこにも行く必要はなく、手を伸ばす相手もいない……。そうなると、自分自身を救い出すための方法を自力で探し出すしかありません。そこで私はベッドに横たわったまま、クリスに言ってほしかった言葉を静かに自分に言い聞かせてみたのです。

私は自らの心にハイタッチをしてみました

私は次のように試してみました。まずは深く息を吸うと目を閉じて、両手を心臓の上に乗せます。そして「私は大丈夫。何の心配もないし、愛されてもいる」と言い聞かせたのです。

ある朝は、ベッドカバーの下で横になったまま、このフレーズを何度も何度も自分に向けて繰り返しました。すると、この癒しのマントラは、どういうわけか私の神経をなだめ、不安を鎮め、ストレスを抑えてくれたのです。私たちが世界的なコロナ禍に置かれ、聞こえてくるニュースは恐ろしく、人種差別的な不正義がトラウマを引き起こし、この過酷な試練がいつまで続くのかわからない中、私が自分自身に投げ掛けていた言葉は、真実そのものだったと言っていいでしょう。私は大丈夫だったし、安全だったし、愛されていたのです。

あなたにしてほしい「ひっくり返し」の作業
現在の制限的な信念：私には無理。
ひっくり返した考え：私は大丈夫。何の心配もないし、愛されてもいる。

自らの肌感覚で快適さを得る方法

明日の朝、試してみてください。目を覚ましたとき、胸に手を添えてみるのです。次に大きく息を吸い、「私は大丈夫。何の心配もないし、愛されてもいる」と言ってみます。これを必要なだけ繰り返しましょう。心の中に流れ込む安堵感に触れてください。体が落ち着いていくのが感じられるはずです。自分自身との絆が強くなる実感を覚え、初めて試したにもかかわらず、「私は大丈夫。何の心配もないし、愛されてもいる」という気持ちになると思います。十数回行っても、100回行ってもかまいません。言葉を自分に投げ掛けながら、深く息を吐いてもいいでしょう。満足するまで何回でも続けてください。この習慣は、あなたに安らぎと自信をもたらします。毎朝これを実行すれば、疲れた神経系をなだめ、落ち着きを取り戻させ、リラックスさせられるでしょう。文字どおり、安全である状態がどのような感じなのかを体に教えることになります。調子の良くない朝、不安でたまらず、心がどきどきしているときに、「私は大丈夫。何の心配もないし、愛されてもいる」と繰り返せば、ネガティブな考えはしばしの間、断ち切れます。負のスパイラルが打ち破れるまで、これをやり続けるといいでしょう。落ち着いたと感じ、何かポジティブなことに集中できるようになれば、精神を高揚させる機会が得られるはずです。何を言ったらいいかわからない場合は、チャプター7で紹介したマントラの中から好きなものを選び、それを自分に語り掛けてください。

自分に語り掛けるという行為

もしもこの習慣にもう一歩深く踏み込みたいのなら、自分の名前を付け加えてみます。

「メル、あなたは大丈夫。メル、あなたには何の心配もない。メル、あなたは愛されている」

これが効果を深めるのは、2つの理由があるからです。1つ目は、RASは常に自分の名前に敏感なので、名前を言うことで「この心地の良いマントラには注意を払うべきだ」と脳に指令を発してくれるため。2つ目は、自分に話しかけている声を自分自身からほぼ切り離せるためです。名前を添えて、「メル、あなたは大丈夫。メル、あなたには何の心配もない。メル、あなたは愛されている」と言うと、誰かが私に語り掛けているように感じます。そのため、より深いレベルで特別な安心感を得ることができるのです。鏡に映る自分の姿を見て、決して1人ではないことに気づくのに似ています。少なくとも、自分には自分という特別な存在がついているのです。

三人称で自分自身に話しかけると、心理学の世界で「客観性の力」と呼ばれる概念が働きます。より客観的な視点から自分自身について言及すること（つまり、自分の名前を使用する、または自分の反映を見ること）で、たとえ非常に緊張した状況であっても、否定的な感情にうまく対処できるようになるのです。

感情は寄せては返す波のようなもの

この習慣は、押し寄せる感情の波に打ちのめされるのではなく、感情の波を乗り切る方法を教えてくれます。この方法を知るまで、私は長年、間違った方法をずっと実践していました。朝起きて心配や不安の波を感じるとすぐにその感情に抵抗するという反応をしていたのです。

私は、そうした感情が存在するのが嫌でした。私は毎晩、目が覚めたら、また同じ感情にとらわれるのではないかと恐れながらベッドに横になっていたのです。そこで何をしていたと思いますか？　自分の心と体に、徹底抗戦するように言い聞かせていたのです。私はその感情に抵抗し、嫌うことに多くのエネルギーを費やし、実際に徹底抗戦することに集中し、それを重要視していました。つまり私は、自分のＲＡＳと神経系に惨めな状態で目覚め続けるように教えていたのです。

しかし今は、自分に語り掛ける方法を使い、気持ちのコントロールをしています。もちろん今でもたまに、イライラして目が覚めたりしますが、以前のように恐れたりはしません。たとえ気持ちが乱れても、それをなだめる方法を知っているからです。

最高の気分で目覚めた朝も、手を胸に当ててみてください。そのときに得られる感覚もきっと好きになるでしょう。好きな人に抱き締めてもらったような気持ちになり、自分の生命力が強まるのを感じるはずです。この方法は、目が覚めたときだけに限定されるものではありません。感情の波が押し寄せ、安心感が必要になったら、いつでも実践してください。

私自身も昨日、スーパーマーケットで買い物をしているときに不安の波に襲われたので、胸に手を当てながら「メル、あなたは大丈夫。メル、あなたには何の心配もない。メル、あなたは愛されている」と語り掛けました。

不安や恐怖、パニックを解消してくれる魔法のフレーズを知りたい？

この本のために私の撮影をしてくれた写真家のジェニー・モロニーは、私が原稿の最終チェックをしているときに、メールをくれました。彼女を乗せたロサンゼルス行きの飛行機が、離陸して15分ほど経過したころ、機内の気圧が急激に下がっていったと言うのです。飛行機が急降下を始めると、客室乗務員は機内後方から通路を駆け上がり、乗客にシートベルトを締めるように伝えました。飛行機は旋回するとボストンに逆戻りをし、乗客たちは緊急着陸に備え、頭を膝の間に押し込む動作の練習をし始めたそうです。幸い、彼らは安全に着陸できましたが、車輪からは火が吹き、滑走路は事故対応をする人たちで溢れていたと言います。

「自分の人生で、あれだけ怖い思いをしたことはなかったです。でも、何が私をこの試練から救い、しかも2時間後に別の飛行機に乗る勇気を与えたと思いますか？　知りたいですよね？　『私は大丈夫。何の心配もないし、愛されてもいる』っていうフレーズだったんです」

彼女のメールにはそう書かれていました。

「私は大丈夫。何の心配もないし、愛されてもいる」

まさに魔法のようなフレーズだと思いませんか。この言葉を自分自身に言い聞かせられる限り、いつでもその効力に浴することができるのです。

マリアという女性は、「このマントラを毎朝唱えてほしい」と私が語る様子を撮影した動画を見たあと、実際に自分自身にハイタッチをするようになりました。マリアによれば、過去に受けた数々のトラウマのせいで、彼女は私と同様、毎朝不安な気持ちを抱えながら目を覚まし、「誰かが私に怒っている」と感じていたそうです。

ところが、自分自身にハイタッチをし、さらにこのマントラを唱えた最初の朝から、日常生活に大きな変化が現れて驚いたと言います。

「目が覚めたときのあの不安感は、自分をとても消耗させ、日中もずっとその感覚が残ります。片時もなくならず、いつまでも頭の片隅に居座り続けたのです」

「ところが、『私は大丈夫。何の心配もないし、愛されてもいる』と自分に言い聞かせただけなのに、人生が変わってしまうほどの効果を実感できました。胸に手を当てて、言葉を唱えただけなのに……。これをした最初の朝の時点で不安はなくなり、その日ずっと、それを感じなかったのです。今でも不安を感じるときが少しだけあります。ただ、その不安を1日中抱え込んでしまうことは完全になくなりました」

彼女はそう話してくれたのです。

この本を執筆中、マリアのような人たちから同じような話をたくさん聞いているうちに、目を覚ましてすぐに私が不安に駆られてしまう理由の1つとして、幼いころの自分に起きたひどい出来事に原因があると気づきました。実は私は、お泊まり会をしていたときに、年上の子どもから性的ないたずらをされたことがあったのです。その出来事は、私がぐっすり眠っていて、最も無防備なときに起こりました。

前にも述べたように、「自分の人生に自らが飲み込まれてしまう」ときがあるのです。タイミングやシチュエーションは違えども、同じようなことは誰にでも起こり得ます。あまりにも怖く、あまりにも痛く、あまりにも混乱を生じさせ、あまりにも屈辱的で、直面するのがつらいため、私たちはその記憶を葬ろうと必死になります。ところが、たとえそれを葬ったとしても、身体、心、精神に悪影響を及ぼし続けていくのです。

私の幼少時のトラウマは、「トラウマ反応」を引き起こし、それは自分の神経系へと記憶されていきました。そのため、大人になってからも、私の身体は、あの晩、夜中に目を覚まし、自分に何か悪いことが起きているのがわかっているのに、それを止める方法も、それにどう反応すればいいのかもわからなかった感覚を忘れられないのです。体に刻まれたあの記憶は依然として私の神経系全体に響いていて、40年経った今でも目覚めたときに不安や恐怖、パニック、混乱、そして恥ずかしさを感じさせる原因となっています。

女性として大人になり、目を覚ましたときに最初によく思うのは、「何かが変だ」ということです。その思いは「何かの間違いを犯してしまった」「誰かが私に怒っている」という捉え方に変換されていきます。このネガティブ思考のスパイラルは底なしの様相を強くしていき、そうなると不安が一気に足元から胸元まで駆け上ってくるように感じるのです。あの晩の感覚は、確実にトラウマを残し、成人した私の体に記憶されています。

このネガティブ思考をポジティブ思考に変えることはできません。考え方を変えてトラウマを癒すことも不可能でしょう。そんな私に必要なのは、現在の反応を変える新たな行動を見つけ、過去の感覚を神経系から取り除くことなのです。私が経験したトラウマは、私のミスによって引き起こされたものではありません。40年経った今でも生じる私の潜在意識の反応も、私自身が意図しているものではありません。しかし私は、この感覚を取り除く責任を負っているのです。もしもハイタッチの精神に満ちた人生を欲するなら、私は自分のトラウマに向き合う勇気を得る必要があります。そして実際に、過去の感覚を神経系から取り除くための助けになった行動の1つが、毎朝自分の心に向けてハイタッチをすることだったのです。

科学的な側面から考えてみましょう

毎朝、鏡に向かってハイタッチをするだけでなく、自分の心に向けてハイタッチをするとより良い効果が得られるのには、しっかりとした理由があります。ある研究によると、不安を静め、神経系を落ち着かせなければ、どんな行動をしても気持ちに変化を起こせないことがわかっています。私はこの事実を、チャプター2で紹介した脳神経学者のジュディ・ウィリス博士から学びました。

体がストレス疲れした状態になると、脳はすぐにサバイバル・モードに入るため、新しいスキルを学び、新たな記憶を作る高い次元の脳に、いかなるポジティブな新情報も入ってきません。その代わりに視界に入ってくるのは、自分の周りに存在する危険です。そのせいで、目が覚めたときに感じるストレスや不安は、自分をベッドに釘付けにし、起き上がる動作を阻止します。

その際の唯一の解決法は、自分の体を落ち着けることです。ベッドに横になって恐ろしいことを考えていても、すでに感じている不安がさらに強まるだけですし、かといって何も考えずに1日を始めると、その不安を引きずってしまうだけでしょう。

では、どうすればいいのでしょうか？　体のストレス反応を解消するには、自分の胸に手を当てながらハイタッチをするだけでいいのです。これにより、体のストレス反応がオフになり、その代わりに「休息してリラックスする」ための神経系にスイッチが入ります。

このように、いつでも効果的に穏やかな状態をオンにできるのは「迷走神経」の存在のおかげです。

迷走神経は人間の体内で最も長い神経であり、他のすべての臓器を脳に接続し、痛みや触感、温度に関する情報を伝達したり、喉や声帯の筋肉を制御したりしています。さらにこの神経は、ドーパミンの放出を脳に促します。よく知られているように、ドーパミンは穏やかでリラックスした気分を作り出し、心地良さを感じさせてくれる神経伝達物質です。

この迷走神経を活発化させるのは難しくありません。自分の心に向けてハイタッチをするだけでいいのです。他にも活性化させる方法があるので、紹介しておきましょう。

・呼吸を深く、ゆっくりする。
・外を散歩する（特に自然の中）。
・瞑想する。
・ハミングをしたり、何かを唱える。
・うがいをする。
・大声で歌う。
・温かいシャワーを浴びたり、もしくは冷たいシャワーを浴びたりする。

「自分は大丈夫。何の心配もないし、愛されてもいる」と語り掛ける前に、胸に手を当てて気持ちを落ち着かせると、脳の働きはより活性化します。胸に手を当てると、何の心配もなく、ストレスがかからないことが体に伝わるので、自分に語り掛けられたマントラはより確実にＲＡＳに受け取ってもらえるのです。これによりＲＡＳは、何の心配もなく、ストレスがかかっていない状態が自分にとって重要であると認識していきます。

「私は大丈夫。何の心配もないし、愛されてもいる」と頻繁に語り掛ければ語り掛けるほど、安心して目を覚ませる日が訪れるのも早まるでしょう。心に向けてハイタッチをするのに合わせて、自分に語り掛ける内容を変えると迷走神経が活性化され、不安や心配を感じてしまう体の反応に影響を与えていきます。すると、自信が生まれてくるのが肌で感じられるのです。

あなたを変えるもの

ここまで読み進めてきて、もしかしたらあなたはこんなふうに考えているかもしれません。

「メル、何を言ってるの？　私たちは過去のトラウマについて話しているのよね。なのにあなたは、『自分の胸に手を当ててみなさい』なんて言っている……。正直言って、ちょっとバカバカしい話だわ」

確かに、「胸に手を当てるだけで人生の状況が変わる」なんて言うと、人によっては不可解に感じるかもしれません。しかし、私が強調しているのは「人生の状況が変わる」という点ではなく、胸に手を当てながらハイタッチをすると「あなた自身が変わる」ということなのです。そして、あなた自身が変わったとき、自分の人生の状況を自らの力で変えられるようになります。自分のコンディションを地に足が着いた落ち着いた状態にする方法を習得すれば、過去のトラウマを癒せるのです。

また、自分の体がトラウマ反応に悩まされている自覚があるのなら、それについてできるだけ多くのことを学ぶと同時に、セラピーを受けることをお勧めします。あなたの癒しの旅を完全なものにするには、十分なサポートを得る必要があるのです。トラウマの治癒に効果があり、神経系の調整に役立つ治療法は数多くあります。それらには、眼球運動による脱感作・再処理法（Eye Movement Desensitization and Reprocessing, EMDR）や、アメリカ食品医薬品局（Food and Drug Administration, FDA）の承認待ちでありながら、臨床試験中に素晴らしい結果を出している新しいサイケデリック誘導療法などが含まれます。私はこれらの両方を試しましたが、どちらからも自分の人生を変えるほどの効果を得られました。

私がこの本でお伝えしている内容は、すべてが有力な研究によって裏付けられているものです。それらはどれも単純な方法でありながら、深い結果をもたらしてくれます。この本の内容に抵抗を感じ、鏡を見て自分の姿にハイタッチなんかしたくない、もしくは胸に手を当てて体の反応を鎮めるなんて望まないという人もいるでしょう。しかし、それは本心ではなく、実際はそれらの方法を必要としているサインなのかもしれません。

真の自信は、「自分は大丈夫。何の心配もないし、愛されてもいる」と自らに言い聞かせることで得られます。この言葉を繰り返すうちに、自分の体のあらゆる部分でそれが真実であると感じられるでしょう。すると、世界で何が起こっていても、家庭や仕事場、教室で何が起こっていても、「自分」だけは常に信頼できると思えるようになります。

過去のトラウマから自分を救えるのは、自分自身なのです。自分だけが、自らの体を落ち着かせ、心をリセットし、精神を自由にさせられます。これがまさしく「自信を与える」ということ。その自信があるからこそ、毎朝目が覚めたときに自分を支え、何が起きても立ち向かっていけるのです。

チャプター14

もしかしたら、このチャプターに書かれている内容は読みたくないかもしれません

このチャプターで私は、〝自信を明示する方法〟について語っていこうと思います。「明示」という言葉を使うと、読者の中には身構えてしまう人もいるかもしれません。「ああ、メルは何やら、難解なことを話し始めようとしている……。ハリー・ポッターの魔法みたいなものをやるつもり？　水晶玉を用意して、タロットカードでも引っ張り出してくるのかもしれない。そして最初に言い放つ言葉の中に、きっと奇想天外な発想を織り込んでくるんでしょう……」

確かにその予想は、ある程度は正しいのかもしれません。

私が考えているのは、これまで話してきた内容を次の段階に発展させたいということです。そうは言っても、お香や無限の富への祈り、魔法の杖は使いませんので、安心してください。私は科学を信じています。このチャプターもデータに基づいて話を進めていくの

で、心配は無用です。ただし、少しだけ超自然現象的な領域にも踏み込んでいきます。

　ＲＡＳを上手にコントロールし、自分を励ませるようになると、その習慣が力を発揮し始め、信じられないような引き寄せを生じさせ、魔法を使ったような奇跡を巻き起こします。

　気の弱い人には少々刺激が強すぎるかもしれませんが、鳥肌が立つような感動的な変化を人生に起こしたいという思いがあるのなら、「信じる力」についていくつかのポイントをお伝えしましょう。

　最初に強調したいのは、不可能な物事などないと信じ続けるように自分自身を励ましてほしいということです。実際に私自身がこれをしたところ、私の人生は信じられないほど改善していきました。そこでここからは、なぜ信念がそれほど重要なのかを理解するための話をしていきます。科学的な裏付けとしては、物事を適切に視覚化する研究について掘り下げ、油をたっぷり差した機械のようにＲＡＳを働かせ、現時点では不可能と思われることを実現するための方法をお伝えしていくつもりです。

　これから私は、あなたの心に向けて、あなたが望むものを手に入れるための手助けとなる方法を明らかにしていきます。そのような方法が存在する現実を、何の疑いも持たずに信じるようにしてください。

まずは絵画についての話をしましょう

私が大学4年生のとき、両親が大学のある街にやってきました。その晩、私たちはドレスアップすると、素晴らしいレストランを併設する「ザ・ミル・アット・サイモン・ピアース」（ザ・ミル）というバーモント州で有名な吹きガラス工房に車で向かったのです。

建物の中に入っていくとき、私が考えていたのはチェダーチーズスープのことだけでした。ルームメートにザ・ミルに行くと話すと「とにかく美味しいから、絶対に注文したほうがいい」と教えてくれたのです。さっそくレストランに向かうと、風景を描いた大きな絵が壁にかかっていることに気づきました。より正確に言うと、気づいただけでなく、立ち止まってそれに見入ってしまったのです。その絵画は、横向きにした戸口ほどの大きさがありました。私はその絵画に何かを感じ、引き込まれたのです。

その絵に近づいていくと、レストラン内の喧噪は消え、突如私の周りからは音がなくなり、何もかもが静止してしまったかのようでした。さらに絵に近づくと、不思議なことに私は絵画に描かれた風景の中にさまよい込んだかのような錯覚に陥りました。その瞬間、その絵画はバーモント州の風景を描いたものだと確信したのです。

そこには、広くて淡い色の大地が広がっていました。その大地の真ん中には背の高い草と木々が立ち並び、絵の奥行が深まるにつれ、背景に描かれたそびえ立つ山々や、バーモント州の真っ青な空に草木が吸い込まれるように小さくなっていくのです。その風景を眺めていると、そよ風さえ感じられました。刈りたての干し草の甘い香りも漂ってきます。編隊を組みながら上空を飛ぶガンの群れが、下降してくる音が今にも聞こえてきそうです。

私の意識はすでにレストランにはなく、その大地に1人でたたずんでいます。私の五感はとても敏感になり、心と体、精神は完全に同調して、1つの対象、つまりその絵に没入していきました。単なる興奮を超えた欲求や親しみ、さらには、説明できない何か大きなものとの絆を感じたのです。

それまで私は、絵画を購入したいと考えたことは一度もありませんでした。ところがあのときに限って、その絵画を自分のものにしたいと思ったのです。人生の中で、説明のつかないこのような欲望の波に突然襲われた経験はありませんか？　これまでの人生で、何かが、どこかが、もしくは誰かが、自分にふさわしいものだと直感した瞬間はなかったでしょうか？　感覚が研ぎ澄まされ、気持ちが集中し、心が一気に高揚していく……。自分が存在している、生きているという事実を、強く実感し、満たされ、そして、自分には限りない力が備わっていることに気づいていく……。

あの絵画に没入したとき、自分自身へのハイタッチの習慣がもたらす力と同質のものが、私の中に湧き上がったのです。

この出来事から数年後、初めて夫のクリスに出会ったときも、私は同じ直感を抱きます。その日、私はニューヨークのバーで、バーボンウイスキーのロックを注文しました。すると背後から「それ、良さそうだね。同じものを作ってくれる？」と言う誰かの声が聞こえてきたのです。振り向くと、そこにいたのがクリスでした。バーに響く音楽や騒音は一気に消え、私たちはもう何年もお互いを知っているかのように会話を続けたのです。彼が私に結婚を申し込んだのは、それから3日後のことでした。

それからさらに数年後、ボストン郊外の放置された農家の前を車で通りかかったとき、私は再び同じ欲望の波を感じ、クリスに車を停めるように頼みました。その家の窓は壊れ、庭の芝生は30センチもの高さにまで茂っています。その外観を見る限り、幽霊以外の住人はいないだろうと思わせるものでした。にもかかわらず、私はその家をどうしても購入したくなったのです。なぜそう感じたのかは、説明できません。その後、遺言検認裁判所に問い合わせをしたところ、その家の証書を追跡することができました。私たちは、売りに出ていなかったその家を所有者から購入すると、以降、24年にわたって住み続け、家族を築いていったのです。

これまでの人生の中で、自分の考えがまったく妨げられないという瞬間を何度か経験したことがあります。心が開かれ、自分が何を欲しているのかが明確にわかり、どういうわけか、それらのものが必ず手に入ると信じることを自らに許すのです。自分には望むものを手に入れる能力があり、それを手に入れるだけの存在であると信じることを許すと、人は大きな力を発揮します。まずはＲＡＳが周囲に目を光らせながら動き出し、目標を達成できるように心の中のフィルターを調整するのです。

いつかそうなるでしょう

どのくらい長い時間、私は絵画の前に立ち尽くしていたのでしょう。我に返ったのは、ウェイターがトレイを落とし、いくつものグラスを割って、その破片をフロア中にまき散らしたときでした。その瞬間、伸びきった輪ゴムがはじかれたように、元の状態に戻ったのです。続いて、自分の体に何かが起きました。心のどこか深いところから、「いつか、私はこの絵画を自分のものにする」という声が聞こえてきたのです。

絵画に付けられた値札は3000ドル。すぐに手に入れられる金額ではありませんでした。

息を吐きながら、私はゆっくりと絵画から離れていきました。賑やかなレストランの喧噪とその熱が急に割り込んできましたが、私の心は開いたままでした。

「またきっと来ることになる」

そう思いながら、両親のいるテーブルに向かい、席についたのです。私の母は、「どこに行ってたの?」と尋ねました。私は「あそこの絵を見てたの」と答えます。母は絵画のほうを眺めると、次にメニューに視線を落としました。

この話は、自分の欲望についてとても重要な事実を示しています。欲望というのは、とても個人的なものです。あなたにとっては欲望の対象であっても、他の人にとってはそうではないかもしれません。あなたを惹きつけるものは、あなたにとって魅力的なのです。だからこそ、それを手に入れる作業ができるのは、あなたしかいません。一度何かに夢中になると、保管棚に大事にしまわれた日記に書かれた内容のように、いつまでもあなたの心の中に残り続けるのです。潜在意識の中にセーブされたその内容は、再び思い出してもらえる瞬間を待つことになります。

では逆に、あるものが自分にとって羨望や欲望の対象ではないと知るには、どうすればいいのでしょうか。自らが欲していないものに相対したとき、あなたは負のエネルギーを感じます。それに惹きつけられることもなく、むしろ距離を置きたくなるはずです。気持ちがしぼんでくるような感覚を抱くこともあるでしょう。

絵画が私に伝えようとしていたこと

大学を卒業する前の春、私は友だちに車を借り、レストランをもう一度訪れました。あの絵がどうしても見たかったのです。もしも物に対して恋に落ちることができるのなら、私はあの絵画を相手に恋に落ちていたでしょう。

かといって、絵画に取りつかれていたというわけではありません。むしろ、私の心には可能性が広がり、そして、やり残した仕事があるという感じだったのを覚えています。当時はまだニコラス・スパークス（アメリカのベストセラー作家）が恋愛小説を発表する前でしたが、絵画に対する私の気持ちと行動は、彼の小説のワンシーンになってもおかしくないくらいだったのです。

1カ月以内に、私は大学を卒業し、新しい人生をスタートさせる予定でした。レストランのテーブルに着席すると、絵画から数メートル離れたところで私はランチを食べたのです。そのとき私は、その絵画が自宅のキッチンに掛けられている光景を想像しました。チェダーチーズスープがお皿からなくなるのと同じくらい、あの絵が自分のものになるのは明白な事実であるかのように感じたのです。

お気に入りの絵画を購入するだけの金銭的な余裕のない21歳の私がその絵画のすぐ横でランチを食べていたときの情景を思い出すと、当時の自分の想像がいかに現実からかけ離れていたのかを痛感します。しかも私は、芸術について学んでいたわけでも、画家でもありませんでした。いわば、金欠状態の大学生だったのです。仮に3000ドル持っていたとしても、絵画購入のためにそのお金を使うことはなかったでしょう。もしもそんなことをしたら、私の両親は私を勘当したはずです。そもそも、あんなに大きな絵画を飾るスペースもありませんでした。私は、当時付き合っていた恋人のあとを追ってワシントンD.C.に行き、仕事がまだない状態のまま新たな人生を始めようとしていました。

にもかかわらず、どうして急に絵画が欲しくなったのか……。説明しようと思っても、なかなかできません。もしかしたら、将来的に皆さんにこの話をお伝えするために起きた出来事だったのかもしれません。また、この絵画との遭遇は、自分が欲するものに対して、自分がそれを欲することに許可を与えたときに起こり得る奇跡を証明するものだった可能性もあります。

あのとき、私の考えがネガティブ思考によってブロックされていたら、この物語がいかにつまらない結末を迎えたかは簡単に想像できます。ネガティブ思考にとらわれた私は、自分自身に「絵画なんて買えるわけないじゃない。時間のムダ。こんなところまで来て、何やってんの？」と言い放っていたことでしょう。ネガティブ思考というのは、ネガティブな行動を起こさせます。それに従っていたら、レストランを再び訪れていなかったはずです。

ツァイガルニク効果

興味深い話を紹介しましょう。ＲＡＳについてはもう理解していますよね？　自分にとって重要である物事を心に伝えると、心はそれを指令だと捉えて反応し始めるのです。そのため、人は叶えたいと思った夢をいつまでも忘れられません。心がそれを許さないのです。それを実際に叶えられるかどうかは、自分が夢の実現の可能性についてポジティブでいられるかにかかっています。

絵画の件について言えば、レストランをわざわざ再訪したという経験が、私の心の中のスイッチを入れたのは間違いありません。あのとき、私は静かな決意を抱いてレストランをあとにしました。心に確信が芽生えると同時に、絵画からインスピレーションを受けた私は、自信を感じるようになったのです。その時点で、いつかあの絵画を自分のものにするという考えについて何の疑念も抱きませんでした。私は自分自身にそう考えることを許したのです。

そして実際に、私はあの絵画のことを忘れずにいつも思い出していました。これは、チャプター10でも触れたツァイガルニク効果と呼ばれるものです。自分にとって重要な物事を意図的に視覚化しようとすると、脳はそれに注意を向け、「これは重要です」というラベルの付いた心のチェックリストにそれを追加し、潜在意識下に保存してくれるのです。素晴らしい仕組みだと思いませんか?

この状態になると、自分の夢や目標はいつも「未完の仕事」として記憶の奥底に残り、脳はそれを思い出させるあらゆる機会を探すようになるでしょう。と同時に、RASは身の回りの世界を見まわし、夢や目標に関連するものが見つかるたびに潜在意識に合図を送り続けます。そのため、あきらめ気味に「今さらもう遅すぎる」と嘆いたとしても、自分の夢や目標は頭からなかなか消えてなくならないのです。

エドゥアルドの話が、いい例でしょう。彼はカリフォルニアに行くことを忘れられませんでした。私がいつも、自分の本がニューヨークタイムズのベストセラーリストに載ることを考えているのも同じからくりです。赤いホンダ車に乗りたいと思うのも、まったく同じ。忘れたいと思っても、ツァイガルニク効果のせいで、忘れられません。夢や目標に関して言うと、そもそも私たちには2つの選択肢しかないのです。1つは、それらをいつまでも追い求めるか、もう1つは、いつまでもそれらに付け回されるか。

私はいつもツァイガルニク効果を経験してきました。もし誰かが、「バーモント州」と言ったり、吹きガラスの製品を見たりすると、RASが私の潜在意識にその情報を送り込んできます。そして最終的にあの絵画に思いが及ぶと、それを所有するためのステップについて考えざるを得なくなっていました。懸命に働いているうちに徐々に年を重ね、絵画を手に入れるためにコツコツとお金を貯めている自分を何度も想像していたのです。机の引き出しには現金を入れた封筒があり、私はそれを折に触れて眺めました。最終的に購入すると決め、前のオーナーと握手をする瞬間を思うと、何とも言えない興奮の波が押し寄せてくるのです。その絵画がいよいよ自分のものになったときには、頬が引き締まるような笑みが自分の顔に広がっていくに違いありません。

絵を掛けるためのフックが家の壁に打ち込まれていく光景も頭に浮かべました。この大きな芸術作品を持ち上げて、固定するのを誰かに手伝ってもらいながら、どれほどこの絵画が重く、壁に掛けるのが難しいかを想像の世界で感じ取るのです。

「明示」が正しく作用するとき

その当時はまったく気が付きませんでしたが、私は自発的に視覚化を行い、あの絵画に自分をできるだけ接近させようとしていたのです。自信を明示し、視覚化していくと、RASは変化していきます。ただし、手順をしっかりと踏まなくてはいけません。これに関しては、科学的な裏付けもあります。絵画を自分のものにするための小さなステップを想像していたとき、私は正しいプロセスをたどっていたのです。それについて説明してみましょう。

ほとんどの人は、スキー競争での勝利、アカデミー賞の獲得、20キロの減量、100万ドルの預金など、先を急いで最終結果を視覚化し、それを想像するという間違ったプロセスを踏んでしまいます。このプロセスに失敗すると、行き詰まりを引き起こしてしまうかもしれません。大きな夢を持つことは素晴らしく、それを実現するために力を注ぐべきです。ただし、最終結果をいくら明確化しても、その夢が叶うわけではありません。そうではなく、夢の実現のためには正しいプロセスをたどっていく必要があるのです。それができれば、少なくとも夢には近づけます。

神経科学の研究によると、視覚化はRASを変化させてチャンスを見つけやすくし、頭の中に描いたイメージと一致するものを身の回りで探そうとするため、目標や夢の実現のために行動を起こしやすくしてくれるそうです。しかし、UCLA（カリフォルニア大学ロサンゼルス校）の研究では、視覚化を本当に目標達成に役立せるためには、夢の実現に到達するまでの段階において、困難で面倒な小さなステップを踏んでいる自分を視覚化する必要があると報告されています。

その理由は、ある動作を実行している自分を視覚化するときも、実際にその動作を実行しているときも、同じ脳領域を刺激していることが脳スキャンによってわかっているからです。つまり、視覚化によって、将来、実際に行う必要のある動作を事前に頭の中でリハーサルできるのです。行動をいったん視覚化してみると、実際にその行動を最後までやり遂げる可能性を高められます。そして結果を出すのは、あくまでも実際の行動であることを忘れないでください。自信を明示するということは、ゴールラインで勝利の輝きに浸るだけでなく、その途中で遭遇する面倒な小さなステップをすべて実行している自分を想像する必要があることを意味します。それにより、神経系と心のフィルターに行動を起こすための準備をさせるのです。また、自分が取るべき行動を視覚化すると、心と体が視覚化によって生じる感情に反応し、RASに「地道に行動することは重要だ」と伝えてくれるでしょう。

雨の中を走っている自分を視覚化してください

視覚化の効果について、さらに話を深めていきましょう。

例えば、ボストンマラソンに参加したいという大きな夢を叶えたいのなら、まずはその夢を毎日、紙に書き出し、それが実現するのを思い浮かべてください。ただし、その夢を叶えようと思ったら、ゴールラインをまたぐ自分の姿や、観衆から寄せられる拍手や称賛について視覚化してはいけません。その代わりにすべきなのは、外気がマイナス12度の中ジョギングシューズの靴ひもを結んでいる自分の姿の視覚化です。イヤホンの充電が切れ、それでも20キロ走らなくてはならない状況を、目を閉じて想像してみましょう。早朝5時に目覚まし時計のアラームが鳴ったときの感覚を思い出してみてください。窓から外を見ると、雨が降っているのがわかります。しかも体にはまだ疲れが残っているようです。そんなコンディションの中、雨に濡れながら走り出さなくてはいけません。

もしも月に10万ドル以上の売上のあるビジネスを構築したいなら、その額のお金が銀行に振り込まれる様子を視覚化してはダメです。代わりに、子どもたちが寝たあと、真夜中に疲れ切った状態でブログを書いている自分の姿を視覚化してみます。

連続して拒否される中、再び営業の電話を掛け、また拒否される状況を、目を閉じて体の隅々で感じてみるのです。そしてまた、電話を取り、次の番号に掛ける自分の姿を想像してみましょう。

もしくは、自分の夢が、これまで経験したことがないくらい愛に満ち、健康的な異性関係を築くことなら、デート用のプロフィールを作っている自分、そして何度もデートに失敗している自分を視覚化してみましょう。悪い人間関係に陥った過去の共依存のパターンを取り除く努力をしながら自分自身を癒し、セラピーを受けているときの気分を視覚化してください。

こうしたプロセスを踏んでこそ、信じられないくらいの大きな夢が叶うのです。その瞬間が訪れたとき、あなたにはしっかりとした準備が整っているでしょう。摂氏マイナス12度の中、早朝5時に起床し、20キロのジョギングが待ち受けていたとしても、あなたはバスルームの鏡に映った自分に対して、外に出ていかずに済むような言い訳をしたりはしません。その理由は、すでにその状況を何度も視覚化しており、自分の気持ちをどう適応させればいいのかわかっているからです。鏡に映った自分に手を重ね合わせたあとは、マイナス12度の中に飛び出し、無事に20キロを走り切るでしょう。

私には絶対にできる。やってみよう！

例えば、あなたが絵画を手に入れたいと思うのなら、私とまったく同じことをしてください。それを手に入れるために懸命に働いてお金を貯めている自分を想像します。月々の貯金をし、実際に絵画を購入するまでに額を買うなどの小さな積み重ねをしていくといいでしょう。私の場合、購入するためのステップを踏み出すときにはどう感じるのかを想像しながら、その可能性を頭に記憶させていきました。こうしたプロセスは、数十年にもおよぶ物語の始まりとなります。

年月が経つにつれ、私の中であの絵画は潜在意識の奥深いところへと滑り込んでいってしまいました。絵画の代わりに、自分の人生が大きなウェイトを占めるようになっていったのです。大学を卒業してワシントンD.C.で働き始め、その後、ボストンに来て、ロースクールに通い始めました。さらにニューヨークに移り、そこで夫のクリスと出会い、その一方で弁護士として働くようになるのです。結婚後は、クリスの仕事の関係でボストンに戻ることが決まり、私たちはそこで一緒に暮らし始めます。

そんな折、クリスが紅葉を見にバーモント州へ週末旅行に出掛けようと提案してくれました。その話を聞いたとき、私の頭の中にはあの絵画の記憶が蘇り、それしか考えられなくなってしまいます。私はクリスに、ほぼ10年ほど前、わざわざその絵画を見に行ったときの話をしました。そして今回、あの吹きガラス工房に併設するザ・ミルでランチを食べるために立ち寄り、その際にあの絵がまだあそこにあるか確認したいと伝えたのです。

その旅行は2週間後に予定されていました。あの絵画をまた見られると思っただけで、購入するわけでもないのに私の気持ちは高揚し、再び大きな夢を持ちたいという感覚が強くなっていきます。絵画の記憶は、魔法を使ったかのごとく潜在意識の中から引っ張り出され、スポットライトを浴びるように私の心のど真ん中に躍り出てきました。これもRASのおかげ。何とも爽快な気持ちです。皆さんは、私の言わんとしていることをわかってくれると思います。誰でも、こんな気持ちになった経験がありますよね。自分の欲するものが、徐々に手に入りつつある期待感とでも言えばいいのでしょうか。それを手に入れる以前から、いや、手に入らないかもしれないとしても、心が躍るような感覚に私は浸っていたのです。

車で移動中の私は、電気がコードを通ってランプを照らすように、エネルギーが体の中を移動するのを感じました。さらに目的地に近づくにつれて、あの絵画がより鮮明に心の中に現れるようになったのです。工房に到着すると、私の五感はめらめらと燃え上がっていきます。建物に入ると、入口付近には同じ画家であるガール・シェパードによる別の絵画が飾られていました。私の心は飛び跳ねるかのようでした。

「これはいいサインだわ。ああ、どうしよう。あの絵はきっとまだここにある……」

私はクリスの手を取り、すぐに工房へと向かうと、各部屋をのぞきながら一心不乱にあの絵画を探し回ったのです。

もうそこにはなかった……

ところが、絵画はどこにもありません。クリスは自分の腕で私を包み込むと、「残念だったね」と声を掛けてくれました。

このときにとても驚いたのは、私の落胆よりもクリスの落胆のほうが大きかったことでした。確かに悲しかったのは間違いありません。ただ、「こんなに年月が経っているのに、もしもまだ絵画があったら、そっちのほうがびっくりだわ」と考えたりもしていたのです。

実際のところ、普段からハイタッチの姿勢さえ持っていれば、たとえ希望がすべて失われたように見えたとしても、絶望したりはしないでしょう。こう思える気持ちを持つことが、とても重要なのです。

私はクリスを見上げると、「大丈夫。いずれにしても今の私たちには購入できないんだから。今回は、あの絵画を探求するために来たと思えばいいわ」と言って、笑いました。「私があの絵画を購入できるようになるには、あと40年はかかりそうね。そのときには、絵のオーナーはすでに亡くなっているはずだから、新たなオーナーを探し回って、必ずあの絵を見つけてみせる」

私は本気でそう信じていたのです。

その後、人生は移ろい、絵画の記憶は再び潜在意識の奥へとしまい込まれていきました。私たちは修繕の必要な中古住宅を購入し、そこに住み始めます。そして私は最初の妊娠を経験するのです。ある年の私の誕生日のこと、クリスは友人や家族に寄付を求め、家のために私が何か素敵なものを買えるようにしてくれました。彼は、数百ドル分のギフトカードを手渡すと、「好きなものを買っていいよ」と言ってくれたのです。クリスはおそらく、キッチン用のスツールのような実用的なものを買うのだろうと考えていたと思います。

しかし、私が唯一考えられたのは、あの絵画でした。とはいえ、数百ドルではガール・シェパードの作品は1つも買えません。〝私のあの絵画〟となると、なおさらです。シェパードはここ10年あまりで人気の画家になり、アメリカ中のアートギャラリーで個展を開くようになっていました。ところが、開かれた私の心は、その手の情報によって閉ざされなかったのです。私の中では、幾ばくかのお金と、欲しいものを手に入れていいと許可をもらった時点で、すべてが可能になったように思えました。心が開いているとき、人は至るところに可能性が散らばっているのが見えます。すでに何度も触れましたが、これがＲＡＳとツァイガルニク効果の働きなのです。

私は絵画について考えるのを止めず、また入手困難な理由を頭に浮かべもしませんでした。他のことだったら、それから気持ちを逸らそうとしたかもしれません。しかし、疑念は一切湧いてこなかったのです。代わりに感じたのは、ひらめきでした。私はすぐに電話を手に取ると、あたかも自分のポケットの中に１００万ドルが用意されているような気分になりながら、あの吹きガラス工房の番号を押したのです。すると、感じのいい男性が応答してくれました。私が事情を説明すると、工房が所有するシェパードの小作品の写真を送ってくれると言うのです。

気になったのは、男性が〝小作品〟と話したことでした。それを聞くと頬が赤くなり、神経組織が熱くなるのを感じました。自分の体が「不安モード」に入った瞬間、ＲＡＳはすぐに機能しなくなり、心の中はネガティブな考えで占められてしまうのです。こうしてあなたのテンションは、一気に天から地へと落ちていきます。

「私、いったい何をしようとしているの？　あの絵画を私が買えるなんて思ってるの？　自宅の家具を見てみなさい。もらったものとイケアのものばかりじゃない。私の所有物の中で『アート』に一番近いのは、大学時代に寮の部屋の冷蔵庫に貼っていたマティスのポスターぐらいなのよ。それなのに絵画だなんて。私には、小作品だって買えやしない。30代の妊婦で、やっとのことで家計をやり繰りしているのに。あの工房に電話しているなんて、正気の沙汰じゃないわ」

私はまず、十分なお金を持っていない自分に対して恥ずかしさを感じました。そして、「何か買うなら、例えばベビーベッドとか、自分たちの家庭が必要としているものを買うべきではないか」と考え始めたのです。

そのとき、私は自分の心が扉を閉ざしていくのを感じました。体に生じたストレスが、ネガティブな反応を心にもたらしたのです。電話口で男性が〝小作品〟と言った途端、ネガティブな考えが私の脳裏に浮かび、空中に舞う砂埃のように広がっていきました。もしも心の中に砂嵐が舞い立つのを感じたら、本来であればすぐにそれを消し去らなくてはいけません。それをしないと、ネガティブな考えに支配されて、ネガティブな行動ばかり取ってしまうでしょう。事実、私は吹きガラス工房に掛けた電話を切ろうとしたのです。

もしもストレスによって神経組織が熱くなったら、すぐに介入してください。「体がストレスを感じると、新しい情報を取り入れる能力が阻害される」というウィリス博士の研究結果を紹介したのを覚えていますか。そうならないように、何らかの手を打つ必要があるのです。その手立ての1つとして、「5秒ルール」を取り入れることをお勧めします。「5、4、3、2、1」とカウントダウンし、気持ちがマイナスのスパイラルに入り込むのを一気に断ち切るのです。

残念ながら、吹きガラス工房に電話をした当時、私はまだ「5秒ルール」を構築していませんでした。そこで、深呼吸をし、絵画について考えるようにしたのです。続けて「ネガティブなことは考えない」と自分に言い聞かせ、あの絵が自宅のキッチンの壁に掛けられている情景を視覚化し、それから生じるエネルギーを吸収しました。

「ところで、私が大好きだった作品があるんです。もう何年も前にそちらに掲げてあって。扉を横にしたくらいのサイズで……」

私は、バーモント州の風景が描かれたあの絵画の特徴を詳しく説明していったのです。すると彼は一瞬置いて、こう言いました。

「そうですか。ただ私は、ここに来てまだ1年ちょっとしか経っていないんです。彼女の作品は、入ってくるとすぐに売れてしまいますからね。想像でお話しするのは避けたいのですが、おそらく私がここで働くようになったときには、すでに買い取られていたのではないでしょうか。でももしかしたら、ガールがその絵の行方を知っているかもしれません」

「えっ、ガール？　ガールって、ガール・シェパードご本人？　ガールをご存知なんですか？」

私がその話に飛びつくと、彼は笑って言いました。

「もちろん、知ってますよ。彼女はここから数キロのところに住んでいるんです。彼女の電話番号をお持ちしましょう」

心臓が止まるかと思った……

私は、画家であるこの女性に10年以上もの間、個人的な結びつきを感じていました。そして今、彼女の連絡先を得ようとしているのです。いったい、彼女と何を話せばいいのでしょう……。男性が言った〝小作品〟でさえ買う余裕がないのに、あの絵なんて手が届くわけありません。

気が付いたでしょうか？　ここでまた私はストレスを感じ始め、ネガティブ思考の扉を開こうとしていました。ストレスがたまると、ポジティブな姿勢を保つ気力がなくなり、心は閉じてしまいます。したがって、自分自身に心を閉じることを許してはいけないのです。心が閉じたら、必ずネガティブ思考に支配され、ネガティブな行動に出るようになってしまいます。事実、私は彼女に電話をするのを先延ばしにしていました。その後、何日間か、家の中をうろうろと歩き回り、完璧な言葉を見つけようと考え続けたのです。

それを見ていたクリスからは、「彼女に電話したの？」と何度も聞かれました。

しかし、そのときの私の頭の中には、電話をしない理由が際限なく積み上がっていて、電話をするどころではなかったのです。電話をしなかった本当の理由は、とにかく怖かったからです。とても自意識過剰になっていました。私は彼女に好かれたかったのです。そのため、何かバカげたことを言ってしまい、彼女に悪印象を持たれるのを恐れていました。

私は美術商でも何でもありません。したがって、彼女は普段、私のような人間とのやり取りはしていないでしょう。私の心の中に元々ある「他人を喜ばせなくては」という観念が、自分自身を麻痺させていました。

そしてとうとう、クリスが痺れを切らしたのです。彼は私に電話を手渡し、「メル、君が電話をしないなら、僕がこれから掛けるよ」と迫ってきました。

彼はフラストレーションがたまった表情を私に見せ、自分が本気であることを伝えようとしています。

「わかったわ。掛けてみる」

そう言って、私は電話をしたのです。

呼び出し音が何度か鳴ったあと、相手が電話を取り、かすかに「もしもし」と言ったようでした。一方、私のほうはペラペラと早口で話し始めました。幸い、彼女に恐怖を感じさせたり、バカげたことを口走ったりせずに会話ができたのです。私の心配は単なる杞憂に終わり、私たちはすぐに打ち解けました。会話の途中で、私は彼女から「私の作品のどこが好きなの？」と聞かれ、すぐに返答しています。実は、クリスと私は、それまでにバーモント州の山々を何度もハイキングしていたのです。

「歩いていて、1つの曲がり角を折れると、その先には息をのむような景色が広がっている……。そんな瞬間をたくさん経験しました。今、私が見ている素晴らしい景色は、誰か他の人も見ているのだろうか。そんなふうに考えていたのです。あなたの作品は、他の人もあの景色を見ていることを証明してくれました」

それから私は、一番言いたかったことを彼女に伝えました。

「ところで、私が大好きだったあの絵ですけど、何年もあの工房にあったと思うんです。サイズは扉のような大きさで……」

詳しく説明していくうちに、彼女が黙り込んでいるのに気が付きます。しばらくして彼女の声が聞こえてきました。

「メル、ちょっといいかしら。もう何年にもわたって、私は大型のバーモント州の風景画を数百枚も描いてきたの。だから、どの絵をあなたが見てくれたのか、間違って判断したくない。そこで提案なんだけど、都合のいい日を選んで、クリスとあの吹きガラス工房に来てみるのはどうかしら？　私も夫と行くわ。そこで一緒に歩きながら、あそこに掛けてあるすべての絵画についての話をしてあげる。もしもそれで気に入ったものを見つけられなかったら、数キロ離れた私の仕事場に来て、今取り掛かっている絵を見せてあげるわ。それでもお気に入りが見つからなかったら、私が保管しているスライドを見て、あなたが話してくれた絵を探してみましょう」

1カ月後、私たちはガールと彼女の夫とランチを食べるために吹きガラス工房に出掛けました。私たちよりひと回り以上年上の彼女は、とても優しくて、いい人でした。彼らは、私たちがまるで古くからの友人であるかのように接してくれたのです。工房の中を歩きながら、ガールは自分の作品について語ってくれました。そこにいた人たちは彼女が来ているのに気が付くと、挨拶をしていきます。

一方、私について言うと、最初の興奮が徐々に冷め、不安になり始めていました。そこに掛けてある絵画はどれも私が買えるようなものではなかったからです。ひと回りしたあと、私たちはランチを食べるためにザ・ミルへと向かいました。1989年に私があの絵画を初めて見たときに食事をした同じレストランです。私は再び、チェダーチーズスープを注文しました。

注文が済むと、ガールは私を見て、今も忘れることのできない話をしてくれたのです。

「いいかしら。あなたに伝えたいことがあるの」

レストランの喧噪は、またもやどこかに消えていきました。

「私はね、これからお話しするような出来事を一度も経験したことがなかったの。あなたが私に電話であの絵の話をしたとき、私はどの絵なのかわざとわからないふりをした。でもね、メル。私はあなたがどの絵の話をしているのか、はっきりわかっていたのよ」

そこで彼女の夫が、言葉を挟みました。

「ガールが電話を切ったときの表情を、あなたに見てほしかったなあ。ガールはまるで幽霊にでも出くわしたような顔をしてたんだから」

ガールはうなずき、そして言いました。

「これまでの画家人生の中で、同じ風景を2つのバージョンで同時に描いたことが2回だけあるの。あなたが話していた絵画は、そのうちの1つ。1枚は、あの工房に売却用に寄贈したもの。そしてもう1つは、私の仕事場の倉庫に保管してある……」

彼女はさらに続けます。

「あなたがレストランで見た絵画の姉妹作品はね、今も倉庫にあるわ。一度も外に出したことがないの。もう何年も倉庫の中で眠っている。だから余計、あなたがあの絵について説明し始めたとき、私の体は完全に固まってしまった。だって、ずっと倉庫にあった絵画について、あなたが話し始めるんだもの。これまで十数回、あの絵を額装して売ろうと考えたわ。でも、結局は一度もしなかった。おそらくそれは、あなたがあの絵を探しに来るのを待ってたからなんだと思う」

そう言うと、ガールは涙を流したのです。

奇跡的なことが起きようとしていた……

私たちは畏敬の念を抱きながら、何が起きているのかを感じ取っていました。その後、ランチを済ませた私たちは、車でガールの仕事場に向かったのです。仕事場に足を踏み入れると、そこにはイーゼルがありました。そのイーゼルの上には、あの絵の姉妹作品が大きな合板にテープで貼られた状態で置かれていたのです。その光景は、それまでの私の人生において、最も絶妙で瑕疵《かし》のない美しいものとなりました。それはあたかも、時間の概念が崩れ去り、11年前と今現在の2つの時間軸に生きているかのようでした。11年前の私は、あの賑やかなレストランに立ち尽くし、「この絵画は自分のもの」と言い続けています。と同時に、今現在の私は、あの絵画を目の当たりにしているのです。あの感覚は、私がこれまで経験した中で最も深く直感的なもので、洞察力に富み、深みのある何かとのつながりを呼び起こすものでした。こうした出来事が起こり得るからこそ、今この瞬間が、これから起こる何かに対しての準備期間だと私は信じているのです。

ガールの仕事場で、私はどれほどの時間、絵画を見つめながら立ち尽くしていたのか覚えていません。我に返ったのは、クリスが腕で私を包み込んでくれたときでした。それと同時に、私の心は沈んでいったのです。

「私たちにはこの絵画を買うだけの余裕がない……」

クリスを見上げたとき、彼はすかさずガールに話し掛けていました。

「ガール、この絵の値段はいくらですか?」

すると彼女は答えます。

「そうねえ、500ドルはどう? だって、この絵はメルだけのために描かれたようなものなんだから」

私の心はすでに2つに分解され、1つは絵画に再遭遇できたことのために割かれ、もう1つは、その絵画を自分のものにできるという状況のために割かれていました。自分のものになる……。11年もの間、私は「欲しいものは必ず手に入る」と信じることを自分に許し、ついにその日がやって来たのです。ネガティブな思考と戦い続け、自らのインスピレーションを手放さずに過ごしてきた年月でした。可能性に対して常に心を開き、欲しいものに向かって歩みを止めなかったのです。可能性を信じたからこそ、目標を達成しようとする自分自身を支えられたと言っていいでしょう。私は、自分が望んだことを実現しました。そこに達するまでには、常にハイタッチをしている自分がいたのです。

私は、わくわくすると同時に、疲れ果てていました。どちらかというと、疲れ果てた部分が大きかったかもしれません。情緒的な疲れではなく、精神的な疲れでした。11年間もの長い間、私は自分の「重要なものリスト」にこの絵画を残し続け、ようやく完了を意味するチェックマークを書き込めたのです。やっとのことで絵画をリストから外すことができ、仕事を1つ終えた気になりました。これからこの絵画は、私の心の片隅に押し込められるのではなく、壁に堂々と飾られる。それを考えただけで、とてつもなく大きな達成感に包まれていきます。

私は、絵画と共に彼女の仕事場をあとにしました。その後、家に帰ると、この絵を飾れる壁は、ベッドルームにしかないことが判明します。額装する余裕はなく、絵画はひとまず壁に貼り付けるしかありません。その後、額装するまでには1年がかかりました。

この絵画は今、私の家のキッチンに飾られています。

人の心というものは、夢の達成を助けるために綿密にデザインされている――。私はこの考え方を深く信じています。実際に欲しかった絵画を手に入れたことは、その正しさを証明していると言っていいでしょう。

あなたがすべきなのは、夢の達成は可能であると信じ、それに向かって歩き続けるように自分を励ますことです。何があっても、実現可能だと信じ続け、それがいつ、どのように展開するかについては厳密に決めつけないようにしてください。

決めつけないことが大事なのは、私があの絵画を手に入れるまでに11年もかかった道のりを考えれば、わかると思います。

実は、この話が教えてくれるのは、あの絵画についてだけに収まらないのです。今になってそれがようやくわかりました。美しく魅力的なバーモント州へと誘うような情景が、私の夢の絵画に描かれていたのは偶然ではなかったのです。あの絵は、明らかに私を目的地に導く道標の役目を果たしていました。

私はあの絵画を、20年後の今につながる、私が進むべき人生へと案内し続けてくれた、天空に浮かんだ大きな矢印だったと考えています。それについては、次のチャプターで詳しくお話ししましょう。過去を振り返ってみると、誰でも自分の人生の点と点を結ぶことができるものです。「本物の芸術」とは、今この瞬間が、将来起こる素晴らしい何かと自分をつないでくれる点であると信じることだと思います。

信頼はどんな局面においても主要な要素であり、自分自身、自分の能力、そして物事の神聖な性質を信じることは絶対に不可欠なのです。人生の中で起きる出来事のすべてが、まだ起きていない何かの準備をしてくれている……。今のところ、すべての点が人生の地図上でどのようにつながっているかは見えてこないかもしれません。しかし、それらは確実につながっているのです。

今夜、バーで出会った人と恋に落ちるかもしれないし、新しく出版した本がベストセラーリストに入るかもしれない。もしくは選挙に出て当選するかもしれないし、ベンチャーキャピタルからの投資が決まるかもしれません。ずっと考えていた修士プログラムで学ぶことが決まる可能性もあるのです。重要なのは、欲しいときに何かを手に入れることではありません。それを期待するのではなく、恐怖や疑念、あきらめの感情をはねのけ、前に進むための力を与えてくれるものを受け入れていきましょう。その際、夢の存在は、あなたにより偉大なものを信じる方法を教えてくれるはずです。夢は、自分自身と、何事も実現できる自らの能力を信じることの大切さを常に示してくれます。

信じるしかないのです。自分自身とこのチャレンジに立ち向かう自分の能力を信頼し、夢を実現するまでの途上では自分自身を励まし、労いの言葉を掛けてください。そして毎朝、自分自身と向き合ったら、微笑む瞬間を作りましょう。この美しい人生のある時点で、すべてが完璧に、さらには魔法のように意味を成すときが訪れることを肌で感じるのです。

鏡に映った自分に手をかざし、語り掛けてください。

「私はあなたを信じている。絶対に大丈夫。そのまま前に進んで。驚くような何かが、必ずあなたを待ち受けているから」

チャプター15

最後にはすべての辻褄が合います

日々の生活を送る中で何となく違和感を覚えながら、その原因がわからないと感じたことはありませんか？　実は過去数年間、私はずっとそう感じてきました。常に違和感があるわけではないのですが、静寂なひと時が訪れると、なぜか落ち着かなくなってしまったのです。

仕事のために飛行機に乗り、初めて訪れる土地に着陸するたびに、次はクリスとどこに定住するのだろうと考え、期待と好奇心で興奮する瞬間がありました。3人の子どものうち、2人が家を出ていくと、私たちのお気に入りだった母屋は、残された家族にとってしっくりしない場所になってしまったのです。それを感じつつも、私は仕事で出張が多かったり、大きくなった子どもたちと関わったりするのに忙しく、自分自身と静かに対話する時間がまったくありませんでした。唯一自らと向き合えたのは、上空約10キロメートル地点にいたときだけだったのです。飛行機が滑走路に着陸するたびに、私はいつも思いました。「次はここなのかな？　オースティン？　それともサンディエゴなの？　もしくはナッシュビル、ニューヨーク？　次の人生を私たちはどこで過ごすのだろう……」

そして、新型コロナウイルスが猛威を振るう直前、中学生だった長男のオークレーが高校進学について悩み始めます。これが私たち家族にとって試練となりました。彼は、クリスの両親が20年以上暮らしているバーモント州南部の高校に行きたいと主張し始めたのです。当時、私たちはボストン郊外に住んでおり、そこでの生活はあと少しで25年になろうとしていました。そのため、仕事のスタッフや友人たちは皆、ボストンに住んでおり、私の生活の拠点はすべてボストンにあるという状況でした。バーモント州南部はとてもいいところです。あの地域が素晴らしいのは知っていますが、それとこれとは別。オークレーの考えに私は大反対しました。

「バーモント州に引っ越す？　その可能性はゼロでしょ。だって、定年した人たちが行くところじゃない」

これが私の偽りのない考えであり、あのタイミングで〝何もない〟ところへ引っ越すのは、選択肢としてあり得ないものでした。私には、ボストンでこれまで築いてきた生活や友人たちから遠ざかる気持ちはまったくなかったのです。さらに言うと、もしも大都市圏に住んでいなかったら、私の仕事が成り立たなくなる可能性もありました。地方空港から飛行機で2時間かけて通勤するなんて、絶対に無理です。

しかし、オークレーは納得しませんでした。彼の読み書き障害は、通学をとてもつらいものにしていたのです。そのため彼は自分で学校を探し、バーモント州にある公立高校に進学したいと強く思ったのでしょう。一方、私は、ボストンの周辺でもいい学校はいくらでも探せると考えていました。これに関してクリスと私の意見は合わず、口論をしています。裏ではどうやら、義母がバーモント州へ引っ越しをするという考えをクリスに押し付けていたようです。義母は、どれほどクリスがスキーを愛しているかを私に思い出させようとしました。それに対し、私は「クリスがしたいことなんてどうでもいいんですよ。バーモント州に引っ越すなんて、絶対にありません！」と言い切ったのです。

「あれこれと考えているうちに、いろんな出来事が起きるのが人生」

こんな言葉を聞いたことはないでしょうか？　確かに私は「あれこれ」と考えていました。ただし、バーモント州への引越は、その「あれこれ」の中には含まれていません。今振り返ると、自分を導いてくれる目の前の「点」の存在に、私は少しも注意を向けていなかったのです。

点を結び付けてくれた霊能者……

霊能者なんていう言葉を見て驚いたかもしれませんが、見間違いではありません。オークレーに「引越はしない」と伝えてから1カ月後、私のトーク番組のゲストとして霊能者がやって来ました。彼女は5歳のころから、すでに亡くなった人たちの姿を見たり、会話を交わしたりできると言います（私はこういう話が大好きです）。彼女は、スタジオに来ていた人たちに向けていくつかの魅惑的な霊視を披露しました。すると、その内容がどれもそこにいた人たちの心を震わせ、私たちは涙を流してしまったのです。番組スタッフやスタジオに来てくれた人の中には当初、彼女の能力に懐疑的な人もいたのですが、彼女の霊視はそうした人たちの考えを変えるに十分なものでした。

次に彼女は私のほうを向き、私を霊視していいかと尋ねたのです。もちろん私は、「イエス」と答えました。

最初に彼女が言ったのは、「軍服を着た男性が私の背後に立っている」ということでした。それを聞いて、私はすでに亡くなっている祖父のフランク・シュニーバーガーを思い出しました。彼は海軍に在籍していた時期があったからです。ところが、彼女は「祖父ではない」と言います。彼女によれば、その人物は空軍のパイロットだそうです。

「パイロット？」

私には、空軍でパイロットをしていた知り合いはいません。

「アルファベットのK、もしくはケンという名前を聞いて、何か心当たりはないですか？」

彼女はそう続けました。

「ケン？　娘のケンドールのことを、私たちはケンって呼んでいるんです。彼女の名前は、クリスの父親の名前、Ｋｅｎｎｅｔｈから取りました。私たちは彼のこともケンって呼んです。だけど、彼は軍にいたことはないわ。広告代理店を経営していましたけど」

するというと、霊能者は言いました。

「あなたの後ろに立っている男性は、少しイライラしているみたい。今お伝えした情報を家族の誰かに確認してほしいみたい」（死んだ人の図太さとでも言うんでしょうか……）

この時点で、プロデューサーはクリスに電話を掛け、電話口に呼んでいたのです。驚いたことに、クリスは自分の父親が大学時代に空軍の予備役として登録されていたと話し始めました。私はその事実を今まで知らなかったのです。義父は一度もパイロットとして空を飛びませんでした。テストを受けたところ、色覚異常があることがわかったからです。パイロットになるのは、義父の昔からの夢だったと言います。

その話を聞きながら、霊能者はうなずいていました。彼女は、ケンが私たちの疑念を打ち消すために、あえてそのような（グーグルでは決して調べられない）過去の話を持ち出したのだと理解しているかのようでした。霊能者はまた、ケンには多くの孫がいると私に明かしました（これも当たりです）。そして、特に心配で気にかけているのが、最年少である、私とクリスの息子だそうです。彼女によれば、今日彼がスタジオにやって来たのはメッセージを伝えるためだと言います。

「学校の件で何かが起きているだろう。それについて、気に入らないことがあるようだね、メル。だけど、自分の息子の話を聞いてあげないとダメだよ」

霊能者がそう話したとき、私は幽体離脱を経験しているのかと思いました。イスに座っている感覚がなくなり、その瞬間、体が浮いているように感じたのです。Kｅｎの存在を感知し、実際にそこにいるのだと確信しました。

私は、バーモント州への引越しについてクリスとオークレーと口論したことを誰にも話していませんでした。私たち３人以外はそれを知りません。

私の気持ちの中では、１カ月前にすでに結論は出ていたのです。オークレーはボストンの学校に行く……。そう決まっていたはずでした。ところがKｅｎは「バーモント州に引っ越しなさい。私を信じて」と訴えてきたのです。

話はさらに不可思議さをエスカレートさせていきます……

私は独り言を口にしながら、スタジオのセットから離れました。

「こんなの信じられないわ。バーモント州に引っ越さなくてはならない」

ケンのメッセージが真実を伝えていると理解した私は、ショックを受けていたのです。

私はクリスに電話を掛け、スタジオで何が起きたのかを詳しく話しました。するとクリスは私の話を引き継いで、こう言ったのです。

「まだ話してなかったけど、昨日、母から電話があったんだ。1年前に、複数の彼女の友だちが住んでいるコンドミニアムのオーナーに手紙を書いたらしい。そしたら返事が来て、そのコンドミニアムを母たちに売却してもいいという内容だったみたい。それで昨日電話があって、母と父が建てた家を買わないかって聞かれたんだよ。だけど、『ボストンにこのままいることに決めたから』って言って、断ったばかりなんだ」

すべてが静まり返るのを感じました。そして私は、何もかも信じることにしたのです。「お義母さんに『イエス』って伝えて。あの家を買いましょう」

私はクリスにそう伝えました。

こうした経緯があり、私たちはコロナ禍が始まる直前にクリスの両親が建てた家を購入し、その家のリノベーションに取り掛かったのです。その結果、オークレーは自分で探してきた高校に入学できました。そしてクリスは毎日スキーをし、とても幸せそうでした。キッチンの窓からは、約230キロメートル先まで見渡せ、人の姿はありません（それが時折、怖くなります）。そしてさらに、何かが私の中で起こり始めているのを感じました。

それまでの5年間、私はとにかく忙しい生活を送り続け、自分自身とのつながりさえも見失っていたのです。正直に言うと、クリスや子どもたちとのつながりもどこかへ追いやっていました。それに気づき始めたのは、バーモント州の田舎の穏やかさに触れたからです。この環境は、自分の中で何が起きているのかを直視するのに最適だったと言えるでしょう。私はようやく、気持ちを落ち着けて、静かになるしかない場所にたどり着きました。心のフィルターを取り出し、そこに詰まった糸くずの状態を調べ、それらを完全に取り除く機会が訪れたのです。

実際のところ、バーモント州への引っ越しは、「十分な成功をまだ収めていない」という恐怖に私を引きずり込みました。私が感じていた不安は、「自分が育った町の規模と同じ人口3000人ほどの町に住んでいたら、自分のビジネスの拡大を手伝ってくれる友人やスタッフを見つけられるはずがない」という考えが源でした。このままでは、ボストンやロサンゼルス、ニューヨークに拠点を置くライバルたちから遅れを取るばかりで、ついていけなくなるだろうと思ったのです。その考えが少しでも頭をかすめただけで、恐怖心と不安感が一気に湧き上がってきます。こうなると、私は自分自身と向き合うしかありません。

その状況の中で気づいたのは、不安やストレスを乗り越えるために私はそれらを直視せず、逃げることでどうにかごまかしてきたという事実でした。自分をいつも忙しくさせ、ミーティングや買い物、どこかへの電話で手一杯にしておけば、不安やストレスに飲み込まれはしないだろうと考えていたのです。

自分がどんな人物なのかわかったときほど驚きの瞬間はありません

人生のどこかの段階で、「これは自分に向けられたもの」と感じるメッセージに触れたとき、必ずそれに耳を傾けてください。仮に私の人生が100万年続いたとしても、まさかバーモント州に住むなんて考えてもみませんでした。それなのに、私は「そうしたい」と思い、実際に今そうしているのです。出張に出掛ける回数は減り、家族と過ごす時間は増えました。心配ごとに気を取られる時間は短くなり、自分の仕事とその方向性についての確信はより強まっています。不安は減り、確実に喜びの瞬間が増えているのです。自分が何を望んでいるのか考えるときは、特別な注意を払いましょう。RASはあなたが考えていることに敏感に反応し、それに意識を向けていきます。

新天地で一から生活基盤を築いていく過程では、人生においても、この本を完成させる上でも、私は意識的かつ意図的に、それまでの姿勢を変えていかなくてはなりませんでした。まず、これまでずっと自分が望んでいると言ってきたものをすぐに受け入れる必要がありました。そこで私は、飛行機に乗るのを止め、仕事であちこちに行くのを控えることにしたのです。結果として、自分の納得できる方法で仕事をし、自らで選んだ場所で生活できるようになったのですから、以前よりも満足度は高く、充実しています。

これまで私は、成功するためにはどうあるべきか、どう生きるべきかについて、様々なプランを自分に言い聞かせてきました。しかし今は、それらすべてを放棄してしまおうかと真剣に考え始めています。今はもう、かつてのように忙しく走り回っていないため、人生の中で最もクリエイティブな時間を過ごしているような気がするのです。ただし、わくわくする気持ちと怖いという気持ちの両方を感じています。人生と同じで、高い波に乗るときもあれば、低い波に乗るときもあるのです。

引っ越したあと、私はここにいながら仕事のチームを作ることができました。今や当たり前かもしれませんが、私のチームはそれぞれがリモートで仕事をしています。ただし、ジェシーだけは例外でした。彼女は元々、アメフトのボルチモア・レイブンズのビデオプロデューサーをしていました。ところが、彼女の婚約者がバーモント州を拠点とするアウトドア用品メーカーのオルビスで仕事を得たため、コロナ禍が始まる前にバーモント州に引っ越してきたのです。自分のSNSの運営チームのメンバーとして私が最も切実に求めていたのは、ビデオ編集者でした。そんなタイミングで、まるで贈り物のように私の目の前に現れたのが、彼女だったのです。

その後、エイミーという仲間が加わっています。彼女は、ニューヨーク郊外出身のコピーライターで、私たち家族と同様、地元の学校とこの地域がもたらしてくれるライフスタイルの変化に引き付けられて、この秋に引っ越してきました。さらにもう1人、トレーシーも仲間に加わっています。彼女は私のかつての同僚たちの中で最も優秀な人材の1人で、彼女のパートナーがバーモント州の大学の医学部に入学したため、ここに移り住んできました。こんな形で、私たち全員がそれぞれの人生の新たなチャプターのためにこの地に漂着してきたのです。

私のRASはもはや、「どうしてこんな失敗をしてしまったんだろう?」というメッセージを受け取ることはなく、「これ、うまくいくよね?」「実際にうまくいっている」「まさに思ったとおりにできた」というメッセージを日々受け取っています。

現在の新たな人生のチャプターはとても素晴らしいものです。だからと言って守りに入ったわけではなく、新しい何かを始める時機が訪れたら、自分の人生を再び変えるためのツールはすでに身に付けているという自信を持っています。

バーモント州での暮らしは、私の人生で最も大きな1つの教訓を与えてくれました。それは、「自分は自分自身の導き手である」ということです。すでに何度も触れたように、自分の夢というのは常に導き手のような役割を果たし、生きていく上で必ず直面する困難な瞬間を乗り越えさせてくれます。忘れないでほしいのは、あなたはそうした夢と共にこの世に生を授かったという事実です。夢はあなたのDNAの中に組み込まれています。夢はあなたの一部であり、あなた自身がその夢への導き手でもあるのです。

私たちすべてが犯してしまう間違いは、外部の何かを自分の支えとし、それに依存してしまうことだと言っていいでしょう。最高の恋愛をし、最高に儲かる仕事を得て、最高に豪華な家に住む――。これらを実現することが、ハイタッチな人生をもたらし、楽しい気分にさせてくれると考えてしまう人がいます。しかし、それは大きな間違いであり、こうした状況に身を置いたとしても、楽しい気分になれる保証はまったくありません。外部の状況に頼るのではなく、自分自身でハイタッチな人生や楽しい気分を手に入れる方法を学ぶのです。

自分の人生に必ず存在してほしい感情は何でしょうか。幸福、歓喜、楽観主義、自信、称賛……。これらを欲するのであれば、自分自身で生み出していくことです。そして、その実現のために激励が必要なら、自らに声援を送ってください。

実は私は、今のような純粋な満足感をこれまでに経験したことがありません。確かに私はこれまでずっとポジティブなタイプの人間でした。幸福感に包まれたときもあれば、楽しい気分になった思い出もたくさんあります。ところが、自分自身としっかりつながっている感触、自分の人生のビジョンに根ざしている感触を得られたことは一度もなく、どうしてそれができないのか、理由がわかりませんでした。

しかし、今になってようやく、もっと早くここに移り住まなかった理由がわかりました。それ以前に私に起きたすべての出来事は、私がここに来るために用意されたものであり、そしてついに私の人生の地図で複数の点がつながった結果、最終的に自分がたどり着くべき場所に導かれたのです。同じ現象はあなたにも起こり得ます。あなたの人生の地図に散らばった点がすべてつながり、その瞬間、あなたにとって意味のあるものへときっと導いてくれるでしょう。

ただし、実現するのは容易ではなく、結果は完璧ではないかもしれません

変化を起こすのは容易ではなく、それによって得られる結果も常に芳しいものとは限りません。私の例を言うと、引っ越してからの4カ月間は、本当に大変でした。朝起きると、1日おきにボストンまで車で通勤していたのです（冗談ではなく、本当に……）。人は、八方塞がりになったと感じたときや、目の前の状況にもはや対処できないとき、現状から逃避したくなります。よく考えてみると、私はそれをずっとしてきました。何かがあると、

すぐに〝忙しい自分〟を生み出し、追い詰めていたのです。自信に満ちているかのように見えたかもしれませんが、実際はそんな自分に違和感を抱いていました。他の人たちと一緒にいてもその違和感がなくならず、大きな変化や不確実な状況を経験しているときは特に強い違和感に襲われていたのです。

ところが今回の変化はこれまでとは異なり、不確実な状況や恐怖の波をどう捉えればいいのかを教えてくれました。不安になっても恐怖を感じても、逃避する必要はないのです。しっかりと自分の足で立ち、その不安に向き合えばいい。さらに、自分の姿を鏡に映し、その姿を見つめながら「絶対に大丈夫」と言って自分に確証を与えれば、恐れることは何もありません。私はそれを学んだのです。

引っ越して来たあと、私は新しいかかりつけ医に出会います。バーモント州出身のその医師は、「この40年間、多くの人がここに移住してきたのを見ましたが、ほとんどの人がこの地を好きになることはなかった」と言い、さらに続けました。

「誰もが、どこかへ行こうとします。しばしばそれは、自分たちの問題から逃れるためですよね。でも、どこへ行こうが、皆、問題を新天地にも持ち込んでしまうんです。特に静かで落ち着いたバーモント州のようなところだと、逃げようにも逃げ場がない。ここでは否が応でも自分に向き合わざるを得ないのです」

私が気づいたのは、カゴに入れられた鳥が羽をばたつかせるように、不快感を抱えながらもその場に身を置き、今ある現状に向き合わなければならないということでした。毎朝起きたら、胸に手を当てて、自分が聞きたかった言葉を自らに語り掛けるしかないのです。ハート形の何かを探し続ければ、その他のサインも見つけられると私は信じています。鏡に向かってハイタッチをし、自分自身を元気づけ、もやもやした気持ちやネガティブな考えを乗り越えられれば、どこにいても快活な1日が送れるのです。

この本で私が紹介してきた内容を信じてください

これまでの自分の人生は、必ずあなたに何かを伝えようとしています。今はまだ見えない何かを、あなたの人生は準備してくれているのです。それを信じてください。不安は一時的なもので、いつかは収まります。気持ちが乗らないときは、5、4、3、2、1とカウントダウンし、どちらかの足を一歩前に踏み出しましょう。頭の中のフィルターをきれいにし、オープンマインドの姿勢をいつも保つのです。

ハイタッチの習慣を身に付けたことで、バーモント州の山の中にいても自分のビジネスが成長していく未来がはっきりと見えるようになりました。しかも、自分のチームを立ち上げられたのです。ここなら、ビリヤード台を置けるスペースも十分にあります。私のお気に入りの絵画をキッチンに飾ることもできるのです。クリスと私は、ここで幸せに暮らせるでしょう。絶対にそうなります。私がそれを望んでいるのですから。

私たちが抱く夢は決してなくなりません。人は夢と共に生まれてきます。どこにいても夢は失われないのです。どんな自分に変わろうが、叶えたい新たな夢が出てくるでしょう。これからは、逃避するのは止めて、代わりにその実現に向けてのめり込んでいくべきです。この先、自分はどう変わっていくのか……。自分の人生が示すすべてのヒントを見て、聞いて、感じて、前に進んでいってください。私たちは皆、それぞれが異なる方法で最高の自分になれるように定められているのです。ハイタッチな結婚をし、ハイタッチな親となり、ハイタッチな友人関係を築き、ハイタッチな仕事に就けたら、素晴らしい人生が目の前に開けてきます。また、人生の中で新たな夢が生まれたとき、自分自身にハイタッチをし続ければ、必ずその夢は叶うでしょう。それを信じてください。

覚えておいてほしいのは、私はあなたと共にいて、いつでもあなたを応援するためにハイタッチをする準備ができているということ。私にはあなたが見えているし、信じてもいます。今度はあなたが自分自身のことを信じる番です。どうか自分の夢を叶えていってください。

ちょっと待って！　まだ終わりではありません

毎朝、自分自身のために目覚めるには？

　バーモント州の山の中の家から、あなたにハイタッチをする……。先ほど私はそう言いました。しかし、それで終わるわけにはいきません。なぜなら、皆さんの中には、こんなふうに考えている人がいるかもしれないからです。

「ＯＫ、メル。『鏡に向かってハイタッチをする』っていうのはわかったわ。でも、ちょっと混乱しています。あなたが教えてくれた内容を実践するには、私もバーモント州に引っ越したほうがいいの？　それとも霊能者に相談すべきなのかしら？　好きな絵画を見つけて、それを買うとか？　プロムのドレスは必要？　ハート形と赤いホンダ車を探せばいいの？　そうすれば、自分のRASはうまく機能し始めますか？　そもそも私は、いったい何をすればいいの？　もう少し詳しく教えてほしい」

もちろん、お教えします。まずはおさらいをするために、最初に戻りましょう。あなたは下着姿のまま自宅のバスルームにいます。そこで、この本で学んだすべてを思い出してみてください。

ハイタッチの朝

最初は何と言っても、朝のハイタッチから始まります。研究によってその効果は認められていますし、とにかく実践するのが簡単です。自分自身にハイタッチをすることで気分を良くし、小さな成果を次々と挙げて、日々の生活の中で自らを輝かせてください。目覚ましのアラームが鳴ったときがスタートです。目を覚ましたら、次に書かれた行動をしていきましょう。その際の心構えについても書き添えておきました。各行動の詳細はあとに続きます。

①アラームが鳴ったら、起床します――自分自身を第一に考えてください。

②「私は大丈夫。何の心配もないし、愛されてもいる」と語り掛ける――自分が聞きたい言葉を自らに伝えましょう。

③ベッドメイクをしましょう――自分にプレゼントをあげてください。
④鏡に向かってハイタッチをします――自分に声援を送りましょう。
⑤エクササイズ用のウェアを着てください――自らを労わります。
⑥朝の時間に自分の夢に思いを馳せます――自分のRASをトレーニングします。

繰り返しますが、朝のハイタッチは、あなたが最初にすべき行動です。それにより、やることリストやスマホ、SNS、仕事のメール、テレビから流れてくるニュース、家族からの要望といった自分のコントロール外にある物事よりも大切なこと、つまり自分のゴールや自分自身、自らが必要としている物事を優先できます。これを毎朝行ってください。ハイタッチと同様、前述①～⑥の各行動は少々バカバカしく、あからさまに映ったかもしれません。その考えを変えてもらうために、もう少し詳しく説明し、これらの行動の裏側に隠された意味を深掘りしていこうと思います。

①アラームが鳴ったら、起床します――自分自身を第一に考えてください。

夜、室内灯を消す前、明朝のことを1分だけ考えましょう。支えられていると感じるためには、どんな朝を迎えたらいいか想像してみるのです。自分のために十分な時間を確保するには、何時に起きたらいいでしょうか？　習慣として毎日同じ時間に起きる人が多いようですが、それで本当にいいのか確認してみます。

人生のこのタイミングで何が自分に必要なのか考えてみると、「もう少し早起きをすべきかもしれない」「もう少し早く寝るべきかもしれない」と気づくかもしれません。小さな子どもが家にいたり、早い時間に仕事に行く日があったり、エクササイズや瞑想を15分ほどしたかったりすれば、5時や6時に起きる必要があるはずです。日々の生活とはそういうものでしょう。言い訳はやめて、アラームをセットしてください。もしくは、しっかりと睡眠をとるために、友だちとの夜遊びを何度か断らなくてはならないかもしれません。自分を最優先させるには、それも仕方がないのです。

アラームが鳴ったら、すぐに起きます。スヌーズボタンを押すのも、グダグダと言い訳を並べるのもナシです。5、4、3、2、1とカウントし、起きるしかありません。自分が朝型人間であろうが、夜型人間であろうが、それらはどうでもいいことです。ここでは証拠に裏付けられた科学の力を信じましょう。RASが自分の反応を窺っていることを忘れてはいけません。もしもいつもスヌーズボタンを押しているようなら、あなたはRASに「やると決めても、実際にはやらなくてもいいんだよ」と伝えていることになります。こうした行動を繰り返すと、RASはあなた自身が自分をどう見ているのかを学習してしまうでしょう。たかがアラームですが、目覚まし以上の意味があるのです。アラームのセットは、自分との約束だと思ってください。前の晩にアラームをセットしたとき、あなたは自分自身と約束を交わしたのです。それを軽々しく破るべきではありません。自分との約束は大切にしましょう。明日の朝、アラームが鳴り響いたとき、自らが交わした約束を絶対に守り、すぐにベッドから起き上がってください。朝のアラームはあなたに義務を押し付けるものではなく、チャンスを与えてくれるものなのです。それが鳴り出したあとの10～30分は、自分へのプレゼントのような時間だと捉えましょう。ここで非常に大事なのは、起きてすぐにスマホを見ないことです。

②「私は大丈夫。何の心配もないし、愛されてもいる」と語り掛ける――自分が聞きたい言葉を自らに伝えましょう。

起き上がったら、すぐに自分を中心に置きましょう。スマホの画面に釘付けになったまま1日をスタートさせるのではなく、胸に手を当て、満足するまで何度でも「私は大丈夫。何の心配もないし、愛されてもいる」と自分に語り掛けてください。ここまでできたら、早くも「起き上がる」「自分のニーズを満たす」という2つの行動を達成させたことになります。私からハイタッチを送ります！　自分を中心に考えて、最優先させることができたのです。よくやりました。

③ベッドメイクをしましょう――自分にプレゼントをあげてください。

10年前、私の人生が崩壊しかけていたころ、朝起きてから再びベッドに戻って布団に埋もれないよう、すぐにベッドメイクを始めることにしました。その後、時間が経過するにつれて、ベッドメイクは「自制心」と「約束の実行」という名の〝筋肉〟を強化するための方法の1つだと気づいたのです。そしてそれは、自分自身へ向けたプレゼントとなっていきます。朝一番にベッドメイクを済ませれば、その日の夜に寝室に入ったとき、ベッドメイクが必要な散らかったベッドではなく、横になって夢を見るための美しい場所ができているのです。これはまさに「自分へのプレゼント」ではないでしょうか。

私は自分のためにベッドメイクをしています。それをすると宣言し、実際にそれを行っているのです。どこに行こうとも、私はこれを毎朝実行します。仮にクリスがまだ隣で寝ていても、自分のところだけは整えています。ここまで徹底しているのは、言い訳をしたり、そのときの感情や寝る場所が変わったことに影響されたりする前に、「やる」と決めた物事を実践するのが自分を最優先するための秘訣だと気づいたからでした。

④鏡に向かってハイタッチをします——自分に声援を送りましょう。

すぐにバスルームに行き、最大の味方で親友でもある自分に朝の挨拶をし、笑顔で向き合いましょう。ハイタッチをしたら、声援を送ります。自分自身のためにしばしの時間を費やすのです。

⑤エクササイズ用のウェアを着てください——自らを労ります。

私は毎日、体を動かしています。エクササイズがもたらす身体的および精神的な利点は、科学と実生活の経験によって十分に裏付けられているのです。それについては、ほとんどの人が知っていると思います。ただし、知っているだけでは十分ではありません。そうした利点を実感するには、実際に体を動かして汗をかかなければならないのです。毎日体を動かしたほうがいいとわかっていても、多くの人にとって、それは最も避けたいことではないでしょうか。

そこで私は、誰でもできるシンプルな習慣を考案しました。毎晩、罠を仕掛けるようにクローゼットの床にエクササイズ用のウェアを並べておくのです。それにより、朝、寝室を出る前にそれを着るように仕向けられます。もしもそのウェアをまたいでしまうようなら、それは自分に「メル、運動なんてしなくていいよ」と言っているのと同じであり、私はそれに(意味のある)罪悪感を抱くでしょう。それとは反対に、ヨガ用のタイツを着用し、服装を整えてしまえば、ヨガをすることを体に思い出させるのはとても簡単です。

「毎日、エクササイズをする」という約束を課してしまうと、重荷に感じてしまうかもしれません。日々の生活がつらく、気持ちに余裕がなければ、いくら約束をしたところでそれを守ることはできないでしょう。したがって、ハードルは低めに設定しておきます。行動しやすい枠組みを作り、勢いをつけるのです。ハイタッチをし、すんなりとタイツをはけるように自分自身を促します。私はこうして1日をスタートさせているのです。

目を覚ましたら胸に手を当てて起き上がり、ベッドメイクをしたあとはハイタッチをする。その次に、エクササイズ用のウェアを着る。極力簡単な動作を「やるべきこと」とし、約束を確実に実行できるようにするのです。

いかがでしょうか？　こうして5つもの行動をクリアしました。しかもまだ朝のコーヒーさえ飲んでいないというのに！　これで最終的な約束である「エクササイズをする」というゴールまであと一歩のところに迫れました。ここまで来れば、体を動かすのは容易でしょう。全体のプロセスをここまで簡単にしているのは、最も重要である「自分自身のためにベッドから起き上がること」を確実に行うためです。

⑥朝の時間に自分の夢に思いを馳せます——自分のRASをトレーニングします。

「夢を見る」という話をすると、多くの人が夜の睡眠中に見る夢のことを考えるのではないでしょうか。しかし私は、朝の時点で夢を見て、その夢を感じながら1日の生活をスタートしてほしいと伝えています。では実際に、どうやって夢を見て、その夢を感じながら1日をスタートさせればいいのかお教えしましょう。

まずは、毎朝2ページ分の「ハイタッチ日記」を書きます。もしもこの日記に興味があれば、日記を書くメリットに関する科学的な説明と、日記のテンプレートをこのチャプターの最後にプレゼントとして添付したので、コピーして使ってください。

「ハイタッチ日記」のテンプレートが用意できたら、最初のページの一番上に、自分を中心に考えながら目覚めるために行った事柄すべてにチェックを入れます。これらのボックスにチェックを入れることで、自分の行動に対する達成感が高まるでしょう。些細な行動に映るかもしれませんが、これが自らの成長と自分の中に築かれつつある規律を褒め称えるのです。時間は1分もかかりません。実にシンプルですが、それを済ませたあとは、自らの存在意義を感じ取れ、誇りを持てるでしょう。

次に、あなたの頭の中をすっきりさせます。〝脳のクリーニング〟は、心のフィルターをきれいに保つのに最適な方法です。感じたことをそのまま日記に書いてください。その内容は、あるときは非常に美しく、またあるときは醜いものになるかもしれません。しかし、どんな形でも、日記はあなたを頭の中の世界から解放し、現在進行中の目の前の瞬間へと連れ出してくれます。

さらに日記は、良いことも悪いことも含め、あらゆる感情に対処するのにとても役立つはずです。私の例を紹介すると、毎朝の日記をサボった日は、感情への対処がうまくできず、埋もれていた気持ちや潜在的な考えが吐き出され、家族や同僚、さらには家で飼っている犬にまで向けられてしまう傾向があると気が付きました（ターゲットになってしまった方々、ごめんなさい……）。

次は、自らが望むものに神経を集中することを許し、それを5つ、書き出していきます。難しそうだったり、バカげたものだったりしても、それらを否定したり、弱気になって薄ら笑いを浮かべたり、望むものに対する自らの姿勢を変えたりしないでください。自分の心が欲することを、正直に書くのです。

もしかしたら日記に書いた内容は、うつ病で闘病中の愛する人に向けた「再びあなたらしくなってほしい」という願いかもしれません。ちなみに私は最近、５０００人規模を対象にした画期的なイベントのチケットを完売させることと、ロードアイランド州にあるお気に入りの素晴らしい場所にビーチハウスを建てることを夢見ていると書きました。サメに襲われる危険を考えずに海での水泳を楽しみたいと書いたこともあります。このように内容は様々です。人によってはお金のことかもしれませんし、母親と旅行に出掛けることかもしれません。もしくは、ド派手な新しいピックアップトラックを買うことを夢見てもいいのです。対象が何であれ、それを望む許可を自分に与えてください。望みを書き留めることでRASが活性化され、その望みを叶える手助けをしてくれるでしょう。

毎日、同じ内容を書いていてもかまいません。もちろん、違っていても大丈夫です。それらはいずれも、とても意義深く、ワイルドで大きな夢だったり、またはいつも心で感じている何かだったりするでしょう。単純に買いたいものの場合もあります。

人によっては、「こう感じたい」という願望を書いたり、やりたいことを書く場合もあると思います。いずれにしても、制限をかけずに、夢を見ることをあなたに許してください。一度許可したら、周囲に申し訳ないと遠慮せずに、堂々とその夢を追えばいいのです。日記を書くことで、自分の夢の輪郭を確かなものにしていきましょう。かつてのあなたは、自分の夢に対して何度も「ノー」を突きつけていたかもしれません。しかし、その状況をひっくり返し、RASを鍛えて、「イエス」と言えるようにしていきます。それを可能にするのが、朝のハイタッチなのです。自分を第一に考え、自分が望むものにRASを集中させたら、そのあとはスマホを見てもいいですし、ハート形探しを始めてもかまいません。

どちらでも好きなほうを行ってください。

あなたが実行してくれるのが待ちきれません

私が提案した6つのステップはどれもシンプルなものばかりです。これらを毎朝順番に実行するだけで、より良い、より生産的な1日が過ごせるようになります。そしてさらに信じてほしいのは、メリットはそれだけではないということです。これらを実行すると、その影響はかなり広範囲に及んでいきます。まずはあなたの神経系を落ち着かせ、自分の気持ちに焦点を向けられるようになり、自分自身をサポートできるように変わっていくのです。

毎朝ハイタッチをすると、精神的にも肉体的にも、また思考面や気力面においても自信が出てきます。自らと交わした約束の履行は、成功への準備を整え、その日の計画を立て、日々の生活をスタートさせる前に自分をコントロールしているという感覚を生じさせるので、自信が高まるのです。

朝、夢を見ることで、自らの欲求、願望、意思が心の奥のほうから表へ押し出されてきます。そして、それらはあなたと共に1日を通して歩んでくれるのです。すると徐々に、あなたが朝起きて自分自身を称賛し、自分が望むものが手に入るように励まし続けている姿勢を心と魂がしっかりと認知し始めてくれます。

誰もが「心から愛する人」のために願うことは1つだけです。その人が自分のために思い描き、創造したいものを手に入れてもらうこと。それはきっと「ハイタッチな人生」に違いありません。

メルからのプレゼント

皆さんへのプレゼントは忘れてはいませんので、安心してください。「ハイファイブ日記」のテンプレートを添付します。日記を書くことのメリットに関する簡単な説明と科学的根拠についても触れておきました。簡単な日記を毎日書くことで、この本で学んだすべての内容が実践できるような仕組みになっています。

もしもこのテンプレートをダウンロードしたい場合は、High5Journal.com（現在は英語版のみ）にアクセスしてください。使い方は次のページを参考にしてみて下さい。

TODAY'S DATE:（日付）

Settle Your Body（体を落ち着かせましょう）

Ground yourself in the present moment to get comfortable in your own skin.
（今この瞬間に身を置き、肌で快適さを感じてください。）

✓ Take a deep breath（深呼吸をする）

✓ Put your hands on your heart and say "I'm okay, I'm safe, I'm loved"
（胸に手を当て、「私は大丈夫。何の心配もないし、愛されてもいる」と唱える）

✓ What's one thing you can（当てはまるものを1つ挙げてください）

See（見えるもの） 落葉した木　Hear（聞こえるもの） 犬の鳴き声

Touch（触れるもの） ペン　Smell（におうもの） 淹れたてのコーヒー

✓ In one word, I feel... 忙しい
（自分が今感じことを一言で表すと……）

✓ I deserve a High 5 today because 時間通りに起きられたから
（私は今日、ハイファイブをされるのにふさわしい。なぜなら……）

✓ The next time you pass a mirror, prove it. Give yourself a High 5!
（今度、鏡の近くを通り過ぎたら、自分がハイファイブをされるのにふさわしいことを証明するために、実際に自分にハイファイブしましょう）

Clear Your Mind（心をすっきりさせましょう）

To cultivate a confident mind, clear it of everything that's filling it right now: worries, tasks, doodles, thoughts, ideas, to-dos, or anything you don't want to forget.
（自信に満ちた心を育むために、心配事や仕事、雑事、思考、アイデア、to-doリスト、心人引っかかっている物事など、それらすべてを書き出してください。書いたあと、それらを一度心の中から消し去ります。）

今日は仕事が詰まっていて、しかも期限が迫ってきている。

飼い犬が大きな目で私を見ている。散歩に行かないと。

この仕事を終えたらすぐに散歩に行こう。電話をしなくてはいけないのに、それができなくて罪悪感がある。

でも、まずはこの仕事を期限までに終わらせないと。

やらないくてはいけないことがたくさんあるので、今日は起きた瞬間からストレスを感じた。でも、起きてすぐにスマホを見ずに、自分を優先させてエクササイズできてよかった。

⑧心をすっきりさせ、思いのすべてを書き出してみましょう。遠慮なんてする必要はありません。頭の中に閉じこもるのを止め、今この瞬間に自分自身を触れさせてしっかりと向き合いましょう。

「ハイタッチ日記」の使い方①

①脳神経科学によると、ストレスを感じた身体は脳をサバイバルモードの状態にするため、身の回りに存在するチャンスよりも、危機に敏感になります。したがって、自らに変化を起こす際にはまず、体を落ち着かせる必要があるのです。

②深呼吸によって迷走神経を活性化させると、神経が落ち着いていきます。深呼吸は体を一瞬で鎮めるための秘密の方法と言っていいでしょう。

③胸に手を当てる動作は、迷走神経を落ち着かせるためのもう１つの方法です。「私は大丈夫。何の心配もないし、愛されてもいる」というマントラによって、あなたの身体に安心感と落ち着くことの心地よさを伝え、平穏で静かな心をもたらします。

④あなたの感覚は、自らの精神的エネルギーを発する際の放出口となります。発せられたエネルギーを感じられるように、まずはそのエネルギーを呼び覚ましてください。

⑤自分の体が感じていることを書き出す作業は、より深い自己認識と自分自身に快適さを感じるための重要なステップです。

⑥私が気に入っている毎日の習慣は、心のフィルターをきれいにし、自分には応援する価値がある、自分の夢は重要だ、何が起こっても大丈夫だと自分に言い聞かせることです。

⑦身体の状態が落ち着いてきたら、心に焦点を移し、何に関心を向けさせるのか考えてみてください。

Free Your Spirit（魂を解放しましょう）

（自信に満ちた魂は、自らを励まし、あなたが望むものへと導きます。）

A confident spirit is celebrating yourself and moving toward your desires.

Give yourself permission to get in touch with what you WANT.
（自分が欲するものに近づく許可を自らに与えてください。）

WRITE 5 THINGS YOU WANT:（自分が望むものを書き出します。）

Big or small. Today or in your lifetime.（大きなものでも小さなものでもかまいません。）

1. １日解放されて、自分のための時間を増やす。
2. 毎年、行ったことのないところに旅行にでかける。
3. 人生で最高の体の状態を作る。
4. メンタルヘルスに関連する非営利団体を立ち上げる。
5. 瞑想の仕方を学び、もっとマインドフルになる。

Describe the small actions you could take to inch closer to the things you want.
（自分が欲するものに少しでも近づくために自分ができる小さな行動はなんですか？）

自分のための時間をもっと作る。そのためのスケジュールを調整する。時間を設定したら、それをカレンダーに組み入れる。友だちとヨガクラスに参加する計画を立てる。毎朝、日記を書き続ける。早めに起きて、非営利団体を立ち上げるための計画を練る。

NOW CLOSE YOUR EYES（目を閉じてください）

Visualize taking these small actions.

Feel deeply what it feels like to do these things and move closer to what you desire.

This trains your body, mind, and spirit to help you take these actions.

（小さな行動をしている自分を可視化します。行動をしている自分は何を感じ取っていますか？　それらの行動を実際にすることが欲するものへと自分を近づけていくのです。小さな行動を積み重ねられるように、体や心、魂を鍛えましょう。）

「ハイタッチ日記」の使い方②

⑨体が落ち着き、心がすっきりしたら、魂を解放していきます。

⑩毎朝、夢を見るようにしましょう。自分が望むことを５つ書き出し、それらが必ず実現すると信じます。自らが欲するものを手に入れることを自分自身に許すのです。

⑪自分が望むものを書くことで、心の中のフィルターはそれに反応し、自分が信じていることはすべて実現可能だと思えるようになります。ある研究によれば、書き出すという作業をするだけで、その夢がかなう可能性は 42 パーセントも上昇するそうです。

⑫ほとんどの人が最終結果（夢の実現）を視覚化するため、自分の夢が実現するまでに挫折してしまうようです。脳神経科学の研究では、つらくてうっとうしい努力をし、小さな成果を積み重ねている自分を視覚化するほうが夢の実現がより確実になると報告されています。そうすることで、あなたは自分の脳に「自分は努力をしているし、チャンスを無駄にはしない。あきらめずに必ず行動を起こす」と伝えられるのです。

⑬脳スキャンのデータを見て、わかったことがあります。ある動作を行っている自分を視覚化すると、実際に同じ動作を行うときと同じ脳の領域が刺激されるため、その動作を最後までやり遂げる可能性が高くなるそうです。当然ですが、動作がなくては成果を得られません。

TODAY'S DATE: （日付）

Settle Your Body（体を落ち着かせましょう）

Ground yourself in the present moment to get comfortable in your own skin.
（今この瞬間に身を置き、肌で快適さを感じてください。）

- Take a deep breath（深呼吸をする）
- Put your hands on your heart and say "I'm okay, I'm safe, I'm loved"
（胸に手を当て、「私は大丈夫。何の心配もないし、愛されてもいる」と唱える）
- What's one thing you can（当てはまるものを1つ挙げてください）

See（見えるもの） ______ Hear（聞こえるもの） ______
Touch（触れるもの） ______ Smell（におうもの） ______

- In one word, I feel... ______
- I deserve a High 5 today because 時間通りに起きられたから
（私は今日、ハイファイブをされるのにふさわしい。なぜなら……）
- **The next time you pass a mirror, prove it. Give yourself a High 5!**
（今度、鏡の近くを通り過ぎたら、自分がハイファイブをされるのにふさわしいことを証明するために、実際に自分にハイファイブしましょう）

Clear Your Mind（心をすっきりさせましょう）

To cultivate a confident mind, clear it of everything that's filling it right now: worries, tasks, doodles, thoughts, ideas, to-dos, or anything you don't want to forget.
（自信に満ちた心を育むために、心配事や仕事、雑事、思考、アイデア、to-doリスト、心人引っかかっている物事など、それらすべてを書き出してください。書いたあと、それらを一度心の中から消し去ります。）

-
-
-
-
-
-
-
-
-

Free Your Spirit （魂を解放しましょう）

（自信に満ちた魂は、自らを励まし、あなたが望むものへと導きます。）
A confident spirit is celebrating yourself and moving toward your desires.

Give yourself permission to get in touch with what you WANT.
（自分が欲するものに近づく許可を自らに与えてください。）

WRITE 5 THINGS YOU WANT: （自分が望むものを書き出します。）

Big or small. Today or in your lifetime. （大きなものでも小さなものでもかまいません。）

1. ______
2. ______
3. ______
4. ______
5. ______

Describe the small actions you could take to inch closer to the things you want.
（自分が欲するものに少しでも近づくために自分ができる小さな行動はなんですか？）

-
-
-
-
-
-
-
-

NOW CLOSE YOUR EYES （目を閉じてください）

Visualize taking these small actions.
Feel deeply what it feels like to do these things and move closer to what you desire.
This trains your body, mind, and spirit to help you take these actions.
（小さな行動をしている自分を可視化します。行動をしている自分は何を感じ取っていますか？　それらの行動を実際にすることが欲するものへと自分を近づけていくのです。小さな行動を積み重ねられるように、体や心、魂を鍛えましょう。）

TODAY'S DATE: （日付）

Settle Your Body （体を落ち着かせましょう）

Ground yourself in the present moment to get comfortable in your own skin.
（今この瞬間に身を置き、肌で快適さを感じてください。）

- Take a deep breath （深呼吸をする）
- Put your hands on your heart and say "I'm okay, I'm safe, I'm loved"
（胸に手を当て、「私は大丈夫。何の心配もないし、愛されてもいる」と唱える）
- What's one thing you can （当てはまるものを1つ挙げてください）

See ________ Hear ________
（見えるもの）（聞こえるもの）
Touch ________ Smell ________
（触れるもの）（におうもの）

- In one word, I feel... ________
- I deserve a High 5 today because 時間通りに起きられたから
（私は今日、ハイファイブをされるのにふさわしい。なぜなら……）
- The next time you pass a mirror, prove it. Give yourself a High 5!
（今度、鏡の近くを通り過ぎたら、自分がハイファイブをされるのにふさわしいことを証明するために、実際に自分にハイファイブしましょう）

Clear Your Mind （心をすっきりさせましょう）

To cultivate a confident mind, clear it of everything that's filling it right now: worries, tasks, doodles, thoughts, ideas, to-dos, or anything you don't want to forget.
（自信に満ちた心を育むために、心配事や仕事、雑事、思考、アイデア、to-doリスト、心人引っかかっている物事など、それらすべてを書き出してください。書いたあと、それらを一度心の中から消し去ります。）

-
-
-
-
-
-
-
-
-

Free Your Spirit （魂を解放しましょう）

（自信に満ちた魂は、自らを励まし、あなたが望むものへと導きます。）
A confident spirit is celebrating yourself and moving toward your desires.

Give yourself permission to get in touch with what you WANT.
（自分が欲するものに近づく許可を自らに与えてください。）

WRITE 5 THINGS YOU WANT: （自分が望むものを書き出します。）

Big or small. Today or in your lifetime. （大きなものでも小さなものでもかまいません。）

1. ____________________
2. ____________________
3. ____________________
4. ____________________
5. ____________________

Describe the small actions you could take to inch closer to the things you want.
（自分が欲するものに少しでも近づくために自分ができる小さな行動はなんですか？）

-
-
-
-
-
-
-
-

NOW CLOSE YOUR EYES （目を閉じてください）

Visualize taking these small actions.
Feel deeply what it feels like to do these things and move closer to what you desire.
This trains your body, mind, and spirit to help you take these actions.
（小さな行動をしている自分を可視化します。行動をしている自分は何を感じ取っていますか？　それらの行動を実際にすることが欲するものへと自分を近づけていくのです。小さな行動を積み重ねられるように、体や心、魂を鍛えましょう。）

謝辞

まずは自分自身に感謝を捧げようと思います。そう、メル・ロビンズにです。あなたが成し遂げたことは、大きな拍手喝采を受けるに値します。この本を完成させるまでに3年の月日を費やし、2つの出版社と交渉し、13ギガバイトのメモリを使い、21ガロンものアイスクリームを食べ、7箱のティッシュペーパーを消費し、何箱もの鎮痛解熱剤を服用する必要があったのです。ここにたどり着くまでの期間は、これまでの人生の中で最も大変なものだったと言えるのでしょう。最後まで書き通せたことで私は自分を救い、結果として、この本の誕生にたどり着けました。あんなにひどくてつらい時間（これ以上の詳細を明かすのは、私の弁護士が許してくれないでしょう）を耐え抜いたなんて、本当に信じられません。それでも私はくじけずに、今ここに、無事な姿で生きています。

私はついにやった！　自分が誇らしいです。メル・ロビンズ、いいですか？　あなたに私からハイファイブを送りましょう。

次に、この本を担当してくれた編集者で、クールな赤い眼鏡が似合うメロディに感謝を伝えなくてはいけません。あなたには瞼がないのかしら？　だって、私が「もう1週間待って」「いやもう1カ月」「ちょっと待って、もう1年必要かも」と言い続けたとき、瞬き1

つしなかったんですから。まあ、冗談ですけどね。この部分は、編集でカットされるかな……。ともかく、あなたと一緒に仕事ができて、ありがたかった。大好きです。

それから、私のチームへ。自分の胸に手を置きながら、私の写真をダーツボードに使用しなかったことに感謝します。それとも、したのかしら？　いずれにしても、私と、そしてこの出版プロジェクトに付き合ってくれ、誠意をもってサポートしてくれたあなたたちを愛しています。

この本の制作に協力してくれた55人の方々にも感謝の気持ちを伝えたいです。何度も原稿を直していていているうちに多くの方の名前を割愛しましたが、助けてくれて本当に感謝しています。特に、トレーシー、エイミー、ナンシー、ニコール、ミンディ、ステファニー、それからスカイ・ハイ・インタラクティブのベッカにはお礼を言います。私からのメールはもう二度と見たくないという、あなたたちの気持ちは理解できますよ。

そして私の著作権代理人のマーク。私に関することはもうお手上げ状態のことでしょう。この謝辞を読んでくれてますか？　あなたは出版業界の枠組みを破壊しましたね。その才能に感謝します。

ダリン。あなたは私にとって初めてのクライアントでしたね。奥さんのローリがFacebookで私の「TEDx Talk」を見てくれて、それがきっかけとなり、講演の仕事を依頼してくれました。その後のことは、知ってのとおりです。私はどこに行っても、「彼らと出会っていなかったら、今の私はありません」と話しています。この言葉に偽りはありません。

ますね。
そしてあなたは、「彼女がどんな人物か、誰にも予想がつきませんよ」と言ってくれてい

　この本の出版元であるヘイハウスへ。私の洞察とエピソード、そして時に乱暴な表現を編集せずに全面的に受け入れてくれたことに感謝します。ヘイハウスの皆さん、そしてナルディ・メディアチームのレイド・トレーシー、マルガリーテ・ニールセン、パティ・ギフト、ベッツィー・バイヤー、ミシェル・ピレー、ジョー・バーゲス、ロージィー・バリー、ダイアン・ヒル、ジョン・ティンテラ、カレン・ジョンソン・トゥリシャ・ブライデンタール、ニック・ウェルチ、ブライアン・ベスト、ペリー・クロー、セレステ・ジョンソン、リサ・リース、リンゼイ・マッギンティ、アシュリー・バーナルディ、シェリダン・マッカーシィーにもお礼を言わせてください。そしてルイーズ・ヘイにハイファイブを送ります。どうもありがとう。天国にいる私の祖父母に会ったら、私の代わりに言葉を掛けてくれますか。おそらく彼らはトランプでクリベッジをしていると思います。

　ブレンダン・バーチャード、そして「ハイファイブ・チャレンジ」に関わってくれた皆さん、感謝しています。

　この本のために素晴らしい写真を撮ってくれたジェニー・モロニー、どうもありがとう（エミリーとジェスにも感謝。この2人組のドリームチームが撮影に臨む私を〝映え〟させてくれました）ハイファイブの様子を撮影するのが、まさかこんなに難しいとは思わなかったでしょう。飛行機の緊急着陸にもよく耐えてくれましたね。この世界は、これから

もあなたの才能を必要としています。

それから、私にとって最良で唯一の存在であるお母さん。本当にすごい人だと思う。私が起業家になれたのは、ルンバーマン銀行で見せたお母さんのあの大胆な行動が受け継がれているのは間違いない。窓口の担当者の口は、まだあんぐりと開いたままじゃないかしら。いつも一番大きな声で応援してくれるチアリーダーになってくれてありがとう。もっと安心させてあげるべきなのに、時々それができていないことにも気づいています。

お父さん、あなたは私にとって最も優しい存在です。ビリヤードで私を完膚なきまで打ち負かすことができますように。近いうちにバーモントの新しいビリヤード小屋で勝負しましょう。

そして、私の大好きな兄弟のデレクと、奥さんのクリスティーンへ。私を支え、そして守ってくれ、ここにはちょっと書けないけど、私が正気を保てるように色々と助けてくれて、本当にありがとう。お二人にも感謝します。

義父のケンにもオレを言わないといけませんね。天国からメッセージを送ってくれて、ありがとうございます。おかげさまで私たちの息子は最高に幸せな日々を送っています。義母のジュディにも感謝の気持ちを伝えたいです。いつだったか、「メル、あなたはいつもドツボにハマるわよね。でも、いつもそこから抜け出すのよ」って言ってくれましたよね。詩的な表現とは言えませんけど、真実だと思ってます。見たままのことをいつも伝えてくれて、本当に嬉しいです。

私の親友、グレチェン、リサ、ビル、ジョナサンへ。私たちはお互いにいつも寄り添ってきた。皆と皆の子どもたちと人生を一緒に過ごしていけることにとても感謝しています。心から愛しています。私たちはこれからもずっと親友でしょうね。なにしろ、今となってはお互いのことを知り過ぎていますから。

ローズへ。ブラジルからやって来た美しい人。あなたがしてくれるすべてのことにお礼を言います。大好きです。

ヨロとミスター・ヌードル。家族が寝てしまったあとに、私に付き合ってくれてありがとう。

ソイヤー、ケンドール、オークレーへ。あなたたちが私を〝仕事中毒〟だと思っているのはわかっているわ。まあ、実際にそうかもしれないけど。ただ、自分が本当に大好きなことをしていると、それはもう仕事じゃなくなるの。それもわかってほしい。この本は、あなたたちと、あなたたちのお父さんに捧げます。私たち両親としての最大の願いは、あなたたち3人が意義のある人生を追い求める勇気を見出してくれること、そしてその人生を私たちと同じくらい幸せで充実したものにしてほしいということです。私が夢を追いかけている間、応援し、サポートしてきてくれたことに感謝しています。それから、今夜は編集者とのリモート会議があるので夕食は一緒に食べられません。よろしく。

最後にクリス。私が最も愛するのはあなたです。そして、私を愛してくれてありがとう。

参考文献

"Behavioral Activation Therapy Effectively Treats Depression, Study Finds." Harvard Health. Harvard Medical School Publishing, September 14, 2016. https://www.health.harvard.edu/mind-and-mood/behavioral-activation-therapy-effectively-treats-depression-study-finds.

"Female Reproductive System: Structure & Function." Cleveland Clinic. Cleveland Clinic's Ob/Gyn & Women's Health Institute, 2021. https://my.clevelandclinic.org/health/articles/9118-female-reproductive-system#:~:-text=At%20birth%2C%20there%20are%20approximately,quality%20of%20the%20remaining%20eggs.

"Reticular Activating System." ScienceDirect. Elsevier B.V., 2021. https://www.sciencedirect.com/topics/neuroscience/reticular-activating-system.

"Understand Team Effectiveness." Google Re:Work. Google. Accessed April 29, 2021. https://rework.withgoogle.com/print/guides/5721312655835136/.

"Understanding the Stress Response." Harvard Health. Harvard Medical School, July 6, 2020. https://www.health.harvard.edu/staying-healthy/understanding-the-stress-response.

"Why Do We Take Mental Shortcuts?" The Decision Lab. The Decision Lab, January 27, 2021. https://thedecisionlab.com/biases/heuristics/.

Adolph, Karen E., Whitney G. Cole, Meghana Komati, Jessie S. Garciaguirre, Daryaneh Badaly, Jesse M. Lingeman, Gladys L. Chan, and Rachel B. Sotsky. "How Do You Learn to Walk? Thousands of Steps and Dozens of Falls per Day." Psychological Science 23, no. 11 (2012): 1387–94. https://doi.org/10.1177/0956797612446346.

Alberini, Cristina M. "Long-Term Memories: The Good, the Bad, and the Ugly." Cerebrum 2010, no. 21 (October 29, 2010). https://doi.org/https://www.ncbi.nlm.nih.gov/pmc/articles/PMC3574792/.

Alderson-Day, Ben, Susanne Weis, Simon McCarthy-Jones, Peter Moseley, David Smailes, and Charles Fernyhough. "The Brain's Conversation with Itself: Neural Substrates of Dialogic Inner Speech." Social Cognitive and Affective Neuroscience 11, no. 1 (2015): 110–20. https://doi.org/10.1093/scan/nsv094.

Amabile, Teresa, and Steven Kramer. The Progress Principle: Using Small Wins to Ignite Joy, Engagement, and Creativity at Work. Boston, MA: Harvard Business Review Press, 2011.（『マネジャーの最も大切な仕事――95% の人が見過ごす「小さな進捗」の力』テレサ・アマビール／スティーブン・クレイマー著、中竹竜二監修、樋口武志訳、英知出版、2017 年）

Baldwin, David V. "Primitive Mechanisms of Trauma Response: An Evolutionary Perspective on Trauma-Related Disorders." Neuroscience & Biobehavioral Reviews 37, no. 8 (2013): 1549–66. https://doi.org/10.1016/j.neubiorev.2013.06.004.

Beck, Melinda. "'Neurobics' and Other Brain Boosters." The Wall Street Journal. Dow Jones & Company, June 3, 2008. https://www.wsj.com/articles/

SB121242675771838337.
Binazir, Dr. Ali. "Why You Are A Miracle." HuffPost. HuffPost, August 16, 2011. https://www.huffpost.com/entry/probability-being-born_b_877853.
Bohn, Roger, and James Short. "Measuring Consumer Information." International Journal of Communication 6 (2012): 980–1000.
Bolte, Annette, Thomas Goschke, and Julius Kuhl. "Emotion and Intuition."
Psychological Science 14, no. 5 (2003): 416–21. https://doi.org/10.1111/1467-9280.01456.
Breit, Sigrid, Aleksandra Kupferberg, Gerhard Rogler, and Gregor Hasler. "Vagus Nerve as Modulator of the Brain–Gut Axis in Psychiatric and Inflammatory Disorders." Frontiers in Psychiatry 9 (2018). https://doi.org/10.3389/fpsyt.2018.00044.
Brown, Brené. I Thought It Was Just Me (but It Isn't): Telling the Truth About Perfectionism, Inadequacy, and Power. New York: Gotham Books, 2008.
Cascio, Christopher N., Matthew Brook O'Donnell, Francis J. Tinney, Matthew D. Lieberman, Shelley E. Taylor, Victor J. Strecher, and Emily B. Falk. "Self-Affirmation Activates Brain Systems Associated with Self-Related Processing and Reward and Is Reinforced by Future Orientation." Social Cognitive and Affective Neuroscience 11, no. 4 (2015): 621–29. https://doi.org/10.1093/scan/nsv136.
Cheval, Boris, Eda Tipura, Nicolas Burra, Jaromil Frossard, Julien Chanal, Dan Orsholits, Rémi Radel, and Matthieu P. Boisgontier. "Avoiding Sedentary Behaviors Requires More Cortical Resources than Avoiding Physical Activity: An EEG Study." Neuropsychologia 119 (2018): 68–80. https://doi.org/10.1016/j.neuropsychologia.2018.07.029.
Christakis, Nicholas A., and James H. Fowler. Connected: The Surprising Power of Our Social Networks and How They Shape Our Lives. New York, NY: Little, Brown, 2011.
(『つながり－社会的ネットワークの驚くべき力』ニコラス・A・クリスタキス／ジェイムズ・H・ファウラー著、鬼澤 忍訳、講談社、2010 年)
Creswell, J. David, Janine M. Dutcher, William M. Klein, Peter R. Harris, and John M. Levine. "Self-Affirmation Improves Problem-Solving under Stress." PLoS ONE 8, no. 5 (2013). https://doi.org/10.1371/journal.pone.0062593.
Cross, Ainslea, and David Sheffield. "Mental Contrasting as a Behaviour Change Technique: a Systematic Review Protocol Paper of Effects, Mediators and Moderators on Health." Systematic Reviews 5, no. 1 (2016). https://doi.org/10.1186/s13643-016-0382-6.
David, Meredith, and Kelly Haws. "Saying 'No' to Cake or 'Yes' to Kale: Approach and Avoidance Strategies in Pursuit of Health Goals." Psychology & Marketing, 33, no. 8 (2016): 588–549. https://doi.org/10.1002/mar.20901.
Di Stefano, Giada, Bradley Staats, Gary Pisano, and Francesca Gino. "Learning By Thinking: How Reflection Improves Performance." Harvard Business School. Harvard Business School Working Knowledge, April 11, 2014. https://hbswk.hbs.edu/item/7498.html.
Duhigg, Charles. The Power of Habit: Why We Do What We Do in Life and Business.

New York, NY: Random House, 2014.（『習慣の力—The Power of Habit』チャールズ・デュヒッグ著、渡会圭子訳、講談社、2013 年）
Eagleman, David. Livewired: The Inside Story of the Ever-Changing Brain. New York: Pantheon Books, 2020.（『脳の地図を書き換える：神経科学の冒険』デイヴィッド・イーグルマン著、梶山あゆみ 訳、早川書房、2022 年）
Erdelez, Sandra. "Information Encountering: It's More Than Just Bumping into Information." Bulletin of the American Society for Information Science and Technology 25, no. 3 (2005): 26–29. https://doi.org/10.1002/bult.118.
Etxebarria, I., M. J. Ortiz, S. Conejero, and A. Pascual. "Intensity of habitual guilt in men and women: Differences in interpersonal sensitivity and the tendency towards anxious-aggressive guilt." Spanish Journal of Psychology 12, no. 2 (2009): 540-554.
Ferriss, Timothy. Tools of Titans: The Tactics, Routines, and Habits of Billionaires, Icons, and World-Class Performers. Boston: Houghton Mifflin Harcourt, 2017.
Firestone, Lisa. "How Do Adverse Childhood Events Impact Us?" Psychology Today. Sussex Publishers, November 12, 2019. https://www.psychologytoday.com/us/blog/compassion-matters/201911/how-do-adverse-childhood-events-impact-us.
Fitzpatrick, John L., Charlotte Willis, Alessandro Devigili, Amy Young, Michael Carroll, Helen R. Hunter, and Daniel R. Brison. "Chemical Signals from Eggs Facilitate Cryptic Female Choice in Humans." Proceedings of the Royal Society B: Biological Sciences 287, no. 1928 (2020): 20200805. https://doi.org/10.1098/rspb.2020.0805.
Fogg, B. J. Tiny Habits: The Small Changes That Change Everything. Boston: Mariner Books, Houghton Mifflin Harcourt, 2020.（『習慣超大全——スタンフォード行動デザイン研究所の自分を変える方法』ＢＪ・フォッグ 著、須川綾子訳、ダイヤモンド社、2021 年）
Fredrickson, Barbara L., and Marcial F. Losada. "Positive Affect and the Complex Dynamics of Human Flourishing." American Psychologist 60, no. 7 (2005): 678–86. https://doi.org/10.1037/0003-066x.60.7.678.
Gabrieli, John, Rachel Foster, and Eric Falke. "A Novel Approach to Improving Reading Fluency." Carroll School. Carroll School, May 28, 2019. https://www.carrollschool.org/dyslexia-news-blog/blog-detail-page/~board/dyslexia-news/post/a-novel-approach-to-improving-reading-fluency.
Gabrieli, John. "Brain Imaging, Neurodiversity, and the Future of Dyslexia Education." Carroll School. Carroll School, October 1, 2019. https://www.carrollschool.org/dyslexia-news-blog/blog-dtail-page/~board/dyslexia-news/post/brain-imaging-neurodiversity-future-of-dyslexia-education.
Gallo, Amy, Shawn Achor, Michelle Gielan, and Monique Valcour. "How Your Morning Mood Affects Your Whole Workday." Harvard Business Review. Harvard Business School Publishing, October 5, 2016. https://hbr.org/2016/07/how-your-morning-mood-affects-your-whole-workday.
Howland, Robert H. "Vagus Nerve Stimulation." Current Behavioral Neuroscience Reports 1, no. 2 (2014): 64–73. https://doi.org/10.1007/s40473-014-0010-5.

Hyun, Jinshil, Martin J. Sliwinski, and Joshua M. Smyth. "Waking Up on the Wrong Side of the Bed: The Effects of Stress Anticipation on Working Memory in Daily Life." The Journals of Gerontology: Series B, 74, no. 1 (2019): 38–46. https://doi.org/ 10.1093/geronb/gby042.
Jarrett, Christian. "The Science of How We Talk to Ourselves in Our Heads." The British Psychological Society Research Society. The British Psychological Society, July 30, 2016. https://digest.bps.org.uk/2013/12/05/the-science-of-how-we-talk-to-ourselves-in-our-heads/.
Katz, Lawrence, Gary Small, Manning Rubin, and David Suter. Keep Your Brain Alive: 83 Neurobic Exercises To Help Prevent Memory Loss And Increase Mental Fitness. New York: Workman Publishing Company, 2014.（『脳を活性化させる 65 の魔法の習慣』ローレンス・C・カッツ／マニング・ルービン著、斎藤茂太監修、佐々木信雄訳、飛鳥新社、2000 年）
Kelly, Allison C., Kiruthiha Vimalakanthan, and Kathryn E. Miller. "Self-Compassion Moderates the Relationship between Body Mass Index and Both Eating Disorder Pathology and Body Image Flexibility." Body Image 11, no. 4 (2014): 446–53. https://doi.org/10.1016/j.bodyim.2014.07.005.
Kensinger, Elizabeth A. "Negative Emotion Enhances Memory Accuracy." Current Directions in Psychological Science 16, no. 4 (2007): 213–18. https://doi.org/10.1111/j.1467-8721.2007.00506.x.
Kluger, Jeffrey. "How Telling Stories Makes Us Human: It's a Key to Evolution." Time. Time, December 5, 2017. https://time.com/5043166/storytelling-evolution/.
Kraus, Michael W., Cassey Huang, and Dacher Keltner. "Tactile Communication, Cooperation, and Performance: An Ethological Study of the NBA." Emotion 10, no. 5 (2010): 745–49. https://doi.org/10.1037/a0019382.
Kross, Ethan, Emma Bruehlman-Senecal, Jiyoung Park, Aleah Burson, Adrienne Dougherty, Holly Shablack, Ryan Bremner, Jason Moser, and Ozlem Ayduk. "Self-Talk as a Regulatory Mechanism: How You Do It Matters." Journal of Personality and Social Psychology 106, no. 2 (2014): 304–24. https://doi.org/10.1037/a0035173.
LaMotte, Sandee. "The Other 'Fingerprints' You Don't Know About." CNN. Cable News Network, December 4, 2015. https://www.cnn.com/2015/12/04/health/unique-body-parts.
Lane, Andrew M., Peter Totterdell, Ian MacDonald, Tracey J. Devonport, Andrew P. Friesen, Christopher J. Beedie, Damian Stanley, and Alan Nevill. "Brief Online Training Enhances Competitive Performance: Findings of the BBC Lab UK Psychological Skills Intervention Study." Frontiers in Psychology 7 (2016). https://doi.org/10.3389/fpsyg.2016.00413.
Leary, Mark R., Eleanor B. Tate, Claire E. Adams, Ashley Batts Allen, and Jessica Hancock. "Self-Compassion and Reactions to Unpleasant Self-Relevant Events: The Implications of Treating Oneself Kindly." Journal of Personality and Social Psychology 92, no. 5 (2007): 887–904. https://doi.org/10.1037/0022-3514.92.5.887.

LePera, Nicole. How to Do the Work: Recognize Your Patterns, Heal from Your Past, and Create Your Self. New York, NY: Harper Wave, an imprint of HarperCollinsPublishers, 2021.
Levine, Peter A., and Gabor Mate. In an Unspoken Voice: How the Body Releases Trauma and Restores Goodness. Berkeley, CA: North Atlantic Books, 2010.
Madon, Stephanie, Max Guyll, Kyle C. Scherr, Jennifer Willard, Richard Spoth, and David L. Vogel. "The Role of the Self-Fulfilling Prophecy in Young Adolescents' Responsiveness to a Substance Use Prevention Program." Journal of Applied Social Psychology 43, no. 9 (2013): 1784–98. https://doi.org/10.1111/jasp.12126.
Masicampo, E. J., and Roy F. Baumeister. "Consider It Done! Plan Making Can Eliminate the Cognitive Effects of Unfulfilled Goals." Journal of Personality and Social Psychology 101, no. 4 (2011): 667–83. https://doi.org/10.1037/a0024192.
Masicampo, E.J., and Roy F. Baumeister. "Unfulfilled Goals Interfere with Tasks That Require Executive Functions." Journal of Experimental Social Psychology 47, no. 2 (2011): 300–311. https://doi.org/10.1016/j.jesp.2010.10.011.
Morris, Bradley J., and Shannon R. Zentall. "High Fives Motivate: the Effects of Gestural and Ambiguous Verbal Praise on Motivation." Frontiers in Psychology 5 (2014). https://doi.org/10.3389/fpsyg.2014.00928.
Moser, Jason S., Adrienne Dougherty, Whitney I. Mattson, Benjamin Katz, Tim P. Moran, Darwin Guevarra, Holly Shablack, et al. "Third-Person Self-Talk Facilitates Emotion Regulation without Engaging Cognitive Control: Converging Evidence from ERP and FMRI." Scientific Reports 7, no. 1 (2017). https://doi.org/10.1038/s41598-017-04047-3.
Mothes, Hendrik, Christian Leukel, Han-Gue Jo, Harald Seelig, Stefan Schmidt, and Reinhard Fuchs. "Expectations affect psychological and neurophysiological benefits even after a single bout of exercise." Journal of Behavioral Medicine, 40 (2017): 293–306. https://doi.org/10.1007/s10865-016-9781-3.
Nadler, Ruby T., Rahel Rabi, and John Paul Minda. "Better Mood and Better Performance: Learning Rule Described Categories Is Enhanced by Positive Mood." Psychological Science, 21, no. 12 (2010) 1770-1776 https://doi.org/10.1177/0956797610387441.
Oettingen, Gabriele, Doris Mayer, A. Timur Sevincer, Elizabeth J. Stephens, Hyeon-ju Pak, and Meike Hagenah. "Mental Contrasting and Goal Commitment: The Mediating Role of Energization." Personality and Social Psychology Bulletin 35, no. 5 (2009): 608–22. https://doi.org/10.1177/0146167208330856.
Oettingen, Gabriele, Hyeon-ju Pak, and Karoline Schnetter. "Self-Regulation of Goal-Setting: Turning Free Fantasies about the Future into Binding Goals." Journal of Personality and Social Psychology 80, no. 5 (2001): 736–53. https://doi.org/10.1037/0022-3514.80.5.736.
Pham, Lien B., and Shelley E. Taylor. "From Thought to Action: Effects of Process-Versus Outcome-Based Mental Simulations on Performance." Personality and Social Psy-

chology Bulletin 25, no. 2 (1999): 250–60. https://doi.org/10.1177/01461672990250 02010.
Ranganathan, Vinoth K., Vlodek Siemionow, Jing Z. Liu, Vinod Sahgal, and Guang H. Yue. "From Mental Power to Muscle Power—Gaining Strength by Using the Mind." Neuropsychologia 42, no. 7 (2004): 944–56. https://doi.org/10.1016/j.neuropsychologia.2003.11.018.
Richards, David A., David Ekers, Dean McMillan, Rod S. Taylor, Sarah Byford, Fiona C. Warren, Barbara Barrett, et al. "Cost and Outcome of Behavioural Activation versus Cognitive Behavioural Therapy for Depression (COBRA): a Randomised, Controlled, Non-Inferiority Trial." The Lancet 388, no. 10047 (2016): 871–80. https://doi.org/10.1016/s0140-6736(16)31140-0.
Robbins, Mel. The 5 Second Rule: Transform Your Life, Work, and Confidence with Everyday Courage. Brentwood: Savio Republic, 2017.（『5秒ルール　直感的に行動するためのシンプルな法則』メル・ロビンズ著、福井久美子訳、東洋館出版社、2019年）
Roberts Gibson, Kerry, Kate O'Leary, and Joseph R. Weintraub. "The Little Things That Make Employees Feel Appreciated." Harvard Business Review. Harvard Business School Publishing, January 24, 2020. https://hbr.org/2020/01/the-little-things-that-make-employees-feel-appreciated.
Rogers, T. and K. L. Milkman. "Reminders Through Association." Psychological Science, 27, no. 7 (2016): 973–986. https://doi.org/10.1177/0956797616643071.
Rosenberg, Stanley. Accessing the Healing Power of the Vagus Nerve: Self-Help Exercises for Anxiety, Depression, Trauma, and Autism. Berkeley, CA: North Atlantic Books, 2016.（『からだのためのポリヴェーガル理論：迷走神経から不安・うつ・トラウマ・自閉症を癒すセルフ・エクササイズ』）スタンレー・ローゼンバーグ著、花丘ちぐさ訳、春秋社、2021年）
Rothbard, Nancy P., and Steffanie L. Wilk. "Waking Up on the Right or Wrong Side of the Bed: Start-of-Workday Mood, Work Events, Employee Affect, and Performance." Academy of Management Journal 54, no. 5 (2012). https://doi.org/10.5465/amj.2007.0056.
Runfola, Cristin D., Ann Von Holle, Sara E. Trace, Kimberly A. Brownley, Sara M. Hofmeier, Danielle A. Gagne, and Cynthia M. Bulik. "Body Dissatisfaction in Women Across the Lifespan: Results of the UNC-SELFand Gender and Body Image (GABI) Studies." European Eating Disorders Review 21, no. 1 (2012): 52–59. https://doi.org/10.1002/erv.2201.
Sbarra, David A., Hillary L. Smith, and Matthias R. Mehl. "When Leaving Your Ex, Love Yourself: Observational Ratings of Self-Compassion Predict the Course of Emotional Recovery Following Marital Separation." Psychological Science 23, no. 3 (2012): 261–69. https://doi.org/10.1177/0956797611429466.
Seligman, Martin. Authentic Happiness: Using the New Positive Psychology to Realize Your Potential for Lasting Fulfillment. New York: Atria Paperback, 2013.（『ポジティ

ブ心理学が教えてくれる「ほんものの幸せ」の見つけ方—とっておきの強みを生かす』マーティン・セリグマン著、小林裕子訳、パンローリング株式会社、2021 年）
Taylor, Sonya Renee. The Body Is Not an Apology: The Power of Radical Self-Love. Oakland, CA: Berrett-Koehler Publishers, Inc., 2021.
Texas A&M University. "Can You Unconsciously Forget an Experience?" ScienceDaily. ScienceDaily, December 9, 2016. https://www.sciencedaily.com/releases/2016/12/161209081154.htm.
The Power of Story, with Kendall Haven. YouTube. ABC-CLIO, 2010. https://youtu.be/zlwEWw-Mymg.
Torstveit, Linda, Stefan Sütterlin, and Ricardo Gregorio Lugo. "Empathy, Guilt Proneness, and Gender: Relative Contributions to Prosocial Behaviour." Europe's Journal of Psychology 12, no. 2 (2016): 260–70. https://doi.org/10.5964/ejop.v12i2.1097.
Traugott, John. "Achieving Your Goals: An Evidence-Based Approach." Michigan State University. Michigan State University, January 13, 2021. https://www.canr.msu.edu/news/achieving_your_goals_an_evidence_based_approach.
University of Hertfordshire. "Self-Acceptance Could Be the Key to a Happier Life, Yet It's the Happy Habit Many People Practice the Least." ScienceDaily. ScienceDaily, March 7, 2014. https://www.sciencedaily.com/releases/2014/03/140307111016.htm.
van del Kolk, Bessel. The Body Keeps the Score: Brain, Mind, and Body in the Healing of Trauma. New York, NY: Penguin Books, 2015.（『身体はトラウマを記録する—脳・心・体のつながりと回復のための手法』ベッセル・ヴァン・デア・コーク著、柴田裕之訳、紀伊國屋書店、2016 年）
van der Kolk, Bessel, Alexander C. McFarlane, and Lars Weisæth, eds. Traumatic Stress: The Effects of Overwhelming Experience on Mind, Body, and Society. New York: Guilford Press, 2007.
Wang, Yang, Benjamin F. Jones, and Dashun Wang. "Early-Career Setback and Future Career Impact." Nature Communications 10, no. 1 (2019). https://doi.org/10.1038/s41467-019-12189-3.
Willis, Judy, and Jay McTighe. Upgrade Your Teaching: Understanding by Design Meets Neuroscience. ASCD, 2019.
Willis, Judy. "Powerful Classroom Strategies From Neuroscience Research." Learning and the Brain Workshop. Lecture presented at the Learning and the Brain Workshop. Accessed April 29, 2021. http://www.learningandthebrain.com/documents/Willis-Handout.pdf.
Willis, Judy. "The Neuroscience behind Stress and Learning." Nature Partner Journal Science of Learning. Nature Publishing Group, October 16, 2016. https://npjscilearncommunity.nature.com/posts/12735-the-neuroscience-behind-stress-and-learning.
Willis, Judy. "Want Children to 'Pay Attention'? Make Their Brains Curious!" Psychology Today. Sussex Publishers, May 9, 2010. https://www.psychologytoday.com/us/blog/radical-teaching/201005/want-children-pay-attention-make-their-brains-curious.

Willis, Judy. “What You Should Know About Your Brain.” Educational Leadership 67, no. 4 (January 2010).
Willis, Judy. RadTeach. Dr. Judy Willis. Accessed April 29, 2021. https://www.radteach.com/.
Willis, Judy. Research-Based Strategies to Ignite Student Learning: Insights from Neuroscience and the Classroom. ASCD, 2020.
Wiseman, Richard. The Luck Factor. New York: Miramax Books, 2003.（『運のいい人の法則』リチャード・ワイズマン著、矢羽野 薫訳、角川文庫、2011 年）
Wolynn, Mark. It Didn’t Start with You: How Inherited Family Trauma Shapes Who We Are and How to End the Cycle. New York: Penguin Books, 2017.（『心の傷は遺伝する』マーク・ウォリン著、野中香方子訳、河出書房新社、2019 年）
Wood, Dustin, Peter Harms, and Simine Vazire. “Perceiver Effects as Projective Tests: What Your Perceptions of Others Say about You.” Journal of Personality and Social Psychology 99, no. 1 (2010): 174–90. https://doi.org/10.1037/a0019390.

著者

メル・ロビンズ

自己啓発と自己開発の分野における女性の第一人者、国際的なベストセラー作家として知られる。著書に『５秒ルール　直感的に行動するためのシンプルな法則』（東洋館出版社）がある。その他、４つのNo.１ベストセラー・オーディオブック、オーディブルでのNo.１ポッドキャストなどの実績を残している。それと共に、世界の50万人以上の学生の人生を変えたオンライン・コースを主宰。行動変容を促す彼女の画期的なメソッドは、36カ国に翻訳されている。効率的に動き、充実感を高め、自信をより実感できるようにデザインされた彼女のメソッドは、退役軍人組織やヘルスケアの専門家、世界的ブランド企業によって取り入れられてきた。現在、世界で最も人気のあるパブリック・スピーカーの１人として、多くの人たちに広く受け入れられ、毎月6000万人以上の人たちを対象としてコーチングを実施。彼女の動画はこれまでに10億回以上の再生回数を誇り、中でもTEDx Talkでのスピーチは高く評価されている。人々に自分を信じるように教え、人生を変える行動を起こさせ、真の変化をもたらすことを何よりも愛する。夫と25年間の結婚生活を送り、３人の子どもに恵まれる。アメリカ中西部出身者のスピリッツを抱きつつ、ニューイングランドに在住。

翻訳

野口孝行（のぐちたかゆき）

1971年生まれ。米国アーカンソー州立大学卒。重工メーカー、商社、出版社勤務などを経て、フリーランスのライター・編集者として活動。著書に『脱北、逃避行』（文春文庫）、訳書に『外交官の使命』（ジェイソン・ハイランド著、KADOKAWA）などがある。

デザイン　ソウルデザイン
カバー写真　PIXTA
DTP　G-clef
校正　鷗来堂

毎朝《まいあさ》の１秒《いちびょう》が人生《じんせい》を好転《こうてん》させる!
魔法《まほう》のハイタッチ

2023年12月4日　初版発行

著者／メル・ロビンズ
翻訳／野口孝行《のぐちたかゆき》
発行者／山下　直久

発行／株式会社 KADOKAWA
〒102-8177　東京都千代田区富士見2-13-3
電話　0570-002-301(ナビダイヤル)

印刷所／大日本印刷株式会社

製本所／大日本印刷株式会社

●お問い合わせ
https://www.kadokawa.co.jp/（「お問い合わせ」へお進みください）
※内容によっては、お答えできない場合があります。
※サポートは日本国内のみとさせていただきます。
※Japanese text only

定価はカバーに表示してあります。

ISBN 978-4-04-113836-6 C0030